〈戦い〉と〈トラウマ〉のアニメ表象史

「アトム」から「まどか☆マギカ」以後へ

Representations of War and Trauma in Anime

A History from 'Astro Boy' to 'Puella Magi Madoka Magica' and Beyond

森　茂起
川口茂雄
＝編

日本評論社

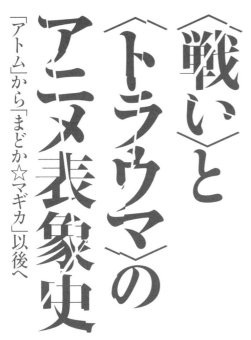

まえがき

森　茂起

本書の一つの目的は、日本アニメの作品群を、日本の戦争体験を扱う試みの系譜として読みなおすことにある。

この戦争体験を「扱う」という言葉には、「表現する」「想起する」「記録する」「考える」「理解する」「整理する」「消化する」「変容・変形する」など、ありうるすべての営みを含んでいる。「変容・変形」という言葉は、英語のトランスフォーメーション transformation の訳語として挙げたもので、経験が心の中で処理され、形を変えて（変形されて）現れるという、私が専門とする精神分析の考え方を踏まえている。その結果生まれる表現の形は多様である。

本書のタイトルには、「戦い」という言葉が含まれ、実際、多くの章が、戦いを描いた作品を扱っている。しかし、「変容」の道筋が多様であることを考えると、戦争が生み出したものとして考察できる主題は幅広い。たとえば、本書の前段階の研究会[#1]では、『千と千尋の神隠し』（二〇〇一年）、『STEINS;GATE』（二〇一一年）、『けものフレンズ』（二〇一七年）などが考察の対象となり、本書にも登場する。戦争が及ぼす個人的あるいは集合的なトラウマの観点からすると、時間や記憶を主題にした作品は重要な考察の対象である。

アニメが多様な主題を通じて戦争を扱っているという判断が、本書を支えているわけだが、ここまでの話であれば、アニメ以外の表現媒体にも共通する。アニメと同じく物語によって表現する媒体には、小説、演劇、映画、そしてマンガがある。いずれの媒体も夥しい作品が戦争を扱ってきており、「戦争をどう描いてきたか」という視点で考察することができる。本書にとって重要なその問いに加え、本書は、もう一つの問いを立てている。それは、「戦争がどのように日本アニメを生み出してきたか」である。

この問いが日本アニメにとって重要なのは、その誕生と発展に戦争体験が重なっているからである。今列挙したアニメ以外の媒体は――マンガはアニメと一体的に発展してきたため、切り分けが難しいが――戦前にすでに成熟した表現媒体だった。すでに多様な主題を扱った多数の作品が生まれており、作品や作家の系譜が存在した。その先に、戦争を受け止め、戦争を扱う作品群が生まれる時代が到来したのである。しかし、アニメという媒体は――本書の各章から読み取れるように――実験的創作の時期と、時代を先取りする高い水準で戦時中に生み出された『桃太郎 海の神兵』があったものの、歴史のほとんどが戦後に属し、質的にも量的にも豊かな展開を見たのは、テレビという媒体が普及してからである。

いうまでもなく、『桃太郎 海の神兵』も、作家たちが戦争と向き合う中で生まれた作品である。そして、戦時中の習作マンガにも戦後の作品群においても戦争を体内化してテレビアニメ製作を行った手塚治虫、それにも携わった富野由悠季を代表として、創作動機の中核に戦争体験を見出すことができる作家たちが日本アニメの歴史を刻んできた。その歴史を考えるとき、日本アニメは、戦争がその世界の内部に深く根を張っている媒体なのではないか、と思い至る。

そして、その張られた根には、主題だけでなく、戦争や戦いを描くために発展してきたアニメの技法も含まれるだろう。白石さや氏は、アニメ・マンガの「自由奔放な想像力と多彩さ」が、「戦争と破壊の視覚的な語り」を可能にしたと述べている。[1] この言葉を借りるなら、破局的な「戦争と破壊」を——戦闘場面にとどまらず人間の内面も含めた戦争がもたらすあらゆる悲惨を——描く努力が、その「自由奔放な想像力と多彩さ」を生み出したという影響関係も見ることができるのではないか。技法が生まれることで戦いの描写が促進され、それによって、それを用いて描くことができる主題が展開する、といった過程がありうる。つまり、主題と技法の影響関係は双方向的と考えられる。日本アニメの誕生と戦争の重なりがその歴史を生んだとすれば、若干の誇張が許されるなら、もしかすると日本アニメは戦争体験が生み出したものなのではないか、と本書は問いかけてみたのである。

ただ、これは編者たちの議論から生まれた仮説に過ぎない。それを検証するためには、個々の作品

＃1　以下の文献およびポスターを参照。森年恵、森茂起、木下雅博「深夜アニメのトラウマ構造—最終戦争の破局は回避されるのか」『心の危機と臨床の知』二一巻、一九—二九頁、二〇二〇年（https://konan-u.repo.nii.ac.jp/?action=repository_uri&item_id=3575&file_id=22&file_no=1）
ポスター：https://www.konan-u.ac.jp/kihs/news/archives/3037（本書六頁も参照）

や作家を対象に、戦争の扱いや表現を見ていかねばならない。その際、編者たちの視点からあまりに主題を絞ってしまうと、議論の可能性を狭めてしまう。本書の各章は、「日本アニメを通して戦争を考える」「戦争を通して日本アニメを考える」ことに大枠で賛同してくださった方々に、それぞれの視点と方法で自由に論じていただいたものである。どのように各作品を扱うか、戦争とどう関係づけるかは、各章の執筆者に委ねられている。

扱う作品の範囲は、代表的な作品を取り上げることと、依頼した方々の今までのお仕事に基づいて論じていただくことの両面から、編集者間の議論と、執筆者とのやりとりを通して決定された。豊かな作品群を生み出し、世界への発信力をもったテレビ・アニメ——とくに二〇一〇年代とその展開——を重視して、アニメ映画の扱いが限定的になったきらいがあるが、包括的であることをあまりに目指すと、各章に量的な制約が生じて議論の深化を妨げることからやむを得なかった。

なお、本書が対象とする「戦争」は、もっぱら一九四五年八月一五日に敗戦・終戦を迎えた戦争である。その戦争は、「第二次世界大戦」「アジア・太平洋戦争」あるいは「太平洋戦争」と呼ばれることが多いが、日本が経験したその戦争を、「十五年戦争」と呼ぶこともある。こうした戦争の名称と範囲の選択についても、各執筆者の判断に委ねている。なお、「戦闘美少女」というキャラクター類型に注目して、早い時期に日本アニメを学問的考察の対象にされた斎藤環氏には、当初、日本アニメの現在について世界のアニメも視野に入れて書いていただく序章をお願いしていた。しかし、完成された内容が、本書が扱う作品群の中で最も新しいものも議論の俎上に載せて、氏の「戦闘美少女論」の現在を示す論となったことから、最終部に「特別寄稿」として収録することにした。先に公表されていた構成から変更したことをお断りする。

本書は、日本アニメについて考える私的な会に発し、思わぬ展開を経て出版に至ったものである。日本が世界に誇る文化の一つである日本アニメが、戦争を描いてきたことは誰の目にも明らかである。しかし、アニメにくわしい仲間とともに名作と評価されている、あるいはされつつあったいくつかの作品に触れるうち、これほどまでに戦争とかかわってきたのだ、という認識に至ったことがこの仕事の発端である。私の専門領域は、臨床心理学、精神分析、トラウマ学などにあり、その視野から戦争についても考えてきた。その私が、アニメという世界に出会って——私が担当する章を読んでいただければわかるように、実は出会いなおして——別の角度から戦争を扱う本書が生まれる過程で、共編者の方々、コロナ禍のもとでオンラインで開催した研究会に参加してくださった方々、企画に賛同して執筆してくださった方々など、多くの方の協力を得た。この場を借りて感謝の言葉を述べたい。そして、本書が日本アニメに関心を持つ読者のもとに届けられて、議論がさらに展開することを期待したい。

〔参考文献〕

（1）白石さや『グローバル化した日本のマンガとアニメ』八頁、学術出版会、二〇一三年

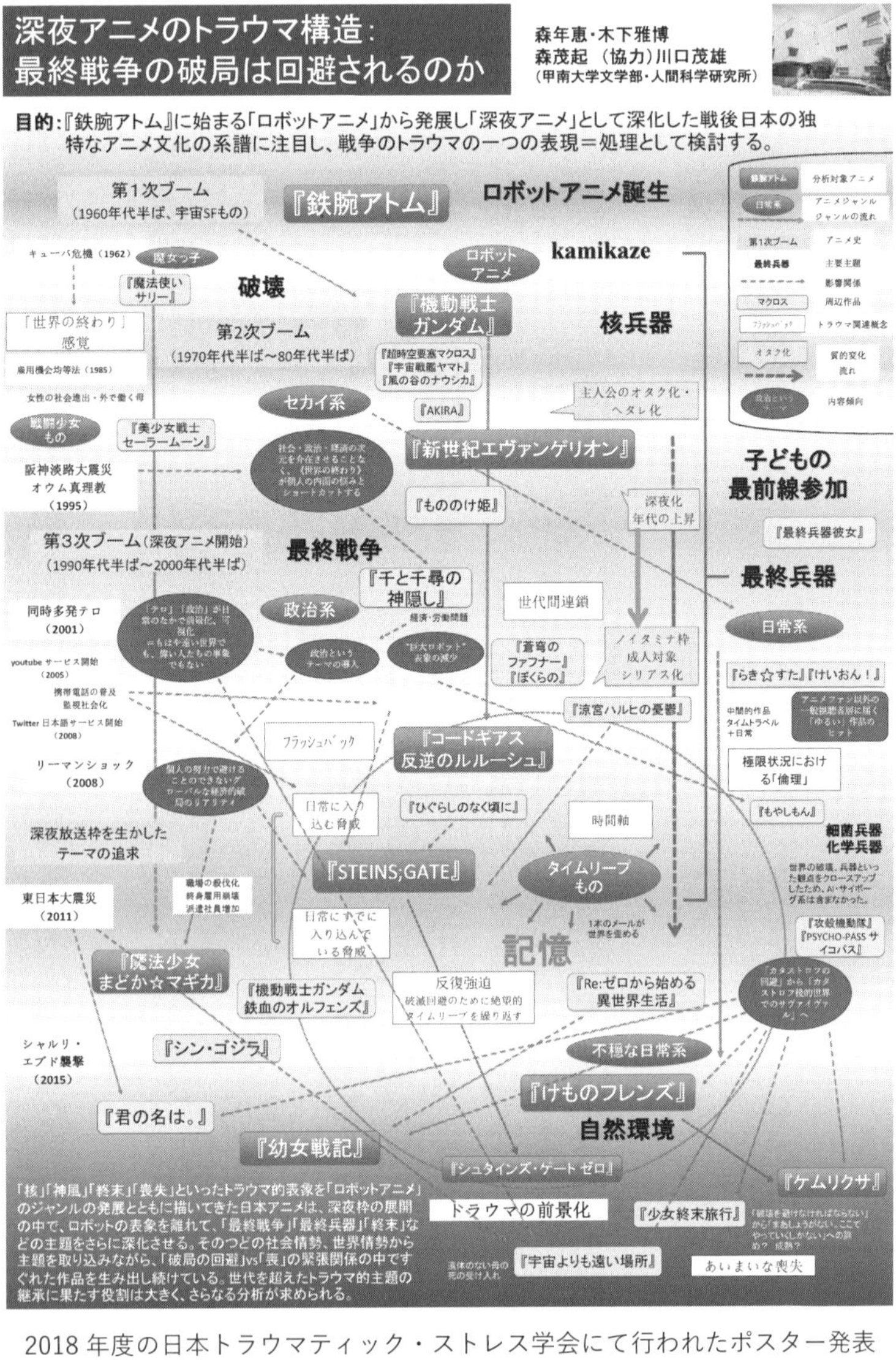

2018 年度の日本トラウマティック・ストレス学会にて行われたポスター発表

〈戦い〉と〈トラウマ〉のアニメ表象史　もくじ

特別寄稿　日本アニメの「特殊性」と未来……………………斎藤　環　252

コラム

コラム

戦時下の国策アニメーション
――『桃太郎　海の神兵』

佐野明子

一九四五年四月に公開された瀬尾光世監督の『桃太郎　海の神兵』（以下『海の神兵』）は、日本初の長編アニメーションであり、かつ、戦時下の国策アニメーションである。四二年一月、インドネシアのスラウェシ島（当時のセレベス島）における海軍落下傘部隊の奇襲作戦という実話を映像化しており、物語は四部構成をとっている。第一部では海軍兵士が日本の故郷で家族と過ごすさま、第二部では海軍兵士が占領地で過ごすさま、第三部では海軍兵士が敵地へ攻め込んで無条件降伏を承諾させるさま、第四部では子どもたちが日本で体を鍛えるさまが描かれている。海軍省の委託により、四三年九月頃から松竹で製作が開始され、四四年十二月に完成した。それは、四四年秋のレイテ沖海戦で海軍が事実上壊滅し、体当たり、斬り込みという「特別攻撃」行為以外に日本軍が米軍に対峙するすべを持たなくなっていた時期と重なっていた。

こうした状況は、『海の神兵』に「死」の描写をもたらした。敵地へ偵察に向かった日本兵一人が戦死したという仲間の報告が声のかたちで示され、また、敵兵が日本兵に胸を突き刺されるさまがクロースアップで直接的に描かれた。これまでの日本のアニメーションに存在しなかった直接的な死の描写は、『海の神兵』の敵の死（の徴候）から始まったのである。

『海の神兵』公開初日、手塚治虫は大阪松竹座で鑑賞していたとされる。作品にリアルな「死」を看取し、また、ゆくゆくは戦線へ赴くみずからの死を自覚していたことが、手塚のデビュー前の習作『勝利の日まで』（一九四五年）において、少年が機銃掃射に撃たれて血を流す「死にゆく身体」の描写へつながったと考えられる。(1)日本のアニメーションで

「味方の死」が直接的に描かれるのは戦後になるが、テレビアニメ『鉄腕アトム』(一九六三年)の最終回・第一九三話「地球最大の冒険の巻」(一九六六年)において、アトムが地球を救うために太陽に突入していくという「特攻」が描かれたのは、決して偶然ではない。そして、アトムのような、みなを救うために命を捧げる「特攻死」は、アニメ映画『さらば宇宙戦艦ヤマト　愛の戦士たち』(一九七八年)や、『鬼滅の刃』(二〇一九年)、『東京リベンジャーズ』(二〇二一年)など近年人気のあるマンガ・アニメにおいても、「感動の装置」として配置されていると解釈できる。

ただし、テレビアニメ『機動戦士ガンダム』(一九七九年)における「戦い」は、アジア・太平洋戦争を想起させる要素を排除しているとの受け止め方もあり、日本の人々にとって「良心の傷まない戦争ごっこ」となりえたことが支持を得た一因となったと推測される。(2) むろん、『海の神兵』は、アジア・太平洋戦争と直結した作品であり、日本の一定の人々の「良心の傷む戦争」が描かれている。『海の神兵』を仔細に検討することで、「良心の傷む戦争」から距離を保ってきた現代の日本アニメが、今多くの人々の心を捉えている一因を明らかにすることができるのではないか。

まず、『海の神兵』の植民地表象に注目してみよう。着衣している二足歩行の動物キャラクターは日本兵、裸で四足歩行の動物キャラクターは植民地の住人というあからさまな差別表現がある。中でも日本兵は人間を動物に見立てる「擬獣化」キャラクターに設定され、人間的な姿形や振る舞いにおいて桃太郎に近いポジションにある。(3) そのような日本兵と桃太郎が、動物的な「擬人化」キャラクターに設定された植民地の住人を率いるという構図は、戦後手塚治虫の『ジャングル大帝』(一九六五年)において、レオがジャングルの多種の動物たちを統率する構図へ受け継がれたとみる説がある。(4)

『海の神兵』には「戦い」の描写が少なく(戦闘シーンは全体の四分の一程度)、日本兵が植民地の住人と「平和に」過ごす様子や、日本の田舎の「叙情的」な描写が多い点も重要だ。大戦末期になぜ「平和的」「叙情的」なアニメが作られたのだろうか?

そのような「平和的」「叙情的」で見る者を「感

動」させる要素こそが、戦時ファシズムを支え愛国心を育む装置としてプロパガンダ映画に不可欠だったからである。(5) 近衛文麿の新体制運動は国民を「内面より参与せしむる」ことを目的としており、そのためには国民が映画に「感動」し、あたかもみずからの意志で「内面」を作り変えることが目指された。日本兵が植民地の住人に日本語教育を実践する「アイウエオの歌」のシーンは、手塚治虫が感動したことで知られているが、そこでは登場キャラクターが楽しそうに歌を歌いながらディズニー風に流麗に踊るという、見る者の心を掴むような演出が行われている。

このように、国民が自発的に「内面」を作り変えるために、桃太郎のメディアミックスが大戦末期に頻出した。仲間とともに海を渡って敵を征服する桃太郎の物語が帝国主義戦争の正当化に合致し、桃太郎は戦時プロパガンダに最も重用されたキャラクターとなった。桃太郎の演劇、レコード、書籍、ポスターなど、人々の暮らしの中に桃太郎がいて、そのような桃太郎の多メディア展開のひとつとして『海の神兵』が存在したのである。さらに、『海の神兵』は国内外のドキュメンタリー映画やプロパガンダ映画、ディズニー『ファンタジア』(一九四〇年)、戦争画、写真、音楽などの技法やテクストを参照しており、ロラン・バルトのいう「引用の織物」としてあった。そのようにさまざまな作品の引用で構成され協同作業で作られた戦時下メディアミックスは、現代の表現空間と通底してもいる。(6)(7)

『海の神兵』の制作スタッフに注目すると、北宏二（キム・ヨンホァン）という韓国出身のスタッフがいる。北宏二は戦後に韓国に戻り、その弟子のシン・ドンホンが韓国初の長編アニメーション『ホンギルドン』（一九六七年）を作った。『ホンギルドン』の映像テクストには、日本帝国から在韓USIS（アメリカ広報文化局）のプロパガンダ活動にいたる韓国アニメーションの動力学、すなわちシンが日本帝国時代に北宏二を真似て培った画才が、戦後アメリカの新しい帝国の秩序に組み込まれていく中で生まれた韓日米の折衷的なスタイルがみられる。シンが帝国－植民地の間の屈折した国際秩序を生きながら体現したプロセスの記録としてある『ホンギルドン』は、日本帝国の内地の人々を中心におく

『海の神兵』とは対照をなす。(8)

アジア・太平洋戦争期から現在にいたるまで、作り手は人々が見たいものを描き物語ってきたが、映像にはトラウマの痕跡もまた残されている。現在のアニメの〈戦い〉には、私たちのどのような願望（あるいはトラウマ）が表れているだろうか？

〔参考文献〕

（1）大塚英志『アトムの命題―手塚治虫と戦後まんがの主題』一六四頁、徳間書店、二〇〇三年
（2）藤津亮太『アニメと戦争』一一七頁、日本評論社、二〇二一年
（3）秦剛「『桃太郎 海の神兵』における表象のユートピア―虚構のリアリティーならびに〈擬獣化〉の起源」佐野明子、堀ひかり編著『戦争と日本アニメ―『桃太郎 海の神兵』とは何だったのか』八八―九三頁、青弓社、二〇二二年
（4）トーマス・ラマール（大崎晴美訳）「戦後のネオテニー―手塚治虫、そして戦前における多種の理想」坪井秀人、藤木秀朗編著『イメージとしての戦後』八〇頁、青弓社、二〇一〇年
（5）佐野明子「『桃太郎 海の神兵』の実験と宣伝」佐野、堀前掲書、一四三頁
（6）大塚英志「戦時下のユビキタス的情報空間―『桃太郎 海の神兵』を題材に」佐野、堀前掲書、五五―六〇頁
（7）堀ひかり「『桃太郎 海の神兵』の異種混交性―テクストの越境性とナショナリズム言説について」佐野、堀前掲書、七四―七八頁
（8）キム・ジュニアン「セルロイド上の帝国と冷戦―韓国初長篇アニメーション『ホンギルドン』における「庶子の美学」」佐野、堀前掲書、一五六―一七五頁

第Ⅰ部

カタストロフィの表象

——終戦から世紀末へ

第１章

アトムの生と死

森　茂起

『鉄腕アトム』は、日本で最初のテレビアニメ作品である。そのテレビ放映は、一九六三年一月一日から始まり、四年間続き、一九六六年一二月三一日に終わった。

その第一回は、アトムが誕生した経緯から始まる。内容は、アトムが初めてマンガに登場した『アトム大使』（雑誌『少年』一九五一〜二年）で語られる物語とほぼ同じである。

天才科学者の天馬《てんま》（午太郎《うまたろう》）博士は、子どもの飛雄《とびお》を交通事故で失う。飛雄の死を悲しみ、気も狂わんばかりの日々を過ごしていた博士は、みずからの手で飛雄をロボットとして蘇らそうと考え、科学の粋を注ぎ込んで飛雄に瓜二つのロボットを完成させる。しばらくの間は、飛雄を失った心の穴が塞がれたかのように幸せな日々を過ごすが、ロボットの飛雄が成長しないという事実に直面し、愛が憎しみに変わり、虐待してサーカスに売り飛ばしてしまう。

この生い立ちは、アトムが人間の子どもの代理として生まれたことと、成長しないためにその価値を否定されたことを示している。つまり、個としての自己の存在を望まれて生まれたわけではなく、また代理としての価値さえも失われるという、二重に存在根拠が否定された経験をアトムは持っている。

そしてアトムは、テレビアニメの最終回で、人類と地球を救うために太陽に飛び込んで「死ぬ」。そのアトムの姿は、いうまでもなく、太平洋戦争末期における特攻と重なる。ここで考えたいのは、アトムの生と死の意味である。

『鉄腕アトム』の前史

アトムというロボットの主人公が生まれた過程は、手塚が少年期にマンガを描き始めてから、単行本時代、そして雑誌連載時代へと移行しつつ人気作家となっていったマンガ家としての歩み、さらにテレビアニメへの挑戦という創作活動の中で経験した表現媒体の発展過程と重なっている。

手塚がマンガ技法を開拓していった過程を、大塚英志氏がくわしく辿っている。[#1] その内容を読むと、アトムというキャラクターは、それまでに手塚が描いてきたさまざまのキャラクターを受け継ぐと同時に、変形されて生まれてきたことがわかる。アトムについて考える準備として、手塚が辿った重要なステップを、大塚氏の記述を参照して筆者なりにまとめておこう。

#1　大塚英志『アトムの命題—手塚治虫と戦後まんがの主題』角川文庫、二〇〇九年。以下の文中に記す頁数は同書による。

まず、しばしば注目され、本書でも足立加勇氏が参照している大きな一歩は、終戦間近の一九四五年六月あたりまで描いていた『勝利の日まで』（一〇〇頁）の中でマンガのキャラクターが「傷つく身体」を持ったことにある（一三二〜九頁）。トン吉君《きちくん》という少年が空襲に逃げ惑い、最後に胸を弾丸で射抜かれるシーンでそれが起こった。その瞬間に、マンガのキャラクターは、ディズニーマンガに典型的な記号的キャラクターから、生身の身体を持った存在へと変わったのである。それを大塚は「戦争という圧倒的体験がディズニー的な非身体的キャラクターを血肉のあるものに変化させた」（一四〇頁）という。

手塚は、戦後の創作活動の中で「全く新しい画風」（一五四頁）を模索しながら、ディズニー的なものからリアリズムへの移行を試みていく。その試みは、敵国であったアメリカとの関係を再考する作業でもあった。扱われた主題を列挙すると、「死体」（一七四頁）、科学の力で人間化して「傷つく心」、「死にゆく体」を獲得した兎（一七八〜九頁）、「性を持つ身体」（一八〇〜一頁、一九五〜八頁）、科学による生命への介入（一九一頁）などである。さらに、絵に「アニマ＝生命」を吹き込むという手塚の「夢」と重なる人造人間の主題（一九二〜三頁）、その「自我」「心」の獲得（一九五〜二〇〇頁）と、アトムの造形にそのままつながる主題が続く。心を持つが、スイッチ一つで停止する「コブラ姫」（『幽霊男』）は、「アトムの「心」のあり方」を予告する。「『アトム』の原型ともしばしばいわれる」人造人間のミッチイ（『メトロポリス』）は、アトムと同じように電極によって賦活されて誕生するが、有機物からなるため最後に心臓が溶けて死ぬ（二〇六〜一〇頁）。さらに、ミッキーマウスのように記号的に描かれながらも、成長し、自己犠牲によって死ぬレオ（『ジャングル大帝』）を描き始めたところで、アトムは生まれた（二一〇～一頁）。

以上の要約を踏まえ、私は、手塚のマンガは、彼自身が戦時下で持った、自身の身体の崩壊への予感を修復し、生命を回復する試みでもあったという仮説をつけ加えたい。手塚自身が空襲の中を逃げ惑った実体験はないようだが、敏感な少年期に戦争の現実を見聞きし、空襲を目撃する体験を重ねた手塚にとって、みずからの身体が砕け散る可能性は知識としても感覚としても切実なものであったろう。「人造」と「人間」という二つの性質を兼ね備えた「人造人間」は、線で構成した絵に生身の人間と同じ生命と血を与える手塚自身の作業のメタファーでもあり、究極的には、戦争によって脅かされた身体の統合性をみずから回復する試みでもあったのではないだろうか。

以上の理解は、アトムというキャラクターの特異性を照らし出す。つまり、アトムはロボットであり、人間と同じ意味での「傷つく身体」を持たない。しかし同時に、ロボットにもかかわらず、あるいはロボットだからこそ、アトムは、身体の一部が外れたり、壊れたり、エネルギーが切れたりすることで、容易に「傷つく」。そして、ロボットだからこそ修理されて再生する。再生したときに、アトムに特別な感慨があるようには見えない。そうしたシーンで読者、視聴者が催す特殊な感覚は、『鉄腕アトム』の重要な要素である。アトムは、「命」というものを「人造人間」とは異なった角度から描く機会を手塚に与えたのである。

『鉄腕アトム』の誕生――マンガ連載からアニメ放映へ

アトムは、雑誌『少年』に連載した「アトム大使」（全集第一五巻）[#2]に初めて登場した。はじめからアトムというロボットのアイデアを手塚が持っていたわけではなく、科学空想マンガを依頼されて、編集者とやり取りをするうちに生まれたキャラクター[#3]である。アトムは、連載が始まってしばらくあとに、サーカスで興行師に遣われているロボット少年として登場する。興行師の口から語られるのが冒頭で紹介した生い立ちである。その後、アトムを主人公にしたマンガはどうか、というアイデアが編集者から出され『鉄腕アトム』が誕生する。アトムというキャラクターの発想が、編集者とのやり取りの中で生まれたことが窺える。

初話（一九五一年四月号）は、アトムの簡単な自己紹介と、アトムの両親がアトムより遅れて誕生した経緯から始まる。人間の子どもを見て自分に両親がいないことをアトムが悩み、お茶の水博士に頼んで作ってもらうエピソードである。アトムをもっと人間らしい主人公にするために両親を作ることにしたと手塚は言う。

『鉄腕アトム』には戦い、家族愛、ギャグなどさまざまの要素が含まれるが、一貫して扱われる問いは、どれだけの属性を持てば人間といえるのか、あるいは人間にはどれだけの属性が必要なのか、である。人造人間を素材にしてすでに問うてきた問いを、『鉄腕アトム』は、別の方向から扱っていく。

たとえば、連載開始の年から翌年にかけて連載された「フランケンシュタイン」（全集第二一巻）では、悪質な工場のミスによって、悪い心を持ったフランケンシュタインというロボットが生まれてしまう。結局、フランケンシュタインは修理されて良い心を獲得し、悪かったのはすべて人間であることが暴かれて終わる。もしロボットを人間らしいものに近づけていくと、人間と同じ好ましくないものも与えられるかもしれない。しかしそれではロボットの存在価値が失われる。

また、アトムが人間と異なり「あまりに無神経で心のうるおいがない」ことが「アルプスの決闘」（一九五六年、全集第一三巻）で主題となる。そのことに悩んだアトムは、お茶の水博士に頼んで人造心臓を取りつけてもらうが、両親をさらった敵との戦闘で恐怖から体がすくんで手も足も出なくなり、人造心臓を破壊して戦う。人間のように「成長しない」ことで捨てられたアトムは、人間に近づくという意味で「成長」すると存在価値を失う。アトムが抱えるパラドックスである。

アトムの誕生と「フランケンシュタイン」は、放映の第一回、第二回におかれ、マンガと同じ主題が導入されている。アニメは基本的に、マンガですでに発表されていた物語に基づいて製作されていったが、アニメが終わるまでの雑誌連載数が五九話に過ぎないことからわかるように、全一九〇回の放映のうち早い段階でエピソードが枯渇し、アニメのために創作された物語と連載のために描かれた物語の両者を含みながら放映されていった。

#2　以下「全集」は次のものを指す。手塚治虫『鉄腕アトム』全二一巻＋別巻二巻セット、秋田書店

#3　手塚自身が書いた経緯による。「鉄腕アトムのおいたちと歴史　その1」『手塚治虫エッセイ集成私的作家考』二七―三五頁、立東舎文庫、二〇一七年

アニメの『鉄腕アトム』について考えるとき、原作マンガからの（セルフ）アダプテーション＝翻案の作業に注目しなければならない。その意味を考えるには、絵に動きが与えられ、声・音響・音楽が加えられることで生まれる変化に創造性を見る作業と、毎週の放映に間に合わせるために行った省略や時間稼ぎといった表現上の限界を見る作業の両方が必要だろう。

しかし、ここではマンガとアニメの差異には深入りしないでおく。主として私の力量と字数の制約によるが、初めての連続テレビアニメへの挑戦の中で、表現上の限界のほうが目立つからでもある。それまでの諸作品で培ったタッチ、動き、コマ割など、手塚作品の質を構成する諸要素を動画で再現することは難しく、マンガに比べて表現が平板であることは否めない。ストップモーションの多用など、放映日に間に合わせるための工夫がのちのテレビアニメに創造的な意味で影響を与えたものの、『鉄腕アトム』の段階でそれらを表現の深化につなげるゆとりはなかっただろう。

また、もう一つの重要な理由は、当時の子どもたちが、マンガとアニメを一体のものとして『鉄腕アトム』を受容していたこと、あるいは、マンガの表現力によって描かれたアトムを動いている映像としてブラウン管上に見たと思われることにある。二つのメディアのアトムは相互に響きあって、一体化していたと考えるほうが自然である。

その意味で、ここでは、マンガ連載と並行して四年間放映されたアニメ作品と、アニメ終了後も一九六八年三月号まで連載されて、『少年』の突然の廃刊とともに終わったマンガ作品を、アトムが誕生し死ぬまでを手塚自身が連続的に描いていった一つの作品と考え、オリジナルな『鉄腕アトム』とする。

もちろん、アトムを描く作品はこれらだけではない。たとえば、アニメの放映が終わって間もない一九六七年一月から、『産経新聞』にも『鉄腕アトム』が連載され始める。連載の冒頭で、太陽の熱で溶けて宇宙空間に漂うアトム（の残骸）が宇宙人の手で修理されて蘇り地球に戻される。手塚は、アニメ最終回で描いたアトムの死のあとどうなったのか、という「ファンの疑問にこたえるために」それを描いた（全集第六巻七頁）。アトムの物語が二つの連載に枝分かれしたことになる。さらに、全集に収録するために、溶けたアトムが修理されるくだりを別のエピソードに入れ替えるなどの変転もある。アニメに目を向ければ、カラー版『鉄腕アトム』（一九八〇年、日本テレビ系）、『ASTRO BOY 鉄腕アトム』（二〇〇三年、フジテレビ系）、そして劇場版の『鉄腕アトム〜地球最後の日』（二〇〇一年）と、それぞれ違った結末を描いている。こうした種々の方向に展開し、拡散する作品群は、いったん完結したオリジナルに基づく、続編、セルフ・リメイク、リメイク、スピンオフなどとして区別したい。[#4]

アトムの死

テレビアニメの最終回は、およそ次のような内容である。

#4　一九七五年に書き下ろされ、サンコミックス版『鉄腕アトム』に収録された「アトム誕生」（全集第一巻）を、誕生の物語を再話した、オリジナルの補遺版と考えることができるだろう。

物語は、動物が突然寒い地域を目指して逃げ出すところから始まる。地球の温度が上がっていることが明らかになり、大混乱となる。太陽の黒点が大きくなり、あと一か月で五〇度の上昇が予想される。お茶の水博士やヒゲオヤジも含め、人間たちはロケットで次々と宇宙に逃げ出す。人間がいなくなった地球では、ロボットがこれからの地球について議論する。この機会に乗じて地球征服を企むサイボーグのナポリタンが地球大統領を破壊すると、アトムが大統領となる。それまでの回に登場したさまざまの技術で、地球を冷やす、火山の爆発を防ぐ、などの試みが行われる。ナポリタンは、アトムの攻撃を受けて、自身が脳だけ残るサイボーグではなく、脳も機械化されたロボットであったことを知る。ナポリタンはロボットを敵視していたことを反省し、心を入れ替え、みずからが発明した太陽の核爆発を抑える物質を「せめてもの罪滅ぼし」とアトムに委ねて、硫酸に身を投げる。

アトムは、その物質を太陽に「投げ入れる」ためにロケットで飛び立つ。物質を運ぶカプセルを太陽に向けて飛ばしてアトムは地球に戻る計画である。そして、アニメが終了する三分前まで順調に進む。しかし、カプセルに隕石が衝突し、カプセルは太陽から逸れていく。アトムはロケットから飛び立ち、カプセルにへばりつく。そして次のように言う。

お父さんお母さんさよなら。僕やっぱりお別れです。ウラン、コバルト、僕はカプセルの方向を太陽に向けて一緒に飛び込むよ。さよなら。太陽はきっと元に戻してみせるよ。［遠くの地球の映像］あ、地球だ。地球はきれいだな。

太陽に向かっていくカプセルを後ろから捉えた映像に音楽が高まり、消える。こうしてアニメ『鉄腕アトム』は、アトムの死とともに終わる。テレビ放映の終了という外的事情から選ばれたと見えなくもない結末である。[#5] しかし、『鉄腕アトム』が描いてきた主題を考えると、アトムの死は手塚にとって決してそうした外的要因で選ばれたものではないように思われる。他のエピソードの中に、自己犠牲による死がすでに何度も描かれているからである。

たとえば比較的初期の「人工太陽球」（一九五九年一二月号～一九六〇年二月号）でアトムは、歯が立たない太陽球にたじろぎながら、「人間のために死ぬのはいまだぞ‼ がんばれ‼ アトムッ！」と内なるもう一人の自分に励まされて突撃し、実際溶けてしまう。内部は残り、修理されて復活するのだが、アトムが死を覚悟して突撃したことは明らかである。終結のモチーフを先取りするエピソードである。

みずからが犠牲になって地球を救う行為は、他のキャラクターによっても行われる。単独に取り上げて考察する価値のある作品と私は考えるが、「地球最後の日」（一九六四年三月号～六月号、全集第一巻、アニメ一九六四年五月一六日）という印象的な物語がある。他の星の「宇宙人」によって作られたベムという名のロボットが地球に逃亡してきて、アトムは宇宙人と戦ってベムを守る。結局宇宙人

#5　アニメが先立って描いた結末をマンガが描かなかった経緯は、『風の谷のナウシカ』と似たところがある。主人公の自己犠牲を描くところも共通する。しかし、マンガに描いたものが本来の主題であるとする宮崎駿のような言葉を手塚は残していない。

は地球から追い出され、怒った宇宙人の手で怪星が地球に衝突すべく近づいてくる。もはやその衝突を避けることはできないという危機が迫ったとき、もともと「星のひとつやふたつこっぱみじんにくだくくらいの爆弾」であったベムは、地球を救うために怪星に突入する。ここではくわしく触れないが、ベムとアトムの間に生まれる交流は、ある種の「愛」とさえ表現できる緊密なもので、ベムをアトムの分身と考えることも可能だろう。[#6]

この二つの例だけでも、自己犠牲としての「死」が、決してテレビアニメの終了という外的事情に強いられて生まれたものではないということが窺える。

すでに述べた通り、「成熟の不可能性を与えられたキャラクターは、しかし、いかにして成長し得るのか」という命題を『鉄腕アトム』は扱っている。しかし、そこにもう一つの誕生の経緯に由来する命題、「親によって生の意味を与えられていないアトムはいかに生きてその意味を獲得できるか」がある。この命題も、空襲の現実を見ながら手塚が「傷つく身体」をアニメキャラクターに与えたときの崩壊への予感と関係している。それは、存在のはかなさであり、死の不条理であった。空襲によって無惨に命を失う市民の運命を知る手塚は、偶然のように命を失ってしまうトン吉君を描きながら、死の不条理に傷ついていた。

戦争に関し、手塚は次のような発言を残している。[#7]

ただひたすら、お国のために死ねとか、死んで英霊になれとかいうことは、大義名分としてはいわれるんだけれど、なぜ、そうならなければいけないのかということは、ちっともいわれなかったですからね。

神がかり的にはいわれても、その理由はないわけですよ。

理由のない死にどう理由を与えることができるのかが、手塚の問いであった。そこに生の意味の欠如に由来するアトム固有の課題がラストシーンで重ねられる。

アトムの死が、自殺攻撃の主題、具体的には「カミカゼ」に代表される特攻の主題の表現であることは明らかである。手塚が特攻に直接言及する言葉は——少なくともこれを書いている現在までの私の知る限り——見当たらないが、すべての国民に与えられた「お国のために死ね」という要請の極限に位置する特攻についても思いを馳せたであろう。

『鉄腕アトム』の中で、アトムは何度も強敵に攻撃を仕掛け、時には溶け、時には解体し、時には電磁力の渦に巻き込まれて「からだじゅうの装置ががたがたに」壊れる（「地球最後の日」）。しかし、アトムはロボットなので、多くの場合お茶の水博士の手で修理されて蘇る。ロボットという設定によって、アトムは、自殺攻撃をしながら、かつ、それをキャンセルして復旧する。

#6　ベムの物語は、同時期に放映されたアニメにも、のちの映画化でも描かれる。しかし、連載時の手塚の表現力で描かれたマンガは、それらをはるかに凌駕する力を獲得しているように筆者には見える。それがどのようにして可能だったのかを分析する作業は簡単ではないだろう。

#7　「戦時下の子どもの心」「手塚治虫と戦争」手塚治虫記念館：講談社版手塚治虫漫画全集『漫画の奥義』「マンガとの出会い」より（聞き手：石子順、初出：一九八八年『子どもの文化』連載）（https://tezukaosamu.net/jp/war/entry/23.html）

そこには二重の意味を読み取ることができる。第一は、傷ついた身体の修復を試みつつ、同時に、自殺攻撃の反復という矛盾した表現で、人間が果たす自殺攻撃の意味を問うことである。[#8] しかし、その反復される死は生に意味を与えることができない。そして、手塚は最終的に、太陽に飛び込むという、生き返る道が閉ざされた――しかし巨大な意味を与えられた――自殺攻撃をアトムに行わせる。「人間的」でありながらロボットであるアトムが果たす自殺攻撃には、それを特攻と比較したときに重要な差異と同一性を見ることができる。

まず、先に見た恐怖の欠落である。「人工太陽球」への突撃に際して、たしかに「がんばれ」と自分を励ます必要があるほどの抵抗はあるとしても、人間のそれとは比較にならないほど易々と自殺攻撃が選択される。恐怖がないということは、トラウマの定義上、トラウマがないことを意味する。天馬博士に暴力を受けたときも、捨てられたときも――アトムを人間らしく描く以前の出来事なのでなおさらだが――アトムは無表情で苦痛を感じていないように描かれている。捨てられ体験は、人間のように、恐怖、失望などの感情を通してではなく、存在意義の否定という意味の問題としてのみ現れる。

次に、ロボットであるアトムは、人間のために働くことを運命づけられている。それゆえ、自身が人類を救うことができるのであれば、その行為を選ぶのが正しい選択である。加えて、アトムが死を選ぶのは、その選択をすることで地球が実際に救われるシチュエーションである。アトムは、その能力によって――かつてのベムと同じく――地球を救うことができることを知っている。アトムは、たしかにみずからの死によって地球を救うことができると信じており、またそれは事実である。

しかし、これらは特攻との差異のように見えながら、理念的には日本が現実に行った特攻の特質でもある。特攻においても、その行為に日本の命運がかかっているという思いや信念によって特攻が命令され、実行された。実際には、その行為によって勝利がもたらされると信じることは難しかったし、個人の死によって勝利がもたらされるという事実はなかった。特攻を行うのは他の飛行士でもよかったし、またどれだけ特攻が行われたとしても勝利は得られなかった。それにもかかわらず、理念的にはそれが正しい選択であるという構造が強制された矛盾した状況の中で、また人間であるがゆえに持つ恐怖の中で、さらにはそれが喜びでなければならないという理念の下で、飛行士たちは特攻を行った。アトムの死はその理念を体現する。

もう一点、すでに飛び立った飛行士があることで、他の飛行士があとに続くことを必然的なものにするという構造が特攻にはあった。この構造も、ベムという分身（愛の対象）によってアトムに与えられている。アトムが最後の瞬間にそれを意識した形跡はないが、もしアトムにその時間があり、かつ人間のように同胞との絆を感じたとすれば、動機となるはずのものである。

傷つかない身体と心を持ち、恐怖を持たず、太陽の爆発を正常に戻す物質を太陽にまで運ぶ能力を持つアトムが可能にした究極の自己犠牲がこうして映像に刻まれた。

＃8　大塚の議論に従えば、傷ついた日本の修復でもある。

アトムの死の系譜

アトムの死が以後の映像表現にどれだけの作用を及ぼしたかを正確に測ることは難しい。その程度はともかく、いったん描かれたその表象は、それが究極的なものであるがゆえに、トラウマ的な刻印を残し、他の作品へと波及していく。『パタリロ！』は、アトムの死をなぞってまさに物語を閉じようとする瞬間に、「ワッハッハッ！」と帰還するパタリロを描く(1)。そのような刻印をアトムが残していることを示す例である。あるいは直接の影響関係を確認できないが、『ターミネーター2』（一九九一年、ジェームズ・キャメロン監督）において、ターミネーターがみずからを破壊することで未来の世界を救う自己犠牲は、『アトム』以上に自意識を持たず、完璧な計算能力を持つロボットとして当然の選択でありながら、ある意味「理想の父」が果たす人間的な行為として受容される。こうした連鎖は、作品を超えてモチーフが伝播したりキャラクターが受け継がれたりする「非-リメイク(2)」という形のリメイクの例である。特攻という日本の特殊な作戦が、自殺攻撃の連鎖に何がしかの「貢献」をしているのと同じトラウマ的作用をそこに見ることができる(3)。

日本のアニメにおいて、個の究極の犠牲によって何らかの善を実現するという主題は、「セカイ系」と名づけられることになるロボットものに受け継がれた。そして、ロボット＝科学の力ではなく「魔法」の力によって、「セカイ」の全体、つまり、国、人類、さらには地球という全体さえ越えて、一つの時空を救う形で自己犠牲が表現された『魔法少女まどか☆マギカ』にまでその系譜を辿ることができる。

いうまでもなく、『鉄腕アトム』は「セカイ系」ではない。なぜなら、「セカイ系」に欠如している社会という中間領域を豊かに描いているからである。手塚は、大塚の指摘した日米関係も含め、社会のさまざまの側面を『鉄腕アトム』に描き込んでいった。しかし、究極の破局を前にしてその中間領域が消え失せたとき、「セカイ系」と同じ構造が現れる。アトムという個体に内在する問題が、「世界の危機」「この世の終わり」という大問題と結びつき、個の犠牲によって危機が回避される。

この構造を特攻に特異な現象とするわけにはいかない。組織や企業が犠牲を強いる際に、自発的な犠牲に巨大な意味を与えることは今でも日本のいたるところにある。労働論で論じられる「強制された自発性」(4)や、ボランティアとファシズムを関係づけた議論(5)と同型の問題である。

現実の人間が、人間を超えた課題を与えられている悲惨を考えると、究極の自己犠牲を描いた『鉄腕アトム』は、それが人間のなしうる行為ではなく、また人間に求めるとすれば暴力となることをも照らし出している。

結語

アトムが太陽に突入したあと、お茶の水博士は地球が救われたこととともに、「しかし、アトムはついに帰ってはこなかった」と語りながら、続けて「だが、だが、わしは信ずる。アトムはいつかきっと帰ってくると」と言う。見る者のショックを和らげるために加えられたかのように見える言葉である。そしてさらにこう続ける。

もし帰ってこられなくとも、アトムの生まれたこの台の上から第二、第三のアトムが生まれるじゃろうということを、わしは信ずる。

この言葉も、テレビの前に座る子どもたちがアトムの死に受けるであろうショックを和らげるためにつけ加えられたのかもしれない。しかし、放映時のその文脈を離れれば、「自分がやらなければならない」と信じて限界を超える多くの犠牲者がこれからも出るであろうし、そのたびに次の犠牲者に置き換えられていくであろうと宣言しているかのようである。放映から五〇年以上の歳月を経た今の時代を念頭にあらためてその意味を考えることができる言葉を残していること自体、オリジナルの『鉄腕アトム』が伝えるメッセージの重さを表している。

〔参考文献〕

（1）魔夜峰央「言葉の問題」『パタリロ！』第四五巻、九五―一一三頁、白泉社、一九九一年
（2）Verevis, C.: *Film Remakes*. p.85, Edinburgh University Press, 2006.
（3）Mori, S.: The Japanese contribution to violence in the world: The kamikaze attacks in World War II. *International Forum of Psychoanalysis* 28 (1): 1-7, 2017.
（4）熊沢誠『過労死・過労自殺の現代史―働きすぎに斃れる人たち』岩波現代文庫、二〇一八年
（5）池田浩士『ボランティアとファシズム―自発性と社会貢献の近現代史』人文書院、二〇一九年

第２章

戦後マンガ・アニメの方法論としての「傷つく身体」(1)

――『サイボーグ００９』から魔法少女が受け継いだもの

足立加勇

『魔法少女まどか☆マギカ』と戦後マンガの「傷つく身体」

日本のアニメは、ヒーロー・ヒロインたちの戦いを繰り返し描いてきた。戦いでは、必ず犠牲が出る。人々は、犠牲を乗り越えて正義を実現する主人公の姿に感動する。戦いの物語は、乗り越えるべき犠牲が大きければ大きいほど、より感動的なものとなる。しかし、その犠牲が、視聴者に衝撃を与えてしまうほどの鮮烈さで描写された場合はどうであろうか。そのとき、視聴者は感動ではなく、疑問を感じてしまうであろう。どうして、ヒーロー・ヒロインたちは、これほどの犠牲を払ってまで戦うのだろうか。彼らの正義に、そこまでしなくてはならないほどの価値が本当にあるのだろうか。疑問を抱いてしまった視聴者は、戦いをエンターテイメントとして楽しむことができなくなる。そのため、日本のアニメは、感動を最大値にしつつ視聴者に疑問を抱かせない、そのような犠牲の表現を追求してきた。その技術は、現在では驚くほど高度なものとなっている。

しかし、それは自分たちの表現に枠をはめたうえで行われる追求である。それだけでは、表現の新たな可能性は切り拓かれない。実際、日本のアニメの歴史において、未来へとつながる新たな可能性を切り拓いた記念碑的作品には、鮮烈な描写によって読者や視聴者に大きな衝撃を与えた作品が数多くある。それらはエンターテイメントの枠組みに収まりきらない何かを持つがゆえに、人々の記憶に残るものとなっている。

巴マミの死がもたらした衝撃

二〇一一年に公開されたテレビアニメ『魔法少女まどか☆マギカ』もまた、登場人物たちの犠牲の描写が視聴者に大きな衝撃を与えた作品の一つとして知られる。とくに話題となったのは、第三話における巴《ともえ》マミの死である。

『まどか☆マギカ』の主人公・鹿目《かなめ》まどかは、誰かの役に立つような人間になりたいという夢を持っているが、自身の凡庸さゆえに、その夢を実現する手段を持ちえていない。そんなまどかの前に現れた魔法少女・巴マミは、人間を襲って食らう魔女から人々を守って戦うスーパーヒロインであり、まどかの夢の体現者であった。まどかは、マミのような魔法少女になりたいと願う。しかし、マミは魔女に頭から齧られて死に、その悲惨な死にざまは、まどかの魔法少女に対する憧れを粉々に打ち砕いてしまう。

荻上チキは、マミの死を見て、『まどか☆マギカ』を「ここ十数年のコンテンツが語ってきた「戦

う理由」を批判的に検討」することによって「「過去の作品群」に挑戦状を叩きつけている作品」だと理解したという。(1)

❖誰かのために役立つ自分になりたい、死にたくない、家族を守りたい、愛しい人の役に立ちたい、友人を窮地から救いたい……。作中で提示されつつも、まどかが魔法少女になる理由として選ばなかった選択肢は、どれも「手垢まみれの戦う理由」ばかりだった。

❖多くの少年漫画では、『戦う理由』が弱いほうが負ける」という暗黙のルールがあって、つまりは格闘そのものではなく、「背負った物語への支持合戦」にどう勝利するかが重要になっている。

❖それも論理的な精緻さというよりも、結局は「大声で叫んだら勝ち」（例えば『ワンピース』。叫び声を上げるときの、ルフィの口の大きさを見よ！）になっているのだが、か細くつぶやき続けるまどかが、最後にはっきり口にする「戦う理由」は、「大声」というよりも「悟り」に近いもので、「身体をアップデートすることって、実は他者の欲望なんだよね」という構図も、作中でさらりと指摘している点などが、「作品自体が批評的」と論じられる所以でもある。

『まどか☆マギカ』に登場する少女たちは、マミの死をきっかけに次々と悲惨な最期を迎えることになる。彼女たちの死は、魔法少女という制度それ自体が、少女たちを「手垢まみれの戦う理由」で搦めとって自主的な自己犠牲へと駆り立てる、搾取と収奪のためのメカニズムに過ぎないことを明らかにする。

藤津亮太は、マミの死について次のように語る。(2)

アニメの視聴者が一番感情を揺さぶられるのは、記号的だと思っていたキャラクターが急に人間的に見える瞬間なんです。多少戦闘シーンは激しくても、死なないだろうと思っていたキャラクターが突然死んでしまう。生身の人間であることが明らかになる。その落差がショックなんですね。実写より記号化された、アニメという表現だからこそ、キャラクターが死んだときのインパクトは大きいと思うんですよ。

マンガやアニメに登場するキャラクターは、生身の人間ではなく、所詮は紙の上に描かれた図像に過ぎない。しかも、その図像は現実の人間を生々しく表象したものではない。それは、過去のマンガ・アニメ作品が作り出してきた数々のお約束を順列組み合わせすることで作り上げられた記号的な図像である。最初から生命など持っていない記号的なものが、まるで生物であるかのように死を迎えるなどということは本来的にはありえない。しかし、それにもかかわらず、作中で登場人物が死んでしまったとき、視聴者はその事実に大きな衝撃を受けてしまう。目の前にあるのは単なる記号的図像に過ぎないという理解と、実際に人が死んだという事実の間に大きな落差があるがゆえに、その衝撃はより大きなものとなる。

「傷つく身体」の発見と戦後日本マンガの起源

本来的には死なないはずのものであるがゆえに、それはよりよく死を表現することができるのだ、という藤津の逆説的な発想は、大塚英志の「傷つく身体」の議論の延長線上にあるものだといえよう。大塚は、戦前のマンガから戦後のマンガへの転換点は、記号的なキャラクターが、傷つき、苦しみ、そして死にうる「傷つく身体」を獲得した瞬間にあると考えた。戦前のマンガでは、基本的には、キャラクターが傷つき死んでいくさまは描かれなかった。戦争の場面で銃弾が頭に当たっても、星を飛ばして「ア痛タタ」と言うだけで済ませることができた。しかし、敗北という結果に終わった現実の戦争は、人の死や苦しみを表現することをマンガに要求した。[#1]

大塚は、戦後マンガの起点を、手塚治虫が終戦直前に描いた習作『勝利の日まで』のある一コマに設定する。この作品は、戦前の人気キャラクターたちが空襲の中でさまざまなドタバタを行うという一種のパロディ作品である。大塚は、この作品の中に二つの画風が混在していると指摘する。一つは、シンプルな線描で描かれた、古典的な記号的キャラクターの作画技法による画風であり、この作品の登場人物である戦前のキャラクターたちを描くのに使われた。そして、もう一つは、複雑な線描や陰影をもって描かれた精密なリアリズムによる画風であり、こちらは、爆撃機や焼夷弾が降り注ぐ街など、戦争を描くのに用いられた。

大塚はこの二つの画風が一つのコマ内に共存しているときに、のちに手塚マンガ、あるいは戦後マンガの最大の特徴といわれるようになったカメラアングル的な構図、いわゆる「映画的手法」が現れ

#1　戦前のマンガの中にも、死や苦しみの表現を行っているものはある。しかし、それらの表現が大塚の主張を否定できるだけの水準と一般性を持っているのかというと、筆者は持っていないと考えるべきだと判断する。

ると指摘する[#2]。『勝利の日まで』の中で、その映画的手法が最も高度な形で使用されたのは、登場人物の一人・トン吉君《きちくん》が、ミッキーマウスの操縦する米軍機に襲われる場面である。機銃掃射から逃げ惑うトン吉君の姿は、さまざまな距離や角度から描かれた絵の組み合わせによって表現され、戦時中の作品としては驚くべきスピード感と立体感を実現している。そして、ついにトン吉君は胸を銃弾で射抜かれてしまう。この場面を大塚は、記号でできているマンガのキャラクターも傷つく存在になりうるのだ、ということを手塚が発見したシーンだとする(3)。

> このコマは極めて重要である。
> つまり、手塚はここで記号の集積に過ぎない、非リアリズム的手法で描かれたキャラクターに、撃たれれば血を流す生身の肉体を与えているのである。
> ぼくはこの一コマこそが、手塚まんがの、そして「戦後まんが」の発生の瞬間だと考える。
> もう一度、言う。
> のらくろ的な、ミッキーマウス的な非リアリズムで描かれたキャラクターに、リアルに傷つき、死にゆく身体を与えた瞬間、手塚のまんがは、戦前・戦時下のまんがから決定的な変容を遂げたのである。

キャラクターも「傷つく身体」を持ちうるという発見は、キャラクターも、悩み、苦しむ内面を持ちうるというさらなる発見を生み出す。なぜなら、傷つくことを苦しいと感じるのは、傷ついた者が心を持っているがゆえである。現在の日本マンガにおける複雑な内面描写は、この「傷つく身体」の発見を起点として生まれたものなのである。

身体性の変化が要請する「戦う理由」の探求

大塚の議論は、戦後日本マンガの起源を第二次世界大戦の敗北と、その敗北によって日本人が身体と精神の両方に負った傷に求めるものだといえよう。それは単にマンガのキャラクターが持つ身体性の変質だけを意味するものではなかった。それはストーリーに対しても大きな変質を要求した。なぜなら、作中で登場人物の死や苦しみが描かれるとき、読者は、なぜこのような大きな犠牲を払ってまで戦わねばならないのか、という疑問を抱いてしまうからである。そのため「傷つく身体」を描くマンガは、主人公が戦う理由と、主人公の行動の正当性は何に担保されるのかについて、物語中で説明しなければならない。

荻上は、日本のマンガ・アニメには『戦う理由』が弱いほうが負ける」という暗黙のルールがあると指摘したが、そのようなルールが自然成立してしまう理由は、日本のマンガ・アニメのストーリー内容が、「戦う理由」を説明しながら、主人公が戦いに勝利するさまを描くものである、というこ

＃2　戦前のマンガにも「映画的手法」を用いたものはある。ゆえに、「映画的手法」は手塚の発明したものとは言えない。しかし、手塚の「映画的手法」は、他の追随を許さない、複雑さとスピード感を持っており、戦後のマンガが直接的な影響を受けたのは、手塚の手による「映画的手法」であった。他の作者による「映画的手法」と手塚のそれは、区別して考えるべきである。

とにある。理由と勝利が同時に語られるうちに両者は一体化していき、やがて、主人公が持つ「戦う理由」の正当性が主人公の勝利を保証するものとなってしまう。そして、最終的に日本のマンガ・アニメは、視聴者に対して「背負った物語への支持合戦」を行うものになってしまうのである。

藤津の指摘と荻上の議論は、密接な関係性を持っている。記号的であるからこそ死をショッキングに表現できるという逆説は、マンガ・アニメを「背負った物語への支持合戦」に変えてしまう。だが、その「支持合戦」の中で死が発生し、その死が記号的な表現の持つ「落差」ゆえに大きな「インパクト」を視聴者に与えてしまったとき、視聴者は、それまでに提示されてきた「背負った物語」に対して疑問を抱くようになる。その疑問は、「「戦う理由」を批判的に検討」する必要を生み出す。そして、その批判的検討は、戦いが「支持合戦」であることの虚しさを明らかにするであろう。作中で死に直面してしまった主人公は、自分が持つべき真の「戦う理由」を求めて迷走することになる。

敗戦による正義の根拠の崩壊が生み出す主人公と悪の同質性

荻上と藤津の議論は『まどか☆マギカ』という作品が実に戦後的な作品であることを示すものであった。戦前期の戦いを題材としたエンターテイメント作品、とくに愛国的な性質を前面に押し出す作品では、自分の戦う理由を批判的に検討する必要に主人公が直面することはなかった。自分が健全な日本人であれば、それだけで主人公の正義は保証され、戦いでの勝利も約束されていたのである。

日本人であることが正義の保証となった戦前の軍事愛国小説

たとえば、戦後、同名の特撮映画が作られたことでも有名な押川春浪の人気作『海島冒険奇譚　海底軍艦』（一九〇〇年）を見てみよう。この作品は世界漫遊中の主人公がイタリアで旧友・濱島武文《はまじまたけふみ》と再会したところから物語が始まる。海外で商会をしている濱島は、自分の息子・日出雄《ひでお》を立派な日本海軍軍人にしたいと考えており、そのためには日本の教育を息子に受けさせなければならない、と考える。彼は息子と妻を日本に帰すことを決意し、二人と同じ船に乗って帰国する主人公に付き添いを依頼する。主人公と出会った日出雄は、主人公が日本人であることに興奮する。(4)

> 日出雄《ひでを》少年《せうねん》は海外萬里《かいぐわいばんり》の地《ち》に生《うま》れて、父母《ちゝはゝ》の外《ほか》には本國人《ほんこくじん》を見《み》る事《こと》も稀《まれ》なる事《こと》とて、幼《いとけな》き心《こゝろ》にも懐《なつ》かしとか思《おも》ったのであらう、其《その》清《すゞ》しい眼《め》で、しげ〳〵と私《わたくし》の顔《かほ》を見上《みあ》げて居《を》つたが
> 『おや、叔父《おぢ》さんは日本人《にっぽんじん》！。』と言《い》つた。
> 『私《わたくし》は日本人《にっぽんじん》ですよ、日出雄《ひでを》さんと同《おな》じお國《くに》の人《ひと》ですよ。』と私《わたくし》は抱《いだ》き寄《よ》せて
> 『日出雄《ひでを》さんは日本人《にっぽんじん》が好《す》きなの、日本《にっぽん》のお國《くに》を愛《あい》しますか。』と問《と》ふと少年《せうねん》は元氣《げんき》よく
> 『あ、私《わたくし》は日本《にっぽん》が大好《だいす》きなんですよ、日本《にっぽん》へ皈《かへ》りたくつてなりませんの、でねえ、毎日《まいにち》日《ひ》の丸《まる》の旗《はた》を立《た》てゝ、街《まち》て戰争事《いくさごっこ》をしますの、爾《そ》してねえ、日《ひ》の丸《まる》の旗《はた》は強《つよ》いのですよ、何時《いつ》でも勝《か》つてばつかり居《ゐ》ますの。』

主人公は二人とともに汽船に乗るが、その汽船は海賊船に襲われて沈没し、主人公と日出雄は南海

の孤島に漂着する。しかし、その島には、天才科学者である海軍大佐・櫻木重雄《さくらぎしげを》が新兵器を建造するために作った秘密基地があった。主人公と日出雄は新兵器・海底軍艦の建造に立ち会うことになる。

南の島に日本海軍の秘密基地があり、そこで世界一の超兵器が開発されているという夢想を、第二次世界大戦に近い時期に、よりリアリスティックに描いたのが、平田晋策の『昭和遊撃隊』である。『昭和遊撃隊』は、一九三四年一月から一二月までの一年間、『少年倶楽部』に連載され、単行本が三〇刷りを越えた人気小説である。そのあらすじは、某国（＝アメリカ）が日本に攻めてくるが、日本軍は武田《たけだ》博士が率いる新兵器部隊、昭和遊撃隊を中心にこれに立ち向かい、撃退するというものである。武田博士は、孤島に隠された昭和遊撃隊の秘密基地で、空飛ぶ潜水艦「富士」を開発する。(5)


諸君《しよくん》、われ等《ら》のまちにまつた潜水艦《せんすゐかん》『富士《ふじ》』が、とう〱その姿《すがた》を戦場《せんぢやう》へあらはした。

艦尾《かんび》からロケットの白《しろ》い火《ひ》をはいて、東《ひがし》の海《うみ》へまつしぐらに急行《きふかう》する。

空中速力《くうちうそくりよく》は二千キロ以上《いじやう》出《で》るのだが、今《いま》はわざと速力《そくりよく》を落《お》して八百キロだ。

『おゝ、あれが武田博士《たけだはくし》の秘密軍艦《ひみつぐんかん》か？　ふーむ、すごいぞ。』

立川中將《たてかはちうじやう》は、下總《しもふさ》の山《やま》かげへ消《き》えて行《ゆ》く『富士《ふじ》』の姿《すがた》を見《み》おくつて、いかにも痛快《つうくわい》さうに、

『えいツ、えいツ。』

と、長船《をさふね》の銘刀《めいたう》をうちふつた。

捕虜《ほりよ》のスミス中佐《ちうさ》は、おどろいて、ふるへてゐる。

立川中將《たてかはちうじやう》は、その目《め》の前《まへ》へ、氷《こほり》のやうな秋水《しうすゐ》をつきつけ、

『中佐《ちうさ》、この刀《かたな》を見《み》られよ。これには日本武士《につぽんぶし》のたふとい、魂《たましひ》がこもつてゐるのだ。この匂《にほひ》、この光《ひかり》、世《せ》界《かい》のどこに、こんな美《うつく》しい、神々《かうぐ》しい武器《ぶき》があらうか。それから、今《いま》、あの山《やま》かげへ消《き》えた潜水艦《せんすゐかん》「富士《ふじ》」、あれこそは、日本科學《につぽんくわがく》の力《ちから》の結晶《けつしやう》だ。「荒鷲《あらわし》」爆撃機《ばくげきき》も「ライオン」戰車《せんしや》も、一たび「富士《ふじ》」の前《まへ》へ出《で》たら、あはれな蟷螂（かまきり）の斧《をの》ぢやないか。この日本刀《につぽんたう》の魂《たましひ》の力と、あの「富士《ふじ》」の科學《くわがく》の力《ちから》を、一つにしたのが、日本《につぽん》の軍隊《ぐんたい》ですぞ。この神聖《しんせい》な軍隊《ぐんたい》の守《まも》る神州《しんしう》を、君《きみ》らの泥足《どろあし》で汚《けが》されてたまるものか。スミス中佐《ちうさ》、君《きみ》らは太陽《たいやう》に刄向《はむか》ふ世界《せかい》の敵《てき》ですよ。』

しかし軍事愛国小説は、日本の敗戦によって、その根幹を打ち砕かれてしまうことになる。敗者となり、「世界の敵」だと糾弾されたのはアメリカではなく日本であった。この現実によって、軍事愛国小説で描かれた純粋正義の日本人は、ただの幻想であることが暴かれてしまった。エンターテイメント作品における戦いは根本的にその質を変えねばならなくなったのである。

『サイボーグ００９』に見る自己否定性と悪との同質性

ただ、その変質が、日本のマンガ・アニメに与えた影響として決定的になったのは、敗戦直後よりも、むしろ、反戦運動が盛り上がった一九六〇年代のことであると考えられる。六〇年代には、国産連続テレビアニメの成功や劇画の台頭が起こり、マンガ・アニメを楽しむ消費者層が爆発的に増加した。幼い子どもだけではなく、ティーンエイジャーや青年層もマンガ・アニメを楽しむようになり、マンガ・アニメにも、彼らを満足させられるだけの社会性や思想が求められるようになった。

その結果として生まれた作品の一つが、石森章太郎『サイボーグ００９』である。一九六六年に秋田書店から出版された『サイボーグ００９』の単行本のヒットは、マンガの歴史を大きく変えた。なぜなら、この秋田書店版の『サイボーグ００９』こそが、日本で最初に成功したマンガ単行本だとされているからである。『サイボーグ００９』の登場によって、これまで雑誌と一緒に捨てられてしまっていたマンガは、愛蔵され、繰り返し読み直される作品へと脱皮した。

その脱皮を可能にした要因の一つが当時の反戦運動であった。『サイボーグ００９』は、基本設定そのものが反戦思想の影響下にある。物語は、世界各国の武器商人たちが謎の組織ブラック・ゴーストによって集められるところから始まる。アメリカとソ連が核兵器をもってにらみ合う冷戦の状況下において、戦争の種そのものは尽きないが、武器商人たちは手詰まりを感じている。その手詰まりを解消する画期的な兵器として、ブラック・ゴーストはサイボーグを開発する。しかし、試作品として作られた九人のサイボーグは、戦争の道具として使われることを拒否してブラック・ゴーストから脱走する。そして、平和を守るために、死の商人たちと戦う戦士となる。

この設定によって、サイボーグたちは純粋な正義の味方ではなく、常に悩み苦しむ、内省的な存在となる。彼らは平和の戦士であるが、その戦士としての能力は、平和の敵である死の商人から与えられたものである。そのため、彼らは、自分のことを否定的に認識せざるをえない。しかも、彼らは強敵と戦うたびに、敵と自分が同じテクノロジーによって作られた同質の存在であることを意識させられる。この自己否定性と同質性が、『サイボーグ００９』に複雑なドラマ性を与えている。彼らの戦いは、単なるアクションではなく、敵と同質の戦闘機械であることを脱却し、平和を志向する人間へと自分を再定義するための行為として語られる。「地下帝国ヨミ編」で主人公・009は、自分をサイボーグに改造したブラック・ゴーストの幹部スカールと対峙する。スカールには、009と同じ特殊能力と、009の脱走時にはまだ開発されていなかった新テクノロジーの両方が搭載されている。自分はお前よりも新型のサイボーグなのだ、とスカールは009を見下す。しかし、009はスカールをただのロボットだと言い放つ。[6]

みにくいしわだらけの脳みそたち（筆者註：ブラック・ゴーストの首領たちのこと。彼らは脳みそだけの存在である）に　あやつられているだけのロボットさ！
サイボーグなら　すくなくともまだ半分は人間だ
だがおまえは　その姿と同じように……血もにくもない骨だけのロボットだ

009は武器商人であるブラック・ゴーストと自分の同質性を否定することで、自分を戦闘用の機械ではない、平和を愛する人間に再定義しようとするのである。

『サイボーグ009』と『まどか☆マギカ』の共通性

『魔法少女まどか☆マギカ』は、この『サイボーグ009』が持つ、自己否定性と同質性という二つのテーマを引き継いだ作品であった。彼女たちは、魔法少女になる際に生身の身体を奪われ、ソウルジェムという宝石にその魂を移される。つまり、彼女たち魔法少女もまた、サイボーグたちと同様に身体を改造された存在であった。

『サイボーグ009』には、サイボーグたちが戦闘用の機械に改造された自分たちのことを、自嘲を込めて「ていのいい身体障害者」と呼ぶ場面がある。それに対し、『まどか☆マギカ』には、自分の身体が戦闘用に改造された人工のものであることを知った少女が、自分のことを「ゾンビ」と呼ぶ場面がある。それは、少女たちにとって、とくにまどかの親友さやかにとって、あまりにも残酷な事実であった。さやかは愛する人のために魔法少女となった少女であるが、その事実は自分と想い人がもはや別種の生命になってしまったことを、つまり、自分の想いは決して報われないということを彼女に教えるものであった。彼女の戦いは自暴自棄なものとなり、その心は次第に壊れていく。それが限界に達したとき、彼女は魔法少女から魔女へと変身してしまう。

彼女たちを魔法少女に改造したキュゥべえの正体は宇宙人である。魔法少女を作り出す技術は、宇宙人が持つテクノロジーによるものであり、それは高度すぎるがゆえに私たちには魔法に見えてしまう。『まどか☆マギカ』の魔法少女は、サイボーグの一種といえよう。キュゥべえが少女を魔法少女に改造する目的は、魔法少女が魔女に変じる際に発生するエネルギーを回収することでエネルギー問題を解決することにある。魔法少女たちは、人間を守るために魔女と戦うが、そのうちに自分自身が魔女と化してしまう。その魔女と化した元魔法少女たちから人間を守るべく、新たな魔法少女が現れる。しかし、その新しい魔法少女たちも魔女と化し、その魔女から人間を守るべく、次の魔法少女たちが誕生することになる。このサイクルによってキュゥべえはエネルギーを収穫するのである。このメカニズムが明らかになったことにより、魔法少女たちは、自分と自分の敵が同質の存在である、という同質性の問題に直面せざるをえなくなった。

つまり、『サイボーグ００９』が、日本人が敗戦によって負った傷から生まれた作品であるならば、『まどか☆マギカ』は、敗戦の傷から生み出された戦後日本マンガの方法論を現代に引き継ぐアニメーションであった。巴マミの死の衝撃は、『まどか☆マギカ』が、新しい方法論による作品であることを示すものではなく、むしろ、それが戦後日本アニメの伝統を受け継ぎ、その方法論を丁寧に実践した作品であることを示すものだったのである。

〔参考文献〕
（１）荻上チキ「「戦う理由」を検証する」アニメ・ワンダーランド編『一〇〇人がしゃべり倒す！魔法少女まどか☆マギカ』一一六頁、宝島社、二〇一一年
（２）藤津亮太「特別インタビュー　魔法少女の系譜に実った「果実」」『一〇〇人がしゃべり倒す！魔法少女まどか☆マギカ』一八頁、宝島社、二〇一一年
（３）大塚英志『アトムの命題―手塚治虫と戦後まんがの主題』一五七頁、徳間書店、二〇〇三年
（４）押川春浪『名著復刻　日本児童文学館④　海島冒険奇譚海底軍艦』一四頁、ほるぷ出版、一九七一年（初出：文武堂、一九〇〇年）
（５）平田晋策「昭和遊撃隊」『少年倶樂部』二一巻一二号、一三七―一三八頁、一九三四年
（６）石森章太郎『サイボーグ００９』六巻、二一二頁、秋田書店、一九六七年

第３章

『さらば宇宙戦艦ヤマト』と「愛」の行方

藤津亮太

「特攻文学」としての『さらば宇宙戦艦ヤマト』

「宇宙戦艦ヤマト」シリーズにおいて第二作『さらば宇宙戦艦ヤマト　愛の戦士たち』（一九七八年）は特別な位置を占めている。本作は、その後の「ヤマト」シリーズのテイストを決定し、同作で描かれた重要な要素はのちに『宇宙戦艦ヤマト　完結編』（一九八三年）と『宇宙戦艦ヤマト　復活篇』（二〇〇九年）で再び取り扱われることになる。その点でシリーズを象徴する一作といえる。

『さらば宇宙戦艦ヤマト』はどのような作品で、何が後続作品に受け継がれたのか。

『さらば宇宙戦艦ヤマト』（以下『さらば』）を考えるにあたりまず確認したいのは、同作が、アジア・太平洋戦争における特攻を扱った「特攻隊映画」「特攻文学」と重なる部分が多々あるという点だ。

そもそもシリーズ第一作『宇宙戦艦ヤマト』は、異星人ガミラス帝国の攻撃により絶滅にひんした地球人類を救うため、ヤマトが前人未到の冒険航海に挑むという内容で、一九七四年からテレビシリーズが放送された。これが一九七七年に総集編の劇場版として公開され、大ヒット。それを受けて一九八七年に公開されたのが続編の『さらば』だ。

『さらば』は前作のラストから一年が経った二二〇一年の地球から始まる。宇宙の彼方からの救援を求める声に対し、再度船出をしたヤマトは、宇宙全体の支配を目論む白色彗星帝国ガトランティスと戦うことになる。公開時のキャッチコピーは「君は愛のために死ねるか、他人のために自分を犠牲にできるか」。ここからも推察できる通り『さらば』は、メインキャラクターたちとヤマトが地球のために散華するところが、話題を呼ぶ最大のポイントだった。

『さらば』がこのような内容になったのは、シリーズを牽引した西崎義展プロデューサーの存在が大きいのはいうまでもない。しかし、同時に監督を努めた舛田利雄の存在も無視できない。舛田は他のシリーズ作品にもコミットしているが、クリエイティブに深くかかわったのは本作のみであるといい、本人の思い入れも深い(1)。一方、シリーズにビジュアルやアイデアの面で非常に深くかかわり、本作の監督・総設定を務めた松本零士は、ヤマトが主人公・古代進《こだいすすむ》とともに特攻するラストについては最初から否定的だったと発言している(2)。

『さらば』は、まず映像の点で「特攻隊映画」と重なる部分が多い。

『特攻隊映画の系譜学(3)』は「特攻隊映画」を象徴するイメージとして〈昇天〉と〈蕩尽〉の二つを挙げている。

〈昇天〉は、大空へ特攻機が小さく飛び去っていくカットを指している。これは戦時中の特攻隊を扱ったニュース映画が、このようなカットで結末を締めくくったことに端を発し、それが戦後の劇映画に踏襲されて特攻隊を代表するイメージとなった。中村は、遺骨が回収されることのない特攻兵は、〈昇天〉による空中への〝消滅〟によって「神」としてのみずからの存在を成就すると指摘した。

また〈蕩尽〉は、当時のグラフ誌の記事などにみられる表象を指す。同書は「特攻精神」をもって増産されたさまざまな部品が、特攻によって破壊されることを前提としているという捻れを指摘する。同書はそこに人命と資源の蕩尽のイメージを見るのである。

『さらば』は、ヤマトが敵の超巨大戦艦に単独立ち向かっていくシーンで締めくくられる。ヤマトのエンジンの光が静かに遠くなっていく表現はまさに〈昇天〉のイメージを継承したものだ。映画研究の佐野明子も「戦艦大和イメージの転回」[4]で、「特攻隊という現実の戦争の記憶と、その慣習的な表象に重ね合わされた意図的な演出であった」と指摘している。

また本作には部品の生産シーンこそないが、二時間二〇分の上映時間のうち大半が戦闘シーンで構成されており、その爆発と破壊の連続はまさに〈蕩尽〉と呼ぶにふさわしい。本作では、戦中のグラフ雑誌の発した捻れた表象よりもはるかに直接的に、軍艦や兵士の命が蕩尽されていく様子がスクリーンに展開されている。

国家を背負わないことの〝感動〟

だが一方で『さらば』が「特攻隊映画」と大きく異なる点がある。それは特攻をするヤマトが国家（この場合は地球）を背負っていないという点だ。『さらば』は、宇宙の彼方で発信された危険を訴える通信が傍受されたことから始まる。しかし、地球連邦・国防会議はこの通信をとるに足らないものとして無視しようとする。この「宇宙全体の平和を顧みず、自分たち＝地球さえよければいい」という精神に憤りを感じた古代進たちヤマト・クルーは、独断でヤマトを発進させ、危機の元凶である白色彗星帝国と戦うことになる。

このため『さらば』では、「特攻隊映画」でしばしば扱われる、「皇国のために死ぬことを受け入れるという価値観」と「不条理な命令と死に懐疑的である価値観」のぶつかり合いに類する葛藤は存在しない。彼らの戦いは最初からみずからの「宇宙の平和を守る」という意志に基づいたものだからだ。

しかし同時にこの価値観の対立の不在こそが、逆に〝素直に感動できる「特攻文学」〟として『さらば』を成立させることにつながっているのである。

『特攻文学論』(5)の第3章「感動のメディアとしての特攻文学」は、「特攻という題材で感動する物語を構想する」という逆説的な方法を通じ、「なぜ特攻文学に〝感動〟してしまうのか」という問題を取り扱っている。

同書第3章は「特攻というのは過去の価値を体現するものですが、他方で、感動させる相手は現代の価値観の持ち主」「特攻といえば「国家や天皇との一体化」や「英雄的な自己犠牲」が連想されやすいのですが、これらは現代の価値観にそぐわない」とまず記す。

ではどういうアプローチなら〝感動〟が可能なのか。同書は複数の作品を検討し、「身近な大事な人を守るため」という論理、未来の「この国を「いい国」にしてほしい」という想像力、「自らの命と引き換えに、この国の未来を後の世代に託す」という「命のタスキ」を渡す行為、といったものを導入することが、特攻を通じて現代の読者に〝感動〟させることを可能にしていると指摘する。

『さらば』の場合、そもそも「アジア・太平洋戦争を扱っているわけではない」という点で、時代的なギャップはなく、さらに「命令ではなく自発的行動として特攻を選ぶ」という展開になっている。つまり特攻文学の「現代人を感動させるには難しい要素」がきれいに存在せず、結果として純度の高い「感動できる特攻文学」として成立しているのである。

たとえば『さらば』の終盤、特攻を決意した古代進が、生き残ったクルーに退艦を命じるときの台詞。

みんなは俺がこれから死ににいくと思っているだろう。そうじゃない。俺もまた生きるために行くんだよ。命というのは、たかが何十年の寿命で終わってしまうような、ちっぽけなものじゃないはずだ。この宇宙いっぱいに広がって、永遠に続くものじゃないのか？　俺はこれからそういう命に自分の命を換えに行くんだ。これは死ではない！　……しかし世の中には、現実の世界に生きて、熱い血潮の通う幸せを作り出すものもいなければならん。君たちは、生き抜いて地球に帰ってくれ。そして俺たちの戦いを、永遠に語り継ぎ、明日の素晴らしい地球を作ってくれ。生き残ることはときとして死を選ぶよりつらいこともある。だが、命ある限り生きて、生きて、生き抜くこともまた人間の道じゃないのか。

この台詞の中には「未来のこの国をいい国にしてほしい」という願い、「自分の命と引き換えに、未来を託す」行為が、見事に語られている。

なお「身近な人を守る」という動機に関しては、『さらば』のアプローチは少し変則的だ。古代の最愛の婚約者・森雪《もりゆき》はすでに戦闘で息絶えており、そのため古代は彼女を「守る」ことを選ぶのではなく、彼女と「ずっと一緒にいる」ことを誓うのである。そして古代は、敵の巨大戦艦に向かって進むヤマトの中で「永遠の宇宙の中で、星になって結婚しよう。これが二人の結婚式だ」とすでにこと切れた雪に語りかけるのである。

このように『さらば』は「特攻隊映画」「特攻文学」の特徴を見事に兼ね備えている作品だった。しかし、どうしてこのような「感動しやすい特攻隊映画」がアニメーション映画として成立したのか。

もちろん西崎が一九三四年生まれ、舛田が一九二七年生まれという世代的な問題は抜きがたくあるだろう。だが、それは単に「彼らが戦中に受けた教育を引きずっている」というほどシンプルなものではないと考えられる。というのも『さらば』の特攻は「愛」の実践として構想されたものだからだ。

『宇宙戦艦ヤマト』における「愛」

「ヤマト」シリーズにおいて「愛」というキーワードが浮上してくるのは、前作『宇宙戦艦ヤマト』第二四話「死闘!! 神よガミラスのために泣け!!」である。

第二四話は、地球人類を滅亡寸前に追い込んだガミラス本星にヤマトが引きずり込まれ、死闘の果てにガミラスを打ち倒すエピソードだ。〝戦争もの〟としての『ヤマト』のクライマックスといえる。なんとか勝利を得たヤマトだったが、勝利の高揚感はない。一面の廃墟を見て、古代進は戦いの虚しさを悟る。

負けた者はどうなる? 負けた者は幸せになる権利はないというのか? 今日まで俺はそれを考えたことがなかった。俺は悲しい、それが悔しい! ガミラスの人々は地球に移住したがっていた。この星はいずれにせよおしまいだったんだ。地球の人もガミラスの人も幸せに生きたいという気持ちに変わりはない。なのに……! 我々は戦ってしまった! 我々がしなければならなかったのは戦うことじゃない! 愛し合うことだった! 勝利か……クソでも喰らえ!

ここで「戦いの虚しさ」とその裏返しとして「愛」というキーワードが出てくる。そしてこの「愛」は、第二六話「地球よ!! ヤマトは帰ってきた!!」で男女の愛として変奏されてまた登場する。

第二六話では、第二四話で死んだと思われたガミラスのデスラー総統がヤマトを襲撃してくる。森雪は、古代を助けるためにテスト前のある装置を作動させ、その結果、装置の影響で命を落とす。戦いが終わり、物言わぬ雪を抱きかかえ、彼女への思いを切々と語る古代。そこに「人間の一生に一番大事なのは愛だ」と古代が戦いの旅の果てに気づいた真実が織り込まれる。その後、森雪は奇跡的に息を吹き返し、古代と雪の愛は、やがてくる明るい未来を象徴する形で物語は終わる。これが第一作における「愛」の描かれ方だった。

「愛の実践」としての自己犠牲

このような「愛」は『さらば』の企画段階でどう扱われたか。

一九七七年一一月、「ヤマトが暗黒の宇宙に吸い込まれていくラストシーン」を思いつき、続編制作を決意した西崎は、続編でこの「愛」を発展的に継承しようと考えた。

西崎はまず「続・ヤマトへの一提言」という一文を記し、それをスタッフに示した。

そこで西崎は、前作では「愛」について触れながらも、最終的に古代の悟った「愛」は、男女の熱病のような恋愛の次元にとどまってしまっていたと反省点を記す。そして「真の愛は対象を選択するものであってはならない。続編で、実践として古代に挑戦させるべきものである」と、続編で描くのは古代が真実の愛を実践する姿であると主張する。

しかし真実の愛の実践を描くにはどうすればいいか。西崎は、真実の愛の実践をエンターテインメントに落とし込むのは難しいということを認めたうえで、こう続ける。

しかし、愛の問題で、比較的わかりやすくてドラマにもしやすいのは『自己犠牲』だろう。最近の人は、自己主張は強いが思いやりの能力を失いつつあるし、ましてや自己犠牲は美徳とは思わないという風潮でもあるので、これを強く訴えるのは悪いことではない。続編の結末はヤマトの破壊だが、それに自己犠牲の精神を盛り込むことは、技術的にも可能だ。

つまり古代の特攻＝自己犠牲は最初の段階から、「滅私奉公」ではなく「愛の実践」として構想されていたのである。

この西崎メモをもとに、さまざまなスタッフがプロットを書き、ブレインストーミングを経て、一九七八年一月五日付けで舛田の構成案が提出される。ここでストーリーが大まかに決定しただけでなく、クライマックスにおける大帝（本編ではズォーダー大帝）と古代のやり取りも本編にかなり近い形になっている。

大帝が「宇宙に絶対者は唯一人。それが私である。万物はすべて我が支配下、命あるものはその血の一滴まで我が物なのだ。宇宙は私の意志のままにある」と宣言すると、古代はそれを否定し「宇宙は命なのだ。万物はその恵みを受けて、平等に、共にあり、共に栄えなくてはならない。それが宇宙の愛なのだ。邪悪な意志に負けてはならぬ。それは宇宙の平和と自由の根絶を意味するものである。戦う！　断固として！」と語る。このやりとりは、古代が個人の愛にとどまらない愛を訴えるという形で、本編でも山場といえる力づよさで演出されている。

舛田案にはこのあとの、イメージの中での先代艦長・沖田十三《おきたじゅうぞう》と古代の会話、仲間への退艦命令、森雪との〝結婚式〟といった展開もすでに書かれていて、映画の骨格はこの段階でかなり固まっていたことが窺える。

では舛田は、この構成案にどのような思いを込めたのか。

舛田は、『さらば』のインスピレーションもとは『未知との遭遇』（一九七七年公開、スティーブン・スピルバーグ監督）と、そのキャッチコピー「WE ARE NOT ALONE」だという。なお『さらば』のメインスタッフは、一九七八年一月七日にハワイに赴き取材のため『スター・ウォーズ』と同作を、日本公開よりひと足早く鑑賞している(1)。


悲壮感だけでなく、古代進たちヤマトに乗っている若者たちに、僕らの世代の想いみたいなものを託したからね。それを全体主義だとか、右傾化だとか言う人はあったけど、もっと純粋にロマンとして作ったわけですから。ヤマト自身が自らを犠牲にしてまで地球や銀河を守るというのは、身を以て国を守る軍国主義でなくて、「WE ARE NOT ALONE」の発想なんです。

つまり舛田もまた、『さらば』における自己犠牲＝特攻はあくまで普遍的な「WE ARE NOT ALONE」＝利他的な愛の表れだというふうに主張をしているのだ。ちなみに舛田は戦時中通っていた、新居浜工業専門学校で在郷軍人ともめて退学になった経歴の持ち主で、素直な軍国青年というわけではなかったようだ。だから「僕らの世代の想い」というのも、国家を背負ったものではなく、学生時代にチェーホフ、ツルゲーネフ、中原中也といった作家が好きだったという舛田の嗜好の延長線上にあると考えたほうが自然ではないだろうか。

「愛の実践」に潜む矛盾

いずれにせよ西崎も舛田も、古代の特攻は、戦中と戦後といった時代の区分に縛られない、ある種のロマンを孕んだ〝普遍性〟があると信じているのである。

しかし、その〝普遍性〟を持った自己犠牲が、「感動できる特攻文学」へと限りなく接近してしまう。

その理由は端的にいうと『さらば』本編で語られている「愛」があくまで言葉の範疇にとどまり、実践として描かれていないからである。

もし古代が語る「宇宙全体を包む愛」を描こうとするのなら、白色彗星帝国の支配に苦しむ異星の一般的市民との、ときに対立を孕む交流こそがまず「愛の実践」として示されるべきではなかったか。そうであってこその「WE ARE NOT ALONE」であろう。

一方、白色彗星帝国の支配者ズォーダー大帝は古代の実践を促すため「愛を否定し力のみを信じる支配者」として描かれている。しかも彼の登場シーンは驚くほど短い。これは彼が「愛の前に破れる役割」しか与えられていないことの表れでもある。このようなキャラクター配置では、「愛」は「敵と味方を分断するもの」でしかなく、古代の愛は雪ばかりに向き、結果、自己犠牲によって敵を倒すことが「愛の実践」という形にならざるを得ないのである。

思い起こせば前シリーズ第二六話で、デスラー総統がヤマトに復讐戦を仕掛けてきたとき、古代は「愛」を知ったことによる葛藤を感じることも、平和的交渉を行うでもなく、ごく普通に戦闘を行っていた。その後描かれる愛は先述の通り、古代と雪の間の男女の愛になってしまう。西崎の「続・ヤマトへの一提言」に記した、続編へ向けての課題はクリアされず、結果として『さらば』でも「愛を語りつつ、それは敵との間にある壁を乗り越えるものではなく、雪との関係性に収斂する」という形に収まってしまったのである。これが「愛による自己犠牲」という見え方ではなく、「感動できる特攻文学」という見え方をしてしまう最大の理由だ。このあたりが意識されないまま『ヤマト』の〝パターン〟として確立されたことが、前作から『さらば』にいたる過程で生じた変質だった。

『ヤマト』の系譜——受け継がれる自己犠牲

劇場公開された『さらば』は興行収入四三億円を記録し、アニメ史上に残るヒットとなった。自己犠牲にストレートに感動するファンが多かったが、同時に作品の変質を感じるファンもいた。消費の熱狂と変質への当惑という二つを抱えた『さらば』。その二つを抱えながらも『ヤマト』は継続していく。

まず『さらば』をテレビシリーズとしてリメイクした『宇宙戦艦ヤマト2』（一九七八年一〇月放送

開始)で、特攻を決意した古代と雪に対し女神テレサが「あなたが生きることが地球の未来につながるのです」と語りかけ、二人は生き延びる。そしてこれ以降、毎年のようにシリーズが制作されていく。

一九七九年にテレフィーチャー『宇宙戦艦ヤマト　新たなる旅立ち』、一九八〇年に映画『ヤマトよ永遠《とわ》に』、同年にテレビシリーズ『宇宙戦艦ヤマトⅢ』。いずれの作品も、登場人物の自己犠牲がクライマックスなどに用意されている。

これらシリーズを経たのちに『さらば』で描かれた要素を直接的に受け継いだ作品が二つ登場することになる。

ひとつは一九八三年の『宇宙戦艦ヤマト　完結編』。タイトルの通り「完結」を謳った作品で、実質『さらば』の再話と言える。

たとえば本作で地球を狙うディンギル帝国の異星人は、他利の精神がまったくない——つまり愛を知らない——種族として描かれている。帝国を統べるルガール大神官大総統は「弱い老人や女子供など滅びて当然」という思想の持ち主で、この思想は、弱いものは自分に征服されて当然とする白色彗星帝国のズォーダー大帝のバリエーションである。

この一方で、ヤマトに助けられたディンギル星人の少年が、森雪から、地球人では他人の幸せのために尽くすことが一番大切であると教わる様子が描かれる。そして最後の戦いでは、その実践として、彼が古代を救うために身を挺するのである。本作でも「愛」は主題として謳われつつ、実質的には敵と味方を分断する記号となっている。

『さらば』と『完結編』のもうひとつの共通点がヤマトの最期が描かれる点である。『完結編』ではヤマトは、水の惑星アクエリアスから地球へと降り注ごうとする大量の水を防ぐため自沈することになる。ヤマトの最後の姿については、西崎は「巨象が森に向かうように」と〈昇天〉に類するイメージを持っていたようだが、本編ではもっと直接的に壊れていくヤマトの姿が描かれ、「巨象」のイメージはナレーションに生かされた。

この自沈のとき、ヤマトを操縦していたのは初代艦長・沖田十三。第一作のラストで死んだはずの沖田を、実は脳死していなかったという設定で再登場させたのである。そして古代と雪は沖田から「いい子を生むんだぞ」という言葉を託され、今度は未来を託すのではなく、託される役割を担うことになる。

「日本固有の価値」という〝見果てぬ夢〟

『完結編』に「愛による自己犠牲」の要素が直接受け継がれる一方、この「愛による自己犠牲」に託された「普遍性」を受け継いだのが、一九八三年のシリーズ終了から二六年が経過した二〇〇九年に公開された『宇宙戦艦ヤマト　復活篇』である。

ヤマト自沈より一七年後、移動性ブラックホールの危機から逃れるため、人類は二万七〇〇〇光年離れた惑星アマールの月へ移民を始めていた。しかしそれは複数の異星人たちが構成する大ウルップ星間国家連合の攻撃を招くことになる。星間国家連合は、その中のひとつSUSが実質的に支配しており、アマールもまた資源提供のかわりにSUSの庇護を受けていた。しかしアマールが地球人の移民を引き受けたことでSUSを取り巻く状況が変化していく。

原案は作家の石原慎太郎。石原は一九九四年発売のビデオソフト『ヤマト　わが心の不滅の艦《ふね》──宇宙戦艦ヤマト　胎動篇』の中でインタビューに答え、「植民地の収奪の犠牲で白人が作った文化を終わらせたのは有色人種で近代化を果たした日本人。そういう近代史のアナロジーを入れた」という趣旨の内容を話している。

要は星間国家連合が国際社会で、それを牛耳るSUSはアメリカを仮託した存在であり、そうした西欧社会的価値観に対して、ものを申すのがヤマト＝地球＝日本である、という構図がとられていたのだ。シリーズでは『ヤマトIII』のときにすでに、地球を二大国に挟まれた冷戦下の日本に準えた設定を導入していたが、『復活篇』のほうがよりストレートに、世界における「日本固有の価値」へと踏み込んでいる。

近代史の中における「日本固有の価値」──それを普遍的なものだと語る姿勢。これは西崎がシリーズ第六作『ヤマトよ永遠に』のパンフレットに寄せた文章と通底するものがある。

> 皇国史観やアメリカ的物質文明崇拝も、こういったすう勢の中で、特に強く現われた風潮だったのです。私たちは今、世界を見た目で、西洋文明だけが人間を幸せにする道なのだという、日本の現代を形成した選択には、誤りがあったと批判しなければなりません。
>
> （引用者注：かつて日本は侮られていたが、今は）逆に日本人の勤勉さや、緻密さ、複雑さに、民族とし

ての長所を認め、世界全体がもっと幸せになれるように指導性を発揮してほしいと要望されています。
私は、日本人が、このすぐれたところを、もう一度再認識し、それが国際性へつながるように育ってほしい、と心から思います。「宇宙戦艦ヤマト」は、そういう私の強い念願がフィーリングとなって形成された作品だとも言えるのです。

『さらば』で「愛による自己犠牲」が〝戦中・戦後にかかわらない普遍性〟として導入されたことが、ここでは、西洋文明を批判的に検証しうる、日本人の優れたところの一部に含まれる形へとさらに発展して語られている。このパンフレットで西崎が語る言葉は、石原が『復活篇』について語る言葉と、同心円の関係にある。

このようにして『さらば』で試みられた愛の実践は、〝普遍性〟という概念を経由して、「日本固有の価値」というものに接近していく。そこには敗戦で価値観の転倒を経験した、戦中世代・少国民世代の「戦前・戦中と現在をつなぐ普遍的価値観が存在するはずだ」という〝見果てぬ夢〟を見ることができる。しかし、それは同時に〝敵〟のあり方への想像力に乏しい、過剰なロマンチシズムの発露でしかないのも事実だった。

『復活篇』は第一部完の状態で終わっている。この第一部ではひとりのキャラクターが自己犠牲を行っていたが、もし第二部が制作されたとしたら「日本固有の価値」を背景にした自己犠牲は描かれたのか、描かれなかったのか。いずれにせよそれが『さらば』から始まった『ヤマト』における「愛による自己犠牲」の系譜の終着点になるはずだったのではないか。しかしそれは、〝普遍性〟を求めた果ての残骸であった可能性も十分ある。

〔参考文献〕

（1）Hotwax責任編集、舛田利雄、佐藤利明、高護編『映画監督舛田利雄―アクション映画の巨星舛田利雄のすべて』シンコーミュージック・エンタテイメント（発行元：ウルトラ・ヴァイヴ）、二〇〇七年

（2）安斎レオ編著『宇宙戦艦ヤマト伝説』フットワーク出版、一九九九年

（3）中村秀之『特攻隊映画の系譜学―敗戦日本の哀悼劇』岩波書店、二〇一七年

（4）佐野明子「戦艦大和イメージの転回」奥村賢編『映画と戦争―撮る欲望／見る欲望』二七九―三〇四頁、森話社、二〇〇九年

（5）井上義和『特攻文学論』創元社、二〇二一年

（6）『ヤマトよ　永遠に』パンフレット、オフィス・アカデミー、一九八〇年

第４章

『機動戦士ガンダム』と太平洋戦争

――戦争表象の深層と主人公のトラウマ

小島伸之

はじめに

テレビアニメ『機動戦士ガンダム』（一九七九年）は「ロボットアニメの金字塔」とも評され、搭乗型ロボット兵器を用いた未来の人類による国家間戦争と、それに巻き込まれ翻弄されながらも成長する少年少女たちを描いた物語である。『機動戦士ガンダム』における戦争表象は、〈太平洋戦争との「断絶」〉がみられる点が特徴的であると指摘されてきた。たとえば藤津亮太は、同作品にはアメリカの実写戦争ドラマ『コンバット！』（一九六二年日本放映開始）の影響がみられ、第二次世界大戦のヨーロッパ戦線が想起される表象やエピソードは描かれているが、太平洋戦争を直接的に想起させる描写はなく、「日本人にとっての戦争であるアジア・太平洋戦争と直接関連付けることは難しくなっている」と指摘している。(1) また大塚英志は主人公が乗艦する連邦軍の強襲揚陸艦ホワイトベースの物語を、日本赤軍やＰＦＬＰが関与したパレスチナ問題の暗喩であると推察している[2]（一四二頁）。

『機動戦士ガンダム』の監督である富野喜幸（現・富野由悠季）は、一九八一年の朝日新聞の記事「燃える「ガンダム」人気」において、「受け手の反応を見ていると、このアニメで初めて戦争について考えた、というのがずいぶん多い。若い人にとって戦争は想像以上に遠いものになってしまっているんです。戦記物の映画なども絵空事でしかない。核戦争となると、即全人類が破滅ということになって、人間にとって現実の戦争というものの構造が見えて来ない。だからこのアニメでは、戦争の現実の構造というものを少しでも感じ取れるようにしたかった」と語っている[3]。

では、富野の語る「現実の戦争」とは、何を指しているのか。藤津の言うように、『機動戦士ガンダム』の戦争表象は、太平洋戦争とは「断絶」しているのであろうか。

本章は、『機動戦士ガンダム』と太平洋戦争の関係を検討する。まず、アニメ作品における戦争表象をその表層と深層の二つに分け、それをもとに『機動戦士ガンダム』と太平洋戦争との密接な関係について論じる。さらに物語における主人公「アムロ・レイ」のトラウマと戦争の関係について整理し、最後にシリーズ第一作『機動戦士ガンダム』以降四〇年以上にわたり後継作品やスピンオフ作品が公開され続けている「ガンダム」シリーズにおける戦争表象の変化について素描したい。

一九七〇年代までの戦争と娯楽

最初に、一九七九年の『機動戦士ガンダム』にいたる戦後日本社会における戦争と娯楽作品の関係について概観しておく。一九五〇年代半ばまで、戦後日本の戦争映画における基本的コンセプトは、戦争の悲惨さ、軍隊の負の側面の強調であり、戦争映画とはすなわち反戦映画であった。一九五〇年代半ばになり、朝鮮戦争がもたらした特需が日本経済を急速に復興させ「もはや戦後ではない」(経済企画庁『経済白書』一九五六年)と言われた時期になると、戦争映画は明るさ・勇ましさ・愛国的視点を伴ったものに変化する傾向が生じ(「戦争映画の娯楽化」)[4][5]、一九六〇年代にはマンガや少年雑誌などの子ども向けメディアにおいても、太平洋戦争を扱った「戦記もの」がブームとなる。

「戦記もの」ブームと同時期、日本初のテレビアニメシリーズ『鉄腕アトム』(一九六三年)の放映が開始され、きわめて高い視聴率を得たことにより、アニメが子ども向け娯楽ジャンルとして定着する。『鉄腕アトム』という日本最初のテレビアニメは、SFものかつロボットものであり、アトムには武器(マシンガン)も装備されていたが、ここでのロボット=アトムは自律型ロボットであった。『機動戦士ガンダム』に連なる搭乗型ロボットがアニメの中に初めて登場したのは『マジンガーZ』(一九七二年)である。同作品は、①初のテレビアニメ『鉄腕アトム』以降のアニメ人気及びロボットアニメというジャンル、②『ゴジラ』(一九五四年)、『ウルトラマン』(一九六六年)及びそれらの後継作品による怪獣ブームと巨大変身ヒーローのコンセプト、③スプートニクショック(一九五七年)、特撮ドラマ『サンダーバード』(一九六六年日本放映開始)、日本におけるモータリゼーションの加速化(一九六〇年代半ば以降)、アポロ一一号月面着陸(一九六九年)、大阪で開催された日本万国博覧会(一九七〇年)による宇宙ブーム・メカブーム・科学ブームというそれぞれの社会的潮流を背景に生まれている。[6]

『マジンガーZ』が放映されていた当時、アニメの視聴者はもっぱら子どもであると想定されていた。そうした事情もあり、『マジンガーZ』における戦いの表象は、『ウルトラマン』などの特撮作品のコンセプトを踏襲し、基本的にはエピソード単位の「プロレス的戦闘」で構成されていたため、戦争を直接イメージさせるようなものではなかった。『マジンガーZ』以前に、すでに太平洋戦争を扱ったアニメ作品として、『0戦はやと』（一九六四年）、『アニメンタリー　決断』（一九七一年）が放映されていたが、放映当時、アニメにおいて太平洋戦争を扱うことについての批判も強かったという[7]。

戦後日本のアニメ作品において戦記もの的な戦争表象を採用し、戦記ものとSF的世界設定とが直接的に結びついた作品は『宇宙戦艦ヤマト』（一九七四年）である。『宇宙戦艦ヤマト』のヒットが社会現象化したことにより、アニメの視聴者として青年層の存在が作り手にも意識されるようになる。それに伴い、アニメにおける「仮想の歴史」としての「サーガ」、つまり大きな物語が描かれることが一般化してゆく[2]（一四〇頁）。想定視聴者層が拡大したことで、アニメにおいて架空のものであれば人類間の戦争を扱うことが社会的に受容されるという環境が整っていったのである。

戦争表象の表層と深層――『宇宙戦艦ヤマト』と『機動戦士ガンダム』

本章が戦争表象を分析する主たる事例である『機動戦士ガンダム』は、搭乗型ロボットアニメという『マジンガーZ』以降のロボットアニメのコンセプトと、SF架空戦記という『宇宙戦艦ヤマト』のコンセプトが合流して誕生したものであるが、『機動戦士ガンダム』の戦争表象をSF架空戦記の中に相対的に位置づけるための比較として、まず『宇宙戦艦ヤマト』の戦争表象について整理をしておきたい。

『宇宙戦艦ヤマト』の戦争表象

『宇宙戦艦ヤマト』は、物語の舞台を架空未来における異星人（ガミラス人）と地球人の星間戦争としているが、その戦争表象には第二次世界大戦・太平洋戦争を前提としたものが直接的に数多く用いられている。

主人公古代進《こだいすすむ》の乗る地球防衛軍所属の宇宙戦艦ヤマトは、旧日本海軍の戦艦大和の「残骸を利用」して作られ、ヤマトの搭乗員はすべて日本人である。地球に侵略戦争をしかけたガミラス帝国は、「総統」の名称を「デスラー」（＝ヒトラー）、将軍の名称を「ドメル」（＝ロンメル）とするなど、ドイツ風の名前を有し、旧ドイツ軍風の軍服をまとっている。ガミラス人は異星人として設定されているものの、肌の色が青いことを除いてその容姿は人類と同一である。[#1] 同作品では、太平洋戦争当時の戦艦大和の沖縄特攻（坊ノ沖海戦）が回想として直接描写される場面も存在する（第二話）。

また、『宇宙戦艦ヤマト』においては、核兵器とその影響が物語上重要な位置を占めている。物語冒頭、地球はガミラス軍の遊星爆弾によって全面的に放射性物質で汚染されており、人類は地下での

＃1　作中初期、ガミラス人の肌の色は主人公側と同様の薄いオレンジ色が用いられていた。第一一話以降、ガミラス人の肌は青色に変更されている。

生活を余儀なくされている。主人公の両親も遊星爆弾によって死亡し、その体験が主人公の軍への入隊の決定的な動機づけとなっている。こうした表象は、視聴者に広島・長崎への核兵器の使用や大都市への空襲の記憶を想起させるものであったといえる。

このように『宇宙戦艦ヤマト』は第二次世界大戦・太平洋戦争を直接的に想起させる表象が用いられていたことから、日本が敵をナチスドイツに置き換えて第二次世界大戦をやりなおして勝利する自己回復の物語とも評されている[2][8][9][10]。

他方、『宇宙戦艦ヤマト』における戦争の展開は、太平洋戦争との類似性がほとんどみられない。そもそも、基本的に「イスカンダルへの旅」として描かれる『宇宙戦艦ヤマト』の戦いは、現実の国家間戦争のイメージとの乖離が大きい。物語冒頭においてこそ、地球艦隊とガミラス艦隊の会戦が描かれるが、その冥王星会戦で地球艦隊が壊滅してからは、ガミラスとの戦いは常にヤマト(=地球防衛軍に残された唯一の軍艦)が単艦で戦う形態となるからである[#2]。さらに、宇宙戦艦であるヤマトの目的はガミラス軍の撃破ではなく、宇宙の彼方にあるイスカンダル星に航海し、そこにある放射能除去装置コスモクリーナーを受け取りに行き、持ち帰って地球の放射能汚染を除去することとされている。

つまり、『宇宙戦艦ヤマト』は主人公の搭乗する戦艦の名称やデザインなどの点(戦争表象の表層)においては第二次世界大戦・太平洋戦争にかかわる要素を数多く直接的に援用しているが、物語内の戦争の展開など戦争表象の深層においては、第二次世界大戦・太平洋戦争との明確な乖離がみられるのである。

『宇宙戦艦ヤマト』の戦争表象の深層が第二次世界大戦・太平洋戦争と乖離しているのは、その物語が「世の中は乱れに乱れ、このままでは人々は救われない。天竺へ行って、ありがたいお経を取って来る」という「西遊記」のストーリーの本歌取として構想されていることによると考えられる。(11)

『機動戦士ガンダム』の戦争表象

では、『機動戦士ガンダム』における戦争表象はどうであろうか。『機動戦士ガンダム』における戦争は、地球での過剰人口を移住させるために作られたスペースコロニー群の一つであるサイド3が「ジオン公国」を名乗って地球連邦に独立戦争を挑んだことによって生じた植民地独立戦争であり、直接的には第二次世界大戦・太平洋戦争を想起させるものではない。地球連邦とジオン公国の国力差は三〇倍以上とされており（第一二話）、主人公アムロ・レイが圧倒的に優位な国力を有している地球連邦に所属していることも、圧倒的に不利な状況の陣営（＝太平洋戦争における日本のイメージ）に主人公が属する『宇宙戦艦ヤマト』との対比において、太平洋戦争からの「断絶」を印象づけるものである。

『機動戦士ガンダム』に登場する兵器の名称やデザインなどの戦争表象の表層においても、太平洋

＃2　なお、出航以来常に単艦で戦い続けたヤマトと同様、『機動戦士ガンダム』においても、主人公の乗る連邦軍強襲揚陸艦ホワイトベースは、物語序盤においては単艦で行動する。しかし、物語中盤以降、連邦軍の中の一艦艇であり、連邦軍の作戦の中に位置づけられた一部隊であるとの描写が濃くなり、主人公の戦いもあくまで戦争の中の限定的一局面であるという表象が基本となってゆくことで、戦争の物語であるという表象が色濃くなっていく。

戦争にかかわる要素は少ない。主人公の乗艦する強襲揚陸艦の名称はホワイトベースであり、敵味方の軍艦のデザインは一部の例外を除き現実の軍艦のデザインからはかけ離れている。太平洋戦争の海戦と同じく軍艦と飛行機による戦闘が主として描かれた『宇宙戦艦ヤマト』と異なり、『機動戦士ガンダム』で描かれたのは、軍艦と巨大人型ロボットによる戦闘であったことも、太平洋戦争からの「断絶」を意識させる要素である。

登場人物の属性についても、敵味方ともに多様な文化・言語に由来すると思われる名称を持つキャラクターで構成されており、既存の特定の国家を直接的に想起させるものではない。なお、物語中、主人公が日本らしき場所を訪れる場面もあるが、そこでの日本には生き別れた母親が暮らしている場所以上の意味づけはなされていない。[#3]

核兵器についても、第一話冒頭のナレーションにおいて戦争開始一か月間で人口の半数が死に、「人々は、みずからの行為に恐怖した」と語られ、物語の始まる前、言外にその使用があったことが匂わされる他、個別エピソードとして水爆の使用とその阻止（第二五話）が描かれるものの、物語の展開や主人公の動機づけに決定的な意味を与えるものとしては位置づけられていない。

以上のように、『機動戦士ガンダム』では、少なくとも戦争表象の表層部分において、本章冒頭で紹介した藤津らの指摘のように、たしかに〈太平洋戦争との「断絶」〉がみられるといってよい。

他方、物語内の戦争の展開に目を転じてみると、『機動戦士ガンダム』における戦争表象と太平洋戦争の密接な関係が浮かび上がってくる。『機動戦士ガンダム』における戦争は、主人公陣営である地球連邦をアメリカを中心とした連合国に、そして敵陣営であるジオン公国を大日本帝国に準えると、太平洋戦争の推移と概ね同じ展開を辿るからである。

『機動戦士ガンダム』における戦争は、ジオン軍による「コロニー落とし」（スペースコロニーを地球に落下させる質量兵器による攻撃）を中心とした開戦直後の奇襲攻撃により始まる。戦争の冒頭において、ジオン軍の新兵器「ザク」（人型ロボット兵器＝「モビルスーツ」）の軍事技術的先進性・優位性によって、宇宙戦艦などの従来型兵器を主力にしていた地球連邦軍に対してジオン軍が優勢を得たあとに膠着状態にいたる。この展開は、真珠湾攻撃の奇襲とその成功などによる開戦と日本の優勢、太平洋戦争緒戦におけるゼロ戦の活躍のイメージと相似である。

ジオン軍の優勢は、それを支えたザクの優位性が、ザク以上の性能を持つ地球連邦軍のモビルスーツ「ガンダム」の開発とその量産化（「ジム」）によって覆されることで逆転し、次第に連邦軍優位に戦局が展開してゆく。これは、緒戦のゼロ戦の優位性が米軍の新型戦闘機ヘルキャット等の登場によって覆されるという太平洋戦争の展開のイメージと同じである。

物語の終盤においては、地球連邦軍の国力を背景にしたモビルスーツや艦船の大量投入による物量作戦により、ジオン軍の宇宙要塞「ソロモン」が陥落する（第三六話）。続いてジオン公国の本国の至近にあり最終防衛線とされる宇宙要塞「ア・バオア・クー」も陥落したことで、ジオン公国の政治体制が転覆し、和平協定が結ばれる（第四三話）という展開となる。これは太平洋戦争終盤のソロモン諸島の戦いが日本軍拠点ラバウルを無力化させ（一九四四年）、その後沖縄が陥落したのちに大日本

#3　劇場版では、アムロと母は日本ではなくカナダで再会したことに変更されている。

帝国が降伏する（一九四五年）過程と同様の展開である。

物語においては宇宙要塞「ソロモン」へジオン軍の他地域の方面軍が援軍を送らないエピソードが描かれる等、軍内部の連携の悪さをうかがわせるエピソードや台詞も重ねられるが、これも旧日本軍の陸海軍相互の連携の悪さをイメージさせるものである。また、ジオン軍も終盤に高性能の新型モビルスーツを実践投入するものの、ベテランパイロット不足により経験の浅い学徒動員パイロットが搭乗したことによって、それら新型兵器を十分に活躍させることができなかった。このこともジオン軍と旧日本軍のイメージが重なる象徴的な表象である。

物語における戦争の展開については、戦争の開戦初期の一か月で全人口の半分が死亡し、八か月にわたって戦争が膠着状態になったとされること、ジオン公国の敗戦の契機に本土攻撃や核兵器などの大量破壊兵器の被害がかかわっていないことなど、太平洋戦争の展開と『機動戦士ガンダム』における戦争の展開は重ならない部分もある。しかし、上記のように、『機動戦士ガンダム』における戦争の展開やジオン公国敗戦にいたる過程についての全体的な表象は、戦争の記憶を持たない一〇代の少年が戦争映画や戦記ものなどを通じて学んだ「教養」としての太平洋戦争のイメージと重なるものであった。[12]『機動戦士ガンダム』の戦争表象は、その深層において太平洋戦争をモデルにしたものだったことは否定できないのである。

なお、番組の企画段階において、ジオン公国が「ジオン皇国」とされていたことはジオン公国がかつての大日本帝国を投影していることの傍証のひとつである。[13]また、監督の富野由悠季は、近年になって、『機動戦士ガンダム』について、「僕にとっては、日本の過去の戦争を意識的に、あるいは無意識に投影した部分がある」とはっきり述べている。[14] 太平洋戦争と『機動戦士ガンダム』の距離は、のちの視聴者の少なからぬ者にとって遠いものだったのと対照的に、監督である富野にとっては制作当時には意識化されないほど近いものだったのかもしれない。

太平洋戦争の歴史化と『機動戦士ガンダム』

『宇宙戦艦ヤマト』では、基本的に視聴者が感情移入する主人公陣営（＝わが国）はヤマト（＝日本）であり、その勝利は素朴な愛国的感性と容易に共鳴して感動を与えうるものであった。それゆえ、その物語の持つ復古的性格と疑似的歴史修正性に対しては、後年の評論において批判が多くなされているのみならず、同時代的批判も寄せられていた。[#4] 感動するにせよ反発するにせよ、ヤマトの戦いは太平洋戦争がもたらした日本社会の傷をおおいに刺激したのである。

一方、『機動戦士ガンダム』の戦争表象は、その深層において太平洋戦争と深く関連していたが、ジオン公国の敗戦は、ほとんどの視聴者にとって敗戦の記憶を刺激するもの、すなわち悲壮感や切実感を伴う敗戦の傷を刺激するものとは捉えられなかった。当然のこととして、視聴者が主として感情移入する主人公陣営が勝利する物語であることが最大の理由として挙げられるが、そもそも『機動戦士ガンダム』の戦争表象の表層において〈太平洋戦争との「断絶」〉があったため、『機動戦士ガンダ

#4　たとえば、石子順「SFアニメに見る宇宙戦争譜」『日本児童文学』四四―五〇頁、二九巻九号、一九八三年

ム』の視聴者の多くは、ジオン公国を日本に準えなかったのである。敵陣営であるジオン公国に属するキャラクターやモビルスーツの人気は高かったものの、その人気はそれらが日本的なものの表象だからではなかった。

そして、『機動戦士ガンダム』の戦争表象の深層を捉え、ジオン公国にかつての日本を見出した視聴者にとっても、[#5]ジオン公国の敗戦は日本社会の敗戦の傷を刺激するものではなかった。なぜなら、『機動戦士ガンダム』のジオン公国の戦いに、かつての日本の戦いを重ねることが可能であった視聴者は、戦争映画や戦記ものが提供した太平洋戦争の「教養」を身につけた戦後世代の青年視聴者であり、そうした視聴者にとってジオン公国の敗戦はかつての日本の敗戦と同様の要因に基づく必然的な敗戦として客観的に理解されたからである。

主人公「アムロ・レイ」のトラウマと戦争

『機動戦士ガンダム』が、日本社会の戦争の傷を直接的に刺激するものとはならなかったもう一つの理由として、作品中における戦争と主人公のトラウマの関係の描かれ方がある。連邦軍の新型高性能モビルスーツ・ガンダムのパイロットとなる主人公アムロ・レイは、物語冒頭において戦時下にありながら戦争には直接巻き込まれていないスペースコロニー「サイド7」で、機械いじりを趣味とし、引きこもりがちながらも平穏な日常を過ごしている。第一話でアムロが戦争に巻き込まれたことは、引きこもりがちな生活を否応なく変化させ、外の社会や他者との接触をもたらす転機ともなっている。

アムロと家族の関係の設定や描写も、『機動戦士ガンダム』は従来のロボットアニメのそれとは異なる特徴的なものとなっている。第一話において、アムロの父でありガンダムの開発者である地球連邦軍の技術士官テム・レイは、ジオン軍との戦闘で宇宙空間に投げ出され、生死不明となる。こうした戦争における肉親の喪失は、『宇宙戦艦ヤマト』がそうであったように、戦争を描いたエンターテイメントにおいて主人公の強いトラウマとなり、その後の行動原理を構成する要素となることが一般的である。しかし、『機動戦士ガンダム』においては、戦争による家族の喪失が、主人公の強いトラウマとなったように描写されていないのである。戦争による家族の喪失が主人公の強いトラウマにならないことは、そもそもアムロの両親は物語開始以前に別居し、家庭は破綻しているものと設定されていることにもよる。

作品中、アムロは母親と父親、それぞれと再会する機会を得るが（第一三話、第三三話）、その再会は親からの（悲しい）自立のエピソードとして描かれる。アムロにとって、戦争やそれに伴う他者の死はトラウマというより、むしろ自己形成のために必要な通過儀礼なのである。[#6] 物語中盤における「僕が一番、ガンダムをうまく使えるんだ」（第一九話）という台詞は、戦争がアムロにとって自己表

#5　ジオン公国を戦前の日本に準える捉え方は、筆者と同年代のファンを中心に、かつてより語られていた見解である。たとえば、多根清史『ガンダムと日本人』文春新書、二〇一〇年、「【ガンダム正月～ジオン＝大日本帝国説～】」ウェブサイト「はいぱー不定期徒然草」（http://www5f.biglobe.ne.jp/~takaki1/turedouregusa/haipa-/0001.htm）、「機動戦士ガンダム（9）ジオン公国と大日本帝国」ウェブサイト「逆襲のジャミラ」（https://takenami1967.blog.fc2.com/blog-entry-144.html）［それぞれ二〇二二年八月二七日最終閲覧］

現や自己承認の舞台であることを端的に示している。

アムロは巻き込まれた戦争に翻弄されながらも、仲間との葛藤、両親との決別、先輩的存在（リュウ・ホセイ、スレッガー・ロウ）や憧れの人（マチルダ・アジャン）の死などのさまざまな体験を経て、内面的成長を遂げる。作品の終盤において「ニュータイプ」（宇宙での生活に適合して進化した新人類）としてアムロと同じ資質を持ち戦場で直感的相互理解を得たジオン軍パイロット（ララァ・スン）との邂逅と死は、アムロにとりトラウマとなりうる可能性を有していたといえる。ところが、「ごめんよ。まだ僕には帰れる所があるんだ。こんな嬉しいことはない。わかってくれるよね？　ララァにはいつでも会いにいけるから」（第四三話）という、すでに死んだララァとの精神的対話の中でのアムロの台詞に表れているように、ニュータイプ同士のつながりは死後も継続するという描写によって、アムロにとってさほどのトラウマとはなっていない。ララァの死はむしろジオン公国陣営のエースパイロットであり、アムロの戦場におけるライバルとして物語上に位置づけられた（いわば「もう一人の主人公」であり、ニュータイプになり切れない人物）シャア・アズナブルのトラウマとして扱われる。そして、アムロの「帰れる所」とはともに戦場で戦った仲間たちのことである。

本章冒頭で紹介した一九八一年の朝日新聞の記事は、『機動戦士ガンダム』は少年・少女に戦争を考えさせる作品だという内容だった。その記事に対し、読者から寄せられた投稿が一週間後に掲載されている。その投稿は、戦争を考えさせることはガンダムの重要なテーマではあるが、全体のテーマではない、ガンダムの「真のテーマは「人類の再生（ルネサンス）」なのです」と主張している。[15]この投稿者の見方に表れているように、『機動戦士ガンダム』の物語は主人公アムロ・レイのビルドゥングスロマンである。[#7] 物語におけるアムロの成長は、アムロ個人としての成長だけにとどまらず、「ニュータイプ」という人類全体の新たな種としての覚醒の萌芽として表象されている。『機動戦士ガンダム』は太平洋戦争の表象をその深層に含みながら、その戦争を忌避すべきものと位置づけるのではなく、主人公の自己形成や人類の進化にとって必要なものと位置づけたのである。

おわりに

『機動戦士ガンダム』で描かれる戦争の表象は、その表層においては太平洋戦争とのかかわりが「断絶」しているように見えるが、物語中の戦争の展開という深層において太平洋戦争と密接に関連したものであった。また、『機動戦士ガンダム』の物語は戦争を背景とした主人公のビルドゥングスロマン（人類覚醒の物語）であったこともあり、『宇宙戦艦ヤマト』がそうであったように、太平洋戦争が日本社会にもたらした傷を刺激するものとはならなかった。

#6　なお、シャアは一年戦争において部下の死やみずからの謀略による友人の殺害、失脚、ララァとの邂逅やその死などのさまざまな経験を経るが、物語上最後にいたるまで明確な内面的成長が描かれていない点で、アムロと対照的なキャラクターである。

#7　『機動戦士ガンダム』は、「行きて帰りし物語」でもある。主人公アムロ・レイは、物語冒頭において戦時下にありながら平穏な日常を過ごしている（「日常」）。その後ジオン軍がサイド7を攻撃したことによりいやおうなしに戦争に巻き込まれてゆく（「異世界」）。ア・バオア・クーの戦いの結果、戦争は終結、主人公は「もとの世界に戻る」。

『宇宙戦艦ヤマト』の続編である『さらば宇宙戦艦ヤマト　愛の戦士たち』(一九七八年)では、ヤマトという戦艦が前作に引き続き登場し、敵陣営白色彗星帝国の人名や兵器名にはアメリカを思わせる名称が使われ、さらに特攻によって戦いの決着をつける展開などによって、その戦争表象が太平洋戦争を想起させ続けた。

他方、『機動戦士ガンダム』における戦争表象と太平洋戦争のかかわりは、物語中の戦争の展開というその深層におけるものであったため、『機動戦士ガンダム』の七年後に生じた地球連邦軍内の派閥間の武力衝突──国家間戦争ではなく「ティターンズ」と「エゥーゴ」による内戦──を描いた続編『機動戦士Zガンダム』(一九八五年)以降の「ガンダム」シリーズにおいて失われることとなる。また、戦争表象の表層面に関しても、「ガンダム」シリーズにおける『機動戦士ガンダム』の外伝的作品である『機動戦士ガンダム0080　ポケットの中の戦争』(一九八九年)などで、ジオン軍の登場人物やモビルスーツの名称やデザインがドイツ風のものに寄せられたこともあり、視聴者の印象におけるジオン公国と大日本帝国の関連性がさらに希薄化したといえる。その意味で戦争表象における決定的な〈太平洋戦争との「断絶」〉は、『機動戦士Zガンダム』以降の「ガンダム」シリーズにおいて生じている。

たとえば、一年戦争が終結した宇宙世紀0080から七三年後の世界を描いた『機動戦士Vガンダム』(一九九三年)においては、地球連邦が形骸化し、スペースコロニー群の群雄割拠の時代を舞台に、ギロチンによる恐怖政治と宗教的救済によって勢力を築いた敵陣営(コロニー国家「ザンスカール帝国」)と主人公陣営のレジスタンス組織(「リガ・ミリティア」)の戦いが描かれている。同作品はファンの間でもトラウマ的作品であるとされ、戦争の悲劇性や悲惨さをふんだんに描いているものの、それはユーゴスラビア内戦（一九九一〜二〇〇一年）をモデルにしたものとされている。「ガンダム」シリーズで初めて富野由悠季以外が監督を務め、宇宙世紀ではない紀年法を用いた世界（「未来世紀」）を舞台とした『機動武闘伝Gガンダム』（一九九四年、今川泰宏総監督）は、戦争を主題とせず、モビルスーツによる国家対抗ロボット格闘技大会を軸にした物語が展開される。いずれの物語においても、その表層と深層の両面において太平洋戦争を想起させるものではない。

さらに一九九〇年代後半以降の「ガンダム」シリーズは、現実の戦争が個人の選択や影響力を極小化する圧倒的拘束性を有するという前提が希薄になり、主人公たちが戦争の前提である対立構造から自由に離脱し、戦争の対立構図そのものに第三者的立場から対峙し、「戦争そのものを止めるために戦う」というストーリーを描く作品が増える傾向がみられる。[16]「ガンダム一機の働きで、マチルダが助けられたり戦争が勝てるなどというほどあまいものではないんだぞ」（第二九話）という台詞に象徴されるように、『機動戦士ガンダム』が個人の戦争に対する無力感を徹底して強調していたこととはきわめて対照的である。その意味で「ガンダム」シリーズの戦争表象は、第二次世界大戦・太平洋戦争からますます距離を取っているように思われる。

他方『機動戦士ガンダム』のように、アニメにおける戦争や戦いを、内向的な性格の主人公が内面形成や成長をする舞台として焦点化する手法は、のちの『新世紀エヴァンゲリオン』（一九九五年）を代表に一般化している。

現実の戦争との関係やそれがもたらす「教養」が後景化し、自己形成の舞台としての戦争・戦いが前景化する作品群を「仮想現実」として体験した視聴者は、はたしてどのような戦争観を形成するであろうか。また、二〇二二年に「隣国」で生じた現実世界におけるロシアとウクライナの国家間戦争など、戦争の同時代的体験が、現在も新しい作品が継続的に制作されている「ガンダム」シリーズを始めとするアニメ架空戦記の戦争表象にどのような変化をもたらすであろうか。今後継続的な検証が必要な課題であろう（本章はＪＳＰＳ科研費JP18K18596による成果の一部である）。

〔参考文献〕
（１）藤津亮太『アニメと戦争』一一二―一一三頁、日本評論社、二〇二一年
（２）大塚英志『物語消費論改』アスキー新書、二〇一二年
（３）「燃える「ガンダム」人気」『朝日新聞』一九八一年三月一八日朝刊、一二面
（４）好井裕明「戦争娯楽映画を読み解く―山本五十六作品を比較する」戦争社会学研究会編『戦争社会学研究　第二号』九一―一〇九頁、みずき書林、二〇一八年
（５）春日太一「戦争映画の娯楽化」『日本の戦争映画』六三―一三三頁、文春新書、二〇二〇年
（６）氷川竜介「ロボットアニメの文化史」森ビル株式会社「平成二四年度メディア芸術情報拠点・コンソーシアム構築事業　日本アニメーションガイド　ロボットアニメ編」五―一二頁、二〇一三年（https://mediag.bunka.go.jp/mediag_wp/wp-content/uploads/2014/03/robot_animation_report_r.pdf）
（７）鷺巣富雄『スペクトルマンvsライオン丸―うしおそうじとピープロの時代』九七―九八頁、太田出版、一九九九年
（８）佐藤健志『ゴジラとヤマトとぼくらの民主主義』一六―一九頁、文藝春秋、一九九二年
（９）宇野常寛『母性のディストピア』六二頁、集英社、二〇一七年
（10）足立加勇「『宇宙戦艦ヤマト』から『君の名は。』へ―美少女が象徴する戦うアニメの系譜とその論理」戦争社

会学研究会編『戦争社会学研究　第二号』一一〇―一一一頁、みずき書林、二〇一八年
(11) 豊田有恒『日本アニメ誕生』一六六頁、勉誠出版、二〇二〇年
(12) 佐藤彰宣『〈趣味〉としての戦争―戦記雑誌『丸』の文化史』七七―八二頁、創元社、二〇二一年
(13) 富野由悠季著、氷川竜介、藤津亮太編『ガンダムの現場から―富野由悠季発言集』二一頁、キネマ旬報社、二〇〇〇年
(14)「「アムロ父子の確執は創作ではなかった」四〇周年『ガンダム』富野由悠季監督が語る戦争のリアル」『朝日新聞デジタル』二〇一九年一二月二九日（https://www.asahi.com/and/article/20191229/8595254/）［二〇二一年九月一七日閲覧］
(15)「手紙」『朝日新聞』一九八一年三月二五日朝刊、一六面
(16) 小島伸之「巨大ロボットと戦争―『機動戦士ガンダム』の脱／再神話化」池田太臣、木村至聖、小島伸之編著『巨大ロボットの社会学―戦後日本が生んだ想像力のゆくえ』一一二―一三一頁、法律文化社、二〇一九年

コラム

戦争アニメと反戦メッセージとしてのトラウマ

アルト・ヨアヒム

戦争の体験は人間にとってトラウマになる。一方的な軍事行為によって暴力を受ける民間人でも、戦闘員でも、それは同じだ。そして、暴力を受ける人は一般的に「被害者」と呼ばれ、暴力を与える人は「加害者」と呼ばれる。しかし、一つの戦争が終わると、暴力を与えた敗戦国の戦闘員だけが「加害者」として扱われるわけではない。自分も暴力を受けたであろう敗戦国の民間人も、「加害者」として一般化される。同様に、戦争に勝った国の戦闘員は、対戦国の民間人にも暴力を与えた可能性があるにもかかわらず、自国の民間人とあわせて「被害者」として一般化される。

日本が戦った第二次世界大戦、アジア・太平洋戦争、日中戦争についても、これは当てはまる。ただし、その一般化は先ほど述べたように、不適切でもある。事実、それぞれの国の自己評価は、上記の一般化とは一致しない。海外では、主に一九四一年の真珠湾攻撃など、一九三七年から一九四四年までの間に日本が国外で起こした一連の行為がフォーカスされ、戦争が「日本」の侵略、つまりその加害として意識される。海外の観点として、それはおかしなことではない。一方、日本国内では、主に一九四五年に集中した米軍による日本本土への空襲が記憶に残っている。これも、国民の大多数の経験を反映した観点としては、おかしいものではない。しかし、このように「日本」を「加害者」または「被害者」として一般化することにより、明らかに戦争の事実を反映していないイメージが構成される恐れもある。

日本アニメは、海外での加害を無視しており、そこには日本国内の被害および被害者としての日本人の立場ばかりが反映されている——これは、海外、とくに英語圏諸国でよく挙げられる批判だ。たとえば、海外でもテレビで放送される『火垂るの墓』（一九八八年、高畑勲監督）を見てみると、批判されている「被害者意識」の強い表現の存在は否定できない。広島原爆の悲劇を伝えようとしている『はだしのゲン』（一九八三年、真崎守監督）もそうだ。後者の作品は原作者の中沢啓治の実体験に基づいているが、原作のマンガとは異なり、アニメ版は一九四五年八月六日より前に起きた戦争の出来事について、わずか数日間の描写しかなく、日本の国民が経験した物不足だけを扱っている。海外ではこの二つの作品以外、「先の戦争」をテーマにしたアニメは、学者の間でもほとんど知られていないのである。

では、日本国内の他の「戦争アニメ」（一般的に「平和アニメ」と呼ばれている）では、戦争の描き方は異なっているのだろうか？　そうでもないようだ。厳密に定義されたジャンルではないが、一九七一年から今日まで、テレビアニメ、教育用映画、劇場版アニメ、独立制作で、約五〇の、「実の戦争」を描いた作品が作られてきた。その約三分の二は一九九三年までに発表されている。筆者はこれまで、中身の確認ができた三六作品の分析を行った。その結果、二七作品で、原爆投下を含む一九四五年の日本本土への空襲が描かれていた。それらの作品はまた、軍事的な暴力を受けている人物を日本人キャラクターに限って描いており、どちらかというと、日本の被害を語っているといえる。

反対に、そうではないとはっきりしている作品は少なく、竹山道雄の名作『ビルマの竪琴』をアニメ化したテレビシリーズ『青春アニメ全集』の第二五、二六話（一九八六年、黒川文男総監督）、沖縄で起きた地上戦およびその中で起きた日本軍の残酷な行為を描いている『かんからさんしん』（一九八九年、小林治監督）、そして松本零士の原作をもとにした『ザ・コクピット』の第三話「鉄の竜騎兵」（一九九三年、高橋良輔監督）である。海外で挙げられた批判はやはり適切であるようだ。

しかし、ここではもう少し踏み込んで、なぜ「戦争アニメ」または「平和アニメ」が日本の被害を描いているかを考えなければならない。まず、先ほど述べた三六作品のうち、二五作品は主に児童文学、小説やマンガなど、出版された原作に基づいている。この二五作品の原作者に目を向けると、一九作品を書いた一七人の作者は終戦の時点で六歳以上であった。つまり、物心がついてから「先の戦争」を体験していた。といっても、戦闘員として前線に赴いた作者はいない。

もちろん、アニメ化された作品は、ただこれらの原作者の体験が「被害者」の立場を描くために好ましいからという理由で、意図的に選ばれたという可能性もある。しかし、二度と戦争を起こさない国民を作るために、戦後日本で論じられてきた対策にも着目するべきだ。

たとえば、一九四九年に組織された「平和問題談話会」での議論が挙げられる。そこでは「平和国家」のためにはまず、国民の「平和意識」が必要だと確認された。そして、「平和意識」は「被害者意識」に基づかなければならないという結論にいたったのだ。この「平和国家」の作り方、戦争のトラウマを強化させた占領軍によるメディアの検閲、敗戦国の生活の苦しさなど、当時の日本の事情については、紙幅の関係でここでは論じられない。ここからは、今まで見てきたことを整理して、新しい観点を導きたい。

まず、「先の戦争」をテーマにした日本アニメには、たしかに海外で批判されている「被害者意識」があることがわかった。そして、この被害者意識は多くの場合、戦争を非戦闘員として体験した原作者の経験に基づいている。そのような作品が多くアニメ化されたのは意図的な選定の結果だとしても、日本国外で日本軍によって行われた加害が「平和アニメ」にあまり描かれてこなかったのは、隠そうとした意図があったからでも、作り手が無知だったからでもないだろう。それよりも、多くの原作者が親、きょうだい、友だち、または家を失い、焼夷弾空襲・原爆投下による命の危険や、日本軍・憲兵隊による非人間的な扱いを味わったことが大きいのではないだろうか。その恐怖はトラウマとして心に刻まれた。そして、次世代をこのような経験とトラウマから守るために、自分の悔しい経験を「平和国家」において共有できる「記憶」として提供してきたと考えるほうが、妥当ではないだろうか。

さらに、もう一つの重要な要素に注目しなければならない。それは、「競争的被害者意識」という概念だ。これは簡単にいえば、集団間の対立において、自分の集団は他の集団より不適切で過剰な被害にあったと考え、不平等だと感じてしまうことだ。これを戦争の文脈に当てはめると、戦争で最も大きな被害にあったというステータスをめぐって、多数の国が争うことになる。「平和国家日本」と「平和アニメ」がつながる前提としては、自分の集団が受けた被害のほうが、他の集団が受けた被害よりも印象的で、伝えやすいという事情があることはたしかだ。ところが、戦争をテーマにしたアニメで、日本が受けた被害が大きくて、過剰だったことは描かれているけれども、不平等だったと暗示する作品はほとんどない。つまり、他国の被害の規模は日本ほど大きくなく、日本だけが不当に大きな被害を受けたという立場の「競争的被害者意識」は感じられないのだ。ちなみに、一九九〇年以降のアニメは、相変わらず日本本土を中心にしているが、作品内で描かれている期間や、大日本帝国の臣民としての戦争経験への視野が広がり、海外での戦闘も少しずつ描写されるようになった。

　ここまで論じてきたことからは、ナイーブな印象が拭い去れないかもしれない。しかし、現実に証明されていることだともいえる。「先の戦争」が終わってから八〇年近くの間、日本は一度も戦争を起こしたことがない。一方、戦争に勝利した側の「被害者」のいくつかは、自分の被害を英雄的な犠牲とみなし、第二次世界大戦で「被害者」だったことを口実に、自分は永遠に正義の味方なのだという姿勢で、みずから何度も戦争に突入している。いうまでもなく、日本の平和アニメがこれから、大日本帝国の加害も積極的に表現するようになれば、好ましいことだ。ただし、もちろん唯一の側面ではないだろうが、日本のアニメに描かれている被害は、戦争体験のトラウマを語るという方法で、平和な日本を作ることに適切に貢献しているように見えないだろうか？

〔参考文献〕

Dudok De Wit, A.: *Grave of the fireflies* 火垂るの墓. Bloomsbury Publishing, 2021.

Napier, S.J.: *Anime from akira to howl's moving castle: experiencing contemporary japanese animation.* Palgrave Macmillan, 2005.

林志弦（澤田克己訳）『犠牲者意識ナショナリズム―国境を超える「記憶」の戦争』東洋経済新報社、二〇二二年

第5章

アニメーション表現の受容

――ポール・グリモーからジブリへ

雪村まゆみ

はじめに

ポール・グリモーは戦前からアニメーション制作にかかわり、日本のアニメーション界に多大なる影響を与えたことでも知られている。とりわけ、高畑勲は、グリモー監督作品の『やぶにらみの暴君』（一九五五年）をきっかけとしてアニメーション界に足を踏み出したと公言しているだけでなく、グリモーや脚本のジャック・プレヴェールに関する著作も多く執筆しており、研究者としての側面も見て取れるほどである。(1)『漫画映画論』（一九四一年）の著者である今村太平の評論では、当時、『やぶにらみの暴君』は、「アメリカのウォルト・ディズニー漫画に比べて、これは大人の映画であり、現代にたいする深い反省と風刺を持っている。地下街の人民は戦時中のフランス国民を思わせ、暴君と警察はナチの政治をほうふつさせる。またロボットは原子爆弾を思わせ、飢えてなだれこむ猛獣は人民の反乱に似ている」(二六〇頁)と現代社会の投影と読み解かれているように[2]、日本の映画界において絶賛されていた。[#1]

高畑は「『やぶにらみの暴君』が示唆してくれたアニメーションの大きな可能性に賭けたかった」と、一九五九年東映動画に入社し[3](一〇頁)、周知のとおりアニメーション制作の道へと邁進することとなる。東映においても『やぶにらみの暴君』は、新しい作品制作のための研究対象となった。高畑は、入社後、参考試写用の『やぶにらみの暴君』のフィルムを試写したのち、戦後日本のアニメーション界を牽引した「大塚康男、白川大作、月岡貞夫の諸氏と四人、徹夜で各ショットのコマを接写し、ムヴィオラ(編集用にフィルムを視聴する機械)にかけて見ながら絵コンテに採録し」その構造を分析、研究していたと回想している[3](一〇頁)。

さらには、東映の新人教育においても何度か試写され、教材としても活用された。宮崎駿は、新人教育としてそれを視聴した最後の世代といわれている。高畑によれば、『やぶにらみの暴君』は、「ひとつの理想的到達点として、この作品が当時の東映動画のスタッフに与えた精神的影響は大きいものがあった」と語る[3](一一頁)。さらには、高畑は、アニメーションにおいては、「ありえないこと」を

#1 ただ、『やぶにらみの暴君』は実はグリモーの許可なくプロデューサーのアンドレ・サリュによって上映されたため、のちに訴訟を経て、一九六七年にグリモーによって買い戻され、現在は視聴することができない。現在視聴できるのは、その改作である『王と鳥』(一九八〇年)である。この一連の経緯は高畑にくわしい[3]。グリモーのインタビューによると、前作六〇分のうち、四〇分をそのまま使い、最終的には八七分となった[4](一二八頁)。

いかにして「ありそう」なことだと観客に認識させるのか、その「クレディビリティ」の確保は「最も重要な課題のひとつ」と述べる[3]（一六八頁）。グリモーやプレヴェールは、本作品の制作にあたって、「内容では擬人化しながらも、人間と共存させるからには姿やふるまいはできるだけ現実の鳥らしく描くべきだ」と話し合ったのではないかと高畑は推測している[3]（一六九頁）。同時に、クレディビリティの確保を「見事に実践してきた」のは宮崎であると、その共通性を指摘している。

宮崎駿監督『ルパン三世　カリオストロの城』（一九七九年）については、『やぶにらみの暴君』から影響が批評家から指摘される。しかし、高畑によれば、『やぶにらみの暴君』やフライシャーの『バッタ君町へ行く』（一九四一年）に触発され、「垂直的空間表現の面白さに目覚めたことはたしか」であるが、それらは影響というよりは「ある種の共通性」と述べている[3]（一一頁）。叶精二は、宮崎が作品の中で構築してきた別世界の高層建築について、その起源はタキカルディ王国の城にあると述べている[5]（四三頁）。『千と千尋の神隠し』が二〇〇二年にフランスで公開された際の宮崎の『*Le Monde*』に掲載されたインタビュー記事においては、「グリモー監督の『王と鳥』をみて空間を垂直に使わなければならないことがわかった。それ以前は、水平方向のみの動きしかなかった。（中略）映画の中で物語が真の次元に達するには、完全に垂直方向の動きが必要[#2]」と語っている。

この「垂直的空間表現」は直接的には空間を上下方向に捉えた技術革新といえるが、すでに高畑、宮崎の初期の作品である『アルプスの少女ハイジ』（一九七四年）における表現にも見出すことができる。また、グリモーが描いた城の建築構造においては現代社会で隠蔽されている「縦型支配構造」の「隠喩」と捉えることができるが、現代社会の問題をアニメーションに投影するという点に関しても、彼らの共通性として捉えることができるだろう。

本章ではドイツ占領下のヴィシー政権期におけるポール・グリモーのアニメーション制作を振り返るとともに、それがいかにして戦後の制作活動に結びついたのかを考察する。おわりに、グリモーの表現と、高畑や宮崎との共通性について、「垂直的空間表現」という観点から検討したい。

第二次世界大戦期のグリモー

第二次世界大戦期には、映画を制作する多くの国家でアニメーション制作の国家的支援が行われるようになった。フランスも例外ではなく、「対独協力の四年間は、国家による前例のない支援によってフランスのアニメが開花する時代、いわば黄金時代を迎え」た[6]（一二九頁）。アニメーション制作は動きを構成する大量の絵を必要とするため、その組織的体制を維持することが必要不可欠である。第二次世界大戦以前に、この難題を経済的にも克服していたのが唯一アメリカであり、戦前は世界のアニメーション市場をアメリカが独占していた。

しかし、ヴィシー政権期には、その状況が一変することとなる。というのも、一九四一年五月二一

＃2　Mon film est représentatif de ce qui se passe au Japon. *Le Monde*, 2022, 4. 10. (https://www.lemonde.fr/archives/article/2002/04/10/mon-film-est-representatif-de-ce-qui-se-passe-au-japon_4237521_1819218.html) をもとに筆者が翻訳。

日、アングロ＝サクソン系の作品が映画館で上映禁止となったからである。それを受けて、映画局（Service du cinéma）の後援で、フランスにおける国産アニメーションの制作が開始される。ヴィシー政府は「映画局に、ピエール・ジラールを長とするアニメ部門を創設する」こととなる(6)（一四三頁）。

ここで中心的な役割を果たしていたのが、「戦前に組織されたフランスで唯一のアニメーション・スタジオ」であるレ・ジェモー社であった(6)（一四四頁）。レ・ジェモー社は、一九三六年、グリモーとアンドレ・サリュによって設立された広告用映画とデザインの会社として出発する。必ずしも順調な経営状況ではなく、一九三九年『鳥たちの国のゴー（Gô chez les oiseaux）』の制作はエール・フランスを含む公的機関からの補助金を受けていたが、同年九月二日の宣戦布告によって中断される。グリモーも出征することとなり、スタジオは閉鎖された(6)（一四八〜九頁）。グリモーは除隊後、一九四一年三月のインタビューでは、アニメーション制作者を二〇〇人集めて組織的制作に乗り出すという将来像を描いている。サリュも除隊され、レ・ジェモー社は再建されつつあった。

しかし、映画局が支援する制作会社にレ・ジェモー社は含まれていなかった(6)（一四九頁）。レ・ジェモー社が活動を再開させたのは、ドイツの制作会社であるコンチネンタル・フィルム社経由の注文からである。ドイツの映画界の指導者は、レ・ジェモー社が「ヨーロッパの映画制作のなかでも秀逸で、かつ唯一のものであると伝えてきた(6)」（一六六頁）。ここでいう「ヨーロッパ」は単に地理的な範囲を示すものではない。第二次世界大戦下、ドイツの占領によって、映画制作はドイツの管理下に置かれたが、明らかにアメリカ製のアニメーションとの比較が念頭に置かれている。

一方で、一九四二年三月、ヴィシー政府の情報庁（Ministère de l'Information）のルイ＝エミール・

ガレ（Louis-Emile Galey）はレ・ジェモー社が「外国の集団の統制を受けるという脅威にさらされた」とし、支援を開始する。占領国であるドイツに代わって、フランスがその制作を支援することが目指された。中断されていた『鳥たちの国のゴー』の制作が再開され、会社本部やアトリエはパリ一七区の近代的な建物に移ることになった。サリュは財政的および商業的な経営を確固たるものにし、一方でグリモーは芸術面でのアニメーターを務めた⑹（一五一～二頁）。

サリュはたびたび情報庁のガレに文書を送付し、アニメーション制作への助成を訴えている。たとえば、一九四二年一二月二日に送られた文書「フランスのアニメ産業の創立」[#3]によれば、アニメーション制作に対する国家の支援が皆無であった一九四一年以前は、アニメーション市場は海外に大きく依存していたため、アニメーション制作会社の経営は常に不安定な状況にさらされていたことがわかる。この文書では、フランスにおけるアニメーション制作技術は、アメリカのディズニーやフライシャーといった二つ企業に次ぐレベルにまで達しており、今後フランスにおいても、これら二つの企業の作品に匹敵するほどの作品が制作されるはずであると断言されている。サリュは、文書を通じて、国家による経済的支援が、フランスにおけるアニメ産業に不可欠なものであり、それなくしてはアニメ産業の存続は危ういことを繰り返し訴えていた。実際、一九四一年から一九四三年のあいだに、政

＃3　Archives Bibliothéque du Film, Paris CN0078B49. Lettre d'André Sarrut à Louis-Emile Galey, "création d'une industrie française de dessins animés"（アンドレ・サリュからルイ＝エミール・ガレに当てられた文書「アニメのフランス産業の創立」による。

表1　製作費の内訳（franc）[#5]

レ・ジェモー社の自己資金（スポンサー、配給会社から）	3,550,000
政府映画課からの支援	3,350,000
クレディ・ナショナル（Credit National）[#6]からの融資	2,000,000

府は、アニメーション制作に対する助成を行っている。サリュがガレに送った「一九四四年におけるアニメーション制作に対する国家の出資分担」（一九四三年一一月三〇日付け）の文書[#4]を見れば、一九四一年から一九四三年七月に取りかかった『音符売り（Le Marchand de Notes）』（一九四一年）、『かかし（L'épouvantail）』（一九四三年）、『避雷針泥棒（Le voleur de paratonnerres）』（一九四五年）など、七本のアニメーション作品の制作費の出資分担が記載されている。その内訳は表1に示したとおりである。

この文書では、レ・ジェモー社の自己資金が政府の出資額を上回っていること、『かかし』などの作品が破格の条件で配給されることが強調されている。そして、国家の出資額が少ないことを嘆き、フランスに平和が戻ったときに外国製アニメーションとの競合に耐えられるように急いで準備する必要性があると訴えていた。政府に宛てたタイプライター打ちの文書を見ていると、フランスでアニメ産業を興すために、国家からの経済支援が必要不可欠であると説得することに奮闘するさまを感じとれる。『鳥たちの国のゴー』は『大熊座号の乗客（Les Passagers de la Grande Ourse）』として一九四三年一〇月一五日に上映された(3)（一九一頁）。これはフランス初のカラーアニメの上映となった。

一九四三年六月にはフランス映像美術展がアール・デコ美術館のマルサン

館で開催され、新しくアニメーション部門が設置された。出品された作品の中から、アニメーションの創始者の名を冠したエミール・コール賞が与えられることが予定された。実際には、開催時点で制作中のものが多く、授賞は見送られることとなる[6]（一六九〜七二頁）。

ここでは、アマチュア作家による企画発表も併せて行われ、その問題点として、「イラストレーターたちは、アメリカの駄作にとりつかれ、つきまとわれ、毒されている。つねに我々は、隷属的な模倣が目の前に現れるのを目にする」と指摘されている[6]（一七三頁）。ここで重要なことは、戦前人気を博していたアメリカのそれと、常に比較されているという点である。

一九四三年に開催された映像美術展において、当初、レ・ジェモー社の作品群に大賞が与えられなかったことを受けて、パリの評論家たちが主導して、急遽フランス最優秀アニメーション・エミール・レイノー大賞を、レ・ジェモー社の作品群に付与することが決定される。作品について「技術的に質の優れた、卓越した動きを有するこれらの作品は、アメリカのカートゥーンとの比較にもやすやすと耐えられた」[6]（一八三頁）と評されている。グリモーについても、「大西洋対岸の最高のアニメー

＃4　サリュが送った情報庁のルイ＝エミール・ガレ宛の文書（CN101B66. Concerne: Participation de l'ETAT à notre Production de dessin animé 1944）

＃5　当時の一フランは現在の〇・二一ユーロに相当する[7]（三一六頁）。

＃6　クレディ・ナショナルとは、第一次世界大戦後の一九一九年に設立された復興金融機関で、国家が資本と経営（取締役会）に私的資本家と同等の資格で参加する「混合会社」という企業形態であった[8]（四五〜七頁）。また、戦争で引き起こされた損害の補償を容易にするための「映画への先行投資割り当て委員会」を設立した[6]（一四一頁）。

ターたちにも比肩しうる開拓者、先駆者、そして制作者」で、「アニメからその外国の諸影響を取り払い、この芸術に真のフランス的形式を与えようと現実に努めている」という点で評価されている(6)(一八四頁)。

いずれの評もアメリカとの比較を通じて行われている。アメリカのアニメーションに比してフランスのそれのほうが優れていることを示すことによって、フランス文化に優位性を与えようとしている。エミール・コールやエミール・レイノーといったアニメーションの創始者にスポットライトを当てることは、その起源をフランスと主張し、フランス文化に優位性を与える実践である。政府は、文化の序列を明確にし、かつ、フランス国家意識の醸成を目指していた。ヴィシー政権期では、ドイツによって脅かされていた国家の自立性を維持するために、アニメーションに対する経済的支援、アニメーション作品の上映会やコンテストの開催等を通じて、アニメーションをフランス文化として発展させたかったといえよう(9)。

グリモーにおける戦中戦後の連続性

前節で挙げられたレ・ジェモー社が戦時期に制作した作品は、グリモーの短編集『ターニングテーブル』[#7]に収録されている。『ターニングテーブル』は、グリモーが案内役として出演し、グリモー監督の短編作品を順に紹介するという構成である。グリモーによってコマ撮り方法などアニメーションの原理の説明に加えて、先に挙げた『音符売り』『大熊座号の乗客』『かかし』『避雷針泥棒』が上映される。戦後の作品としては『小さな兵士』（一九四七年）、『魔法のフルート』（一九四六年）、『ダイヤモンド』（一九七〇年）、『音楽狂の犬』（一九七三年）が収録されている。

戦後すぐに取りかかった『魔法のフルート』は、冒頭に主人公の吟遊詩人の少年が「澄んだ音色を奏でるリュートやフルートがあれば悪を厳しく制してこの世を平和にできるはず」と歌うシーンから始まる。城の跳ね橋には「マスー候の城　詩人・音楽家の入城を禁ずる」とあるが、少年は入城を試みる。城の管理者によって一度はリュートを壊されてしまうが、美しくさえずる鳥がフルートに変身し、再び音楽を奏でることができる。フルートは、その音色に合わせて不思議と人々が踊り始める魔法のフルートであり、完全に動きがコントロールされてしまう。城内に侵入した少年は城の上層にいる城主のところまでたどりつくが、城主やその家来（カラスを模した甲冑をつけている）に幾度となくとらえられそうになり、そのたびにフルートを奏でることで切り抜けていく。ここで描かれている城は規模的には大きいとはいえないが、『やぶにらみの暴君／王と鳥』の舞台となる城の階層構造の片鱗が見て取れる。つまり、城にはさまざまな仕掛けがあり、上層階にかけて長い階段が連なっている。これらの作品では、キャラクターのユーモアな動きに着目されがちであるが、垂直方向への動きを強調する、立体的に描かれた背景が特徴的である。

『やぶにらみの暴君』の舞台となるタキカルディ王国は、一見ファンタジーの世界であるが、高畑

#7　『ポール・グリモー短編傑作集ターニングテーブル』（一九八八年）は、『王と鳥』のディスク2で視聴することができる。

が「「現代史」をまるごと隠喩で捉えようとする空前絶後の試み」と表現している[3]（七八頁）。『やぶにらみの暴君』では隠喩として表現されていたものは、『王と鳥』では、「現実的な出来事としてさらに敷衍」している。それは、グリモー自身がインタビューでも語っているように、『王と鳥』に「再び取りかかったときは、解放された自由な気分」であり、「この二五年のあいだに、世界ではいろんなことがあったおかげで、物言いに手加減する必要がなくなっていました」と語っている[3]（八〇頁）。

たとえば、『王と鳥』の冒頭では、端的に、鳥は「これからみなさまにお話しする物語は、正真正銘の物語です。まさにほんとうの話。私やみんなの身に起きたことなのですから」と語り始める。鳥が物語の先導役であり、主人公と悪役キャラクターの追いかけあいを中心に物語は展開していくが、グリモー作品の多くに自由に飛び回る鳥の姿が描かれている。高畑が指摘しているように、グリモーの描く鳥、さらにいえばプレヴェールの詩で描かれる鳥は、「自由の象徴」であるが、それにとどまらない。「自由」であるだけでなく、「世界を観察しうる力をもち、私たちに「生き方」のお手本を示している生身で具体的な存在」なのである[3]（一〇〇～一頁）。

グリモーの作品性は、フィクションである物語と現実世界で生じていることを明確に区別しないという点にある。タキカルディ王国で描かれる城には、最上階に居座る王様から地下に住む人々まで「垂直的空間表現」の中に位置づけられ、現代社会における「縦型支配構造」の「隠喩」を通じて表象している。城が最終的には破壊されるという結末は、「縦型支配構造」が崩壊するということを示している。

アニメーションにおける垂直的表現の達成——グリモー、高畑、宮崎の共通性

『ルパン三世　カリオストロの城』で指摘された『やぶにらみの暴君』との共通性である垂直的空間表現は、高畑や宮崎がズイヨー映像へ移籍後に制作した作品である『アルプスの少女ハイジ』（一九七四年、以下『ハイジ』）において達成されつつあった。『ハイジ』は、制作に先立って、その作品世界の背景を具体化するために、スイスにおいてロケーションハンティング（以下ロケハン）したことで知られている。[#8] アルプスの山々が舞台である『ハイジ』の制作を通じて、「幾多のレイアウトや撮影技法」が開発されたことが指摘できる。山登りのような縦方向の動きに臨場感を持たせる手法や、背景に用いられた遠近法に関しては、次のように述べられている[10]（五七頁）。

特に山登りのシーンでは、風景を多層に組み分け、それぞれを撮影台の最小単位で一コマ（一／二四秒）ずつ移動幅を変えてスライドさせる（たとえば、遠景〇・二五ミリ、中景〇・五ミリ、近景一・二五ミリと指定する）ことで、カメラマンが共に登りながら移動撮影しているような立体的な場感を生みだすことに成功した。

#8　『ハイジ』のロケハンの記録については、小田部羊一『「アルプスの少女ハイジ」小田部羊一イラスト画集』[11]にくわしい。

『ハイジ』における背景の新たな映像手法の開発は、高畑、宮崎が追求して来た「縦の構図」「正面の奥行き構築」の一つの到達とされている。アニメーションのような平面の映像の中に立体感を持たせるというのは、遠近法の技術革新といえる。背景における立体感に関しては、グリモーが取り組んできた『避雷針泥棒』では、パリの連なる屋根の上を舞台としているが、高畑はこれらの描き方について「明晰な三次元空間造形」と評し、黒い眼帯の仮面をした少年らが屋根から屋根へ飛び回る臨場感の表現については、「垂直的空間の驚異的な活用」の始まりと述べている[3]（二二三〜四頁）。つまりは、その後の作品である『魔法のフルート』や『やぶにらみの暴君／王と鳥』の城内部の演出に共通するものである。『ハイジ』における縦の構図はアルプスの山々の雄大さを表現するものであり、縦型支配構造の隠喩でないことはいうまでもないが、キャラクターの動きだけではなく、その動きに意味を与える立体的表現を志向する背景美術との融合をアニメーションの表現方法として確立したと捉えることができる。

冒頭でも述べたように、グリモーの『やぶにらみの暴君／王と鳥』は日本アニメ界に多大なる影響を及ぼしたことで知られる。スタジオジブリの原点とも称され、作品から触発されるだけでなく、作家同士の交流もある。グリモーの息子であるアンリ・グリモーは、「高畑の作品には父の作品と同じ空気が流れている」と語る[5]（四二頁）。両者の作品の詳細な比較検討は別稿に譲るとして、本稿では、フランスにおいて戦中に制作された作品から、戦後、日本において制作された作品の連続性を一考し、アニメーションにおける垂直的空間表現の必然性について明らかにした。これらは、アニメーション表現におけるグリモー、高畑、宮崎の共通性として捉えることができるだろう。

〔参考文献〕
（1）雪村まゆみ「日仏におけるポール・グリモーという存在―制作者として、あるいは研究者としての高畑勲の視点から」『ユリイカ』（二〇一八年七月臨時増刊号）五〇巻一〇号、一五七―一六四頁、二〇一八年
（2）今村太平編著『映画百科小事典―入門から鑑賞まで』福音館書店、一九五八年
（3）高畑勲『漫画映画の志―『やぶにらみの暴君』と『王と鳥』』岩波書店、二〇〇七年
（4）ポール グリモー、小野耕世「ぼくはJ・ヴェルヌの生まれ変りかな―ポール・グリモー大いに語る」『キネマ旬報』九二二号、一二八―一三一頁、一九八五年
（5）叶精二「『王と鳥』と日本人の特別な関係」高畑勲、大塚康生、叶精二他『王と鳥―スタジオジブリの原点』三三―四六頁、大月書店、二〇〇六年
（6）Roffat, S.: *Animation et Propagande: les dessins animés pendant la seconde guerre mondiale*. L'Harmattan, 2005.（古永真一、中島万紀子、原正人訳『アニメとプロパガンダ―第二次大戦期の映画と政治』法政大学出版局、二〇一一年）
（7）Grenard, F.: *La France du marché noir (1940-1949)*, PAYOT, 2008.
（8）権上康男「産業文明の誕生と展開」柴田三千雄、樺山紘一、福井憲彦編『フランス史3』山川出版社、一九九五年
（9）雪村まゆみ「ヴィシー政権下におけるアニメーションの制度化」『日仏社会学会年報』二〇号、六五―八四頁、二〇一〇年
（10）図録「高畑勲展―日本のアニメーションに遺したもの」NHKプロモーション、二〇一九年
（11）小田部羊一『「アルプスの少女ハイジ」小田部羊一イラスト画集』廣済堂出版、二〇一三年

第6章

家族とともに「生きた」日常

――『火垂るの墓』の兄妹の背中越しに見る風景

西岡亜紀

節子はなに思ったか、手近かの石ころ二つ拾い、「兄ちゃん、どうぞ」「なんや」「御飯や、お茶もほしい?」急に元気よく「それからおからたいたんもあげましょうね」ままごとのように、土くれ石をならべ、「どうぞ、お上り、食べへんのん?」

八月二十二日昼、貯水池で泳いで壕へもどると、節子は死んでいた。

(野坂昭如『火垂るの墓』より)[1][2]

はじめに――死者が生きた記憶

街がキラキラして洋楽が流れようと、どれだけ英語が話せるようになろうと、決して忘れてはならないことがある。一九四〇年代のあの戦争の日々に、世界の一隅に無数の命が在ったこと、彼らはみな生きるはずだったこと、しかし日本も含めた世界規模の暴力に命を奪われて弔われることもなかったことを、である。災禍を生き延びた二〇世紀の多くの人々は、かつてともに生きたその死者たちはもういないという痛みを持って、その後を生きた。死者もまた、こころを残して去った。そして、二一世紀の私たちが未来に禍根を残さないためには、そうした過去があったことを忘れてはならない。

「昭和二十年九月二十一日夜、僕は死んだ」という少年の語りで始まるアニメーション映画『火垂るの墓』は、終戦直前に親を失った一四歳の清太《せいた》と四歳の妹の節子《せつこ》が、二人きりで生きようとするも終戦まもなく力尽きる物語である。一九六七年に発表されて直木賞を得た野坂昭如の同名小説を原作に、一九八八年に高畑勲がスタジオジブリにおいて個人で初めて監督・演出した映画である。

本稿では、その高畑のアニメーションが、野坂の原作に潜む本質的な記憶をいかにして引き出し、またそこに視聴者を巻き込んだのかを考える。

原作『火垂るの墓』のテクストの二つのヴァージョン――個人と集団の狭間

野坂昭如の小説『火垂るの墓』には二つのヴァージョンがある。一つは一九六七年に雑誌『オール讀物』に掲載された初出ヴァージョンである。これは二〇一〇年に同誌の八十周年記念号にも掲載された。もう一つは一九六八年に文藝春秋社から出た単行本の初版ヴァージョンであり、新潮文庫ほか多くの版で使われている。したがって、野坂の存命中に事実上二つのヴァージョンが並走していたことになる。具体的な異同は作品末尾の部分である。以下に両者を併記する(1)(2)。

【初出ヴァージョン】（一九六七年および二〇一〇年、波線は引用者による）

三宮駅構内で野垂れ死にした清太は、他に二、三十はあった浮浪児の死体と共に、布引の上の寺で荼毘《だび》に付され、骨は無縁仏として納骨堂へおさめられた。

その夜、布引の谷あいの螢、無数にとび立ち、一筋の流れとなり、三宮駅浜側の夏草のしげみに流れおち、くさむら一面無数の螢火にかざられたという、うち捨てられた節子の骨を、守るようにあやすように。

【初版ヴァージョン】（一九六八年、傍線は引用者による）

昭和二十年九月二十二日午後、三宮駅構内で野垂れ死にした清太は、他に二、三十はあった浮浪児の死体と共に、布引の上の寺で荼毘に付され、骨は無縁仏として納骨堂へおさめられた。

初版ヴァージョンでは、初出ヴァージョンから波線部が削除され傍線部が加筆された。その削除された波線部は、「火垂るの墓」というタイトルとの関係では実は重要なものであった。たとえばそれは、小説の冒頭部で三宮駅構内で衰弱死した清太が持っていた妹の形見であるドロップ缶を駅員がほうり投げる、以下の箇所と呼応するものと読める(1)。

ドロップの罐もて余したようにふると、カラカラと鳴り、駅員はモーションつけて駅前の焼跡、すでに夏草しげく生えたあたりの暗がりへほうり投げ、落ちた拍子にそのふたがとれて、白い粉がこぼれ、ちいさい骨のかけらが三つころげ、草に宿っていた螢おどろいて二、三十あわただしく点滅しながらとびかい、やがて静まる。

白い骨は清太の妹、節子、八月二十二日西宮満池谷横穴防空壕の中で死に(後略)

「夏草しげく生えたあたりの暗がり」「草に宿っていた螢」に、清太の魂が茶毘に付された「布引の谷あいの螢、無数にとび立ち、一筋の流れとなり、三宮駅浜側の夏草のしげみに流れおち、くさむら一面無数の螢火」が呼応することで、「くさむら一面無数の螢火」に包まれる「節子の骨」=「白い骨」という円環が作られて「火垂るの墓」の構図が成り立つ。またその円環には、中盤で兄妹が親戚の家を出て横穴で暮らし始めた頃に、死んだ母親を思いながら節子が作る蛍の墓(母親の埋葬)のイメージも呼応する。さらにその場面で、家族の墓所が「布引の近くの春日野墓地」にあることが語られるので、「布引の谷あいの螢」が節子の遺骨に合流する描写には、離散した家族が合流するイメージも読み取れる(「守るようにあやすように」の主体は母親かもしれない)。

一方、初版ではこの波線部が削除されるので右のような墓の構図はできない。しかし一方で、たとえば徳永[3]が分析するように、「昭和二十年九月二十二日午後」が加筆されることで、清太が死んでから茶毘に付されるまでに一日のタイムラグが生じ(その間に蓄積した)「他に二、三十はあった浮浪児の死体」と合流するイメージ、いわば集団的な死のなかの一人というイメージで清太の死が固定化する。

では結局、野坂にとってどちらが〈決定稿〉だったのかという問いが当然生まれるが、この場合はむしろ〈決定〉しなかったことのほうが重要なのではないか。つまり、どちらも野坂の視点ではあるが、どちらも唯一の視点ではなかったこと、いわば、清太の死をめぐって個人的体験（初出）と集団的体験（初版）のどちらとするかの〈揺らぎ〉が野坂にあった。それこそがこの作品の、または作家にとっての真相だったのではないかということである。

なぜなら、野坂自身が述べるように「「火垂るの墓」の作者であるぼくは、彼等の死後、四十三年を経て、まだ生きている」[4]からである。実体験では一歳半の妹を栄養失調で亡くして「まだ生きている」野坂は、あったかもしれない自分（以下「ノサカ少年」）の、一九四五年九月二十一日の衰弱死を仮想してフィクションを編んだ。しかしその死を、特定の個人的体験とするか、戦争がもたらした集団的体験とするか、どちらに位置づけるかが定まらず浮遊することになった。

たとえばその〈揺らぎ〉は、アニメーション公開の前年に、ジブリのラフスケッチを見て野坂が書いたエッセイと照らし合わせると、多少輪郭がはっきりする。[5]

> 「火垂るの墓」を書いた自分にこだわって、いわば、自らを写し出す鏡から、眼をそむけつづけてきたのだ。ラフスケッチの一枚からひき出されてきたぼくの過去と、今は、少し正直に向き合っている。
> しみじみアニメ恐るべし。

この「「火垂るの墓」を書いた自分」とは、妹の死から一か月後の一九四五年九月に兄を衰弱死させるフィクションで、「ノサカ少年」の死を仮想した作家としての野坂である。「眼をそむけつづけてきた」とは、「ノサカ少年」を妹とともに死亡させて、生き延びた過去をいったん葬ろうとしたということである。ただ、葬るつもりが、一九四五年の戦災孤児の衰弱死を個人的体験と集団的体験のどちらに置くかが決まらない（＝だからテクストも〈決定〉しない）。結局、「まだ生きている」野坂は、この一九四五年の死を捉える二重性という〈揺らぎ〉を傷として抱えることになった。

では、こうした原作が孕んでいた二重性を、高畑のアニメーションではどのように受け取り、加工し、視聴者（野坂も含まれる）に見せたのだろうか。

アニメーション『火垂るの墓』における時空間と視点の操作

高畑のアニメーションが行っているのは、原作者の野坂自身にも〈決定〉できなかった、二つのヴァージョンの二重性を、一つの物語として統合し再構築することである。またそれによって、原作に潜在していた作家の本質的な記憶を引き出したうえで、そこに視聴者を巻き込んだ。本節では、そうした再構築を可能とした操作について、メディア分析の観点も適宜参照しつつ分析する。

まず一点は、キャラクターや画面の色で調整されている時間と空間の移動の操作である。アニメーションのオープニングでは、「昭和二十年九月二十一日夜、僕は死んだ」というナレーションとともに、赤い色調で幽霊の清太Ⓕ（高畑の絵コンテやシナリオでは「Fantome」の頭文字で清太Ⓕと略記して[6][7]幽霊ではない清太と区別している。以下これにならう）が大写しになる。清太Ⓕが三宮駅で衰弱死する寸前の清太を眺めている。まもなく清太が息絶え、彼が持っていた節子の形見のドロップ缶を駅員が浜側のくさむらに投げると、赤い色調の節子Ⓕが現れ、清太Ⓕもそこに合流する。兄妹Ⓕが連れ立って電車に乗って三宮の街を眺めるうちに、車窓の風景は終戦前の三宮の空襲、彼らが母を喪った空襲の日に変わり、赤い色調は消える。そして、そこから節子が衰弱死するまでの終戦前後の数か月の物語が進む。衰弱死した節子を荼毘に付した山で、清太は大量の蛍とともに夜を明かす。生の芋をかじっているショットで、「翌朝ぼくは蝋石のかけらのような節子の骨をドロップの缶におさめて山をおりそのまま壕へは戻らなかった」というナレーションが入り、アングルはそのままに赤い色調の制服姿でドロップ缶を持った清太Ⓕ、続けて節子Ⓕも現れ、兄妹Ⓕが現在の三宮の街を蛍の舞う丘から見下ろすエンディングで閉じる。

細馬は、[8]こうしたアニメーションで幽霊の清太Ⓕと節子Ⓕが赤い色調で描かれる表象に着目し、その出現箇所について緻密なショット分析を行った。そのうえで「赤清太は時空を越え、人とともに出現する者であること、亡き母と節子にまつわる場所に現れること」を明らかにし、この「赤清太」の表象は原作の「人称の間を揺れ動く幽霊的文体」にも照応するものと分析している。また、その「赤清太」が節子の遺骨を形見のドロップ缶に収めるエンディングと、そのドロップ缶から骨がこぼれて蛍が舞うオープニングに一巡する物語の円環構造を整理し、そうした構造が「見る者を再見に誘」うと分析する。

たしかに、原作の語りは三人称限定視点という清太の認知に貼りつく三人称で、そこに清太の一人称の内的独白や意識の流れが挿入されるものである。よって、兄妹Ⓕの幽霊が、みずから空襲で母親を喪ってから衰弱死するまでの出来事を見る（しかも時折、清太Ⓕのナレーションも挿入される）という構造は、三人称で語られる清太の過去に清太のこころの声が一人称で挿入される原作の語りを可視化する仕掛けと言える。

また、同じ論考のなかで細馬が整理した、冒頭の兄妹Ⓕから結末の兄妹Ⓕの、ドロップ缶からドロップ缶に一巡する円環構造を原作に照らせば、まさに本稿の前節で分析したような、節子の形見のドロップ缶からこぼれた「白い骨」から、生前の節子が作った蛍の墓（母親の埋葬）を経て「布引の谷あいの蛍」につながる、原作の初出ヴァージョンにあった円環構造を引き受けていると分析できる。さらに、原作との関係でもう一点付け加えるなら、兄妹Ⓕが蛍の舞う丘から街を見下ろすエンディングは、集団の死のなかで弔われぬまま今なおとどまっている霊魂の一人、という初版ヴァージョンのほうの清太のイメージを引き受けている。こうした操作全体の結果として、アニメーションは原作の初出と初版の二重性を、一つの物語として統合し再構築しているものと言える。

そしてもう一点は、その兄妹Ⓕが現れて時空間が移動する前後の画面構成で調整されるキャラクターと視聴者との視点の同一化という操作である。時空間が動くところでは、キャラクターの背中とその視野を捉えるという画面構成が採用されているのである。とくに、オープニングとエンディングにおいて兄妹Ⓕが現れる前後で多く用いられているため、以下、絵コンテとシナリオを参照しつつ、出現箇所を確認する。⑴〜⑶がオープニングで、⑷がエンディングである。

⑴赤い色調の暗闇の画面に大写しで浮かび上がる制服の少年（清太Ⓕ）、続いて駅の柱とそれにもたれる瀕死の浮浪児（清太）。再び制服の少年の正面大写しのあとに、その清太Ⓕの背中と視野を捉える画面構成となり、瀕死の清太が捉えられる。画面から赤味が消え、瀕死の清太のいる三宮駅の描写となる。清太の脇を行き過ぎる人の反応や罵声、浮浪児たちの声が往来し、やがて清太が大写しに

なる。「お母ちゃーん」という子どもの声がして、「今何日なんやろ」と言いながら清太は横倒しになって、「セツコ」とつぶやいて絶命する。

(2)絶命した清太の着衣から落ちたドロップ缶を駅員が拾い、駅構外に放り投げると、くさむらで小さくはねた缶から骨と白い粉が出て、驚いた蛍が舞い上がる。蛍の舞うくさむらが再び赤い色調の画面になり、蛍のなかからモンペに防空頭巾の幼子（節子Ⓕ）が立ちあがる。節子Ⓕの背中とその視野を捉える画面構成で、その視線の先には柱に横たわる少年を認める。節子Ⓕがはっとした表情で前に出ようとすると背中に手が置かれ、振り向くと微笑む清太Ⓕがいる。清太Ⓕは節子Ⓕの着衣を直すとドロップ缶を拾ってやり、二人は手をつないで大量の蛍が舞うくさむらを歩み去る。蛍の舞うくさむらにメインタイトルが現れる。

(3)タイトルのあと、三宮駅から出た電車に兄妹Ⓕがぽつんと座っている。ドロップ缶を開けようとする節子Ⓕとそれを開けてやる清太Ⓕのやり取りののちに、ドロップを口に含んだ二人を乗せて電車は進む。窓の外に気配を感じて様子を眺める二人を背中から捉える画面構成となる。その視線の先には焼夷弾が街に降り注ぐ空襲の風景、車内に差し込む爆撃の閃光が強くなったところで、画面から赤味が消えて、B29と空襲警報、退避する人々、制服姿の清太、モンペに防空頭巾の節子と彼らの母が退避に備える様子となる。

(4)山で節子を茶毘に付した清太は蛍の舞うくさむらで一夜を明かす。やがて芋をかじる清太のショットに「翌朝ぼくは蝋石のかけらのような節子の骨をドロップの缶におさめて山をおりそのまま壕へは戻らなかった」とナレーションが入り、赤い色調に切り替わるとドロップ缶を持つ制服姿の清太Ⓕ、清太Ⓕの背中とその視野を捉える画面構成、視線の先には蛍に囲まれて「兄ちゃーん」と向かってくる節子Ⓕが見える。兄から渡されたドロップ缶を持ちながら兄の膝で眠る節子Ⓕが大写しになって、ベンチに座る清太Ⓕの背中と、兄妹Ⓕが見下ろす現在の三宮を引きで捉える画面構成で閉じる。

このように、波線部のようなキャラクターや画面の色調の調整で時空間が動く前後に、傍線部のようなキャラクターの背中とその視野を捉える画面構成が用いられている。こうした画面構成は、たとえば岡本[9]がゲーム画面におけるユーザ視点において定義する「融合的視点」と類似している。「融合的視点」とは「一人称的視点と三人称的視点を融合した」もので、岡本はレースゲームを例に「実際には操縦席や運転席にいるユーザの視点から見えるはずのないユーザの乗り物の背面」が映ることで「可視的な形でユーザの共感対象を明示」し「視点の二重性を確保する」認知を促すものと説明する。つまり、乗り物を動かしているユーザの背面から視界を捉えることで、ゲームでのタスクを一人称的にこなしながら同時にそれをこなしている自分の動きをユーザが三人称的に捉える認知がもたらされ、それがゲーム世界への共感（empathise）や没入を促すというわけである。『火垂るの墓』でもこうした「融合的視点」に相当する画面構成が用いられているわけだが、それにより視聴者は、認知のレベルで、清太と節子というキャラクターの物語を追体験しながら、同時にそれを他者の物語として客観的に見ることになる。そして、遠い時代の戦災孤児の特殊な体験に巻き込まれ共感するのである。

まとめると、高畑のアニメーションでは、時空間の移動の前後での色の調整を軸に、原作の〈揺らぎ〉を一つの物語として統合し再構築する構造を作っている。また、キャラクターの背面からその視野を捉える画面構成によって、戦争を知らない視聴者を彼らの物語に巻き込み、追体験させ、作品世界への共感を誘う認知を促した。さらに、こうした「仕掛け」は、視聴者を原作に潜在していた風景に出会わせたとも考えられる。では、この節で確認したような「仕掛け」によって、視聴者が巻き込まれる原作に潜在していた風景、本質的な記憶とはいかなるものか。次節では最後に、「仕掛け」が動かす「こころ」について分析する。

家族とともに「生きた」日常——生きた、食べた、笑った

それは、一四歳と四歳の兄妹が互いに母親の記憶を手繰り寄せながら模倣し、懸命にその姿を蘇らせようと、その不在を埋めようとして生きた、一九四五年の短い時間である。また、その短い時間のさらに過去にあった、彼らが家族とともに「生きた」日常の風景、生きた、食べた、笑った幸福な「生」の記憶である。

そうした家族とともに「生きた」日常の描写において、この作品で重要な意味を持っているのが、食べ物や食事の描写である。以下に高畑自身も述べているように、このアニメーションは「食べる食べさせるということ」を執拗に描いている。[10]

物語の悲惨さにもかかわらず、清太にはいささかのみじめたらしさがない。すっと背をのばし、少年ひとり大地に立つさわやかささえ感じられる。十四歳の男の子が、女のように母のようにたくましく、生きることの根本である、食べる食べさせるということに全力をそそぐ。

人に頼らない兄妹ふたりきりの横穴でのくらしこそ、この物語の中心であり、救いである。苛酷《かこく》な運命を背負わされたふたりにつかの間の光がさしこむ。幼児のほほえみ、イノセンスの結晶。

清太は自分で妹を養い、自分も生きようと努力し、しかし当然、力及ばず死んでいく。


冒頭では兄が、後半では妹が飢えて衰弱死する。食べることができずに死んでいく話にもかかわらず、このアニメーションには食べ物や食事の描写が多い。それは原作も同じである。妹の死後に自責の念に駆られた野坂自身もまた、おそらく当時「妹を生かす」ために無意識に模倣しようと奮闘したであろう、喪った母親との日常（さらに言えば、母親のこころ）を、高畑のアニメーションは明確に引き出したのである。だからこの映画は、悲しいし切ない。しかしだからこそ、優しく愛おしい。以下、その点を確認する。

食の描写は、空襲で逃げるときに清太が備蓄の食料を詰め込むところに始まり、母親の死後にその備蓄の食材を親戚に持ち込む場面、母の遺品の着物を米に取り換える場面、親戚の家での食事の場面、家出したあとの横穴での自炊、野荒しの野菜を食べる場面、海でそうめんとかき氷を食べる場面、食べたいものを節子が列挙する場面など、実に多様である。

またそれは、飢えによる衰弱死という極限の状況においてすら、出現する。たとえば冒頭では、衰弱死寸前の清太の傍にそっとおにぎりを置いていく女性がいる。節子が死ぬ場面でも、直前まで清太はリュックいっぱいに闇市で食料を調達してきて、節子に食べさせようとする。一方の節子は、食べ物を受けつけないほど衰弱して起き上がれずにいるのに、清太の留守中に、ガラスのおはじきをドロップに見立てて口に含んでいる。また、闇市から戻った兄に「兄ちゃんどうぞ」と小石を差し出し「おからたいたんもあげましょうね」「どうぞお上がり」と何か食べさせようとする。清太が泣きながら、ほとんど食べる気力のない節子の口にスイカを含ませると、節子は「おいしい」と言って微笑む。「まっててやすぐ卵入りのお粥さんつくるさかい」と立ち上がってスイカを割って置いていく清太に「兄ちゃん、おおきに」と節子は言い、何度も振り返りながら清太は外に出る。そして「節子はそのまま目を覚まさなかった」のナレーションと横たわる節子で節子の時間は閉じる。その後、節子を茶毘に付した清太は、呆然と火を見つめながらもイモをかじっていて、同じアングルが清太Ⓕに変わったときにはドロップ缶を手にしている。このように、飢えて死ぬその直前まで、もう食べる気力も起き上がる力もなくても、二つの幼い命は、互いの命をつなぐことに懸命になる。そしてそんなときにすら食べて微笑む。このアニメーションは、死の間際にさえ兄妹に「生きていた、食べていた、笑っていた」時間がたしかにあったことを可視化するのである。

アニメの視聴者は兄妹Ⓕの背中越しに、清太と節子が家族とともに「生きた」幸せな日常と、その過去に思いをはせながら、戦時下の非日常のなかでも最期まで日常を「生きた」(生きようとした)兄妹の風景にアクセスする。そして実は彼らの背中と視聴者の間にいるもう一人の背後霊、死してなお、兄妹を生かし、食べさせ、笑わせようとしていた母親のこころ、その母親のこころを手繰り寄せながら摸倣しようとした「ノサカ少年」の原風景にアクセスする。『火垂るの墓』は「ノサカ少年」が過去を葬った物語ではなく、「ノサカ少年」の過去の原風景に出会わせ追体験させる物語であった。高畑は原作に潜在していたこの本質的な記憶、家族とともに「生きた」日常という「生」の記憶(こころ）を可視化したのである。そして視聴者をそれに共感させた。共感は、原作者野坂においても例外ではなく、アニメを経由した野坂は、以下の境地になるのである。[4]

　四十三年前の、みるもおぞましかった代用食が、そして節子を死に追いやった食物が、今は不老長寿をもたらすらしく、それはそれでけっこうだが、しかし、ぼくと節子の過ごした生の時間には及ぶまい。節子の最後に観たものを、ぼくも観ることができるのだろうか、ぼくは、餓死をのぞんでいる、節子と同じように死ななくてはならぬ。そして、ようやく醒《さ》めるのだ、海へ行く、野荒しの収穫を一緒に食べる、蛍をみる。

つまり、アニメーション『火垂るの墓』の最大の創意は、原作テクストの二つのヴァージョンが内包する二重性を統合したうえで、それらのテクストの奥に潜在している、喪われた家族の「生きた」日常という兄妹の物語の核にあった本質的な記憶を引き出したことである。そしてそれをアニメーションゆえに可能な色調や画面構成といった仕掛け、誰もが共有できる食の描写によって、現代の視聴者にも共感させた。兄妹は喪った母親を互いに演じ、互いのなかに母親を見た。そして、命尽きる間際まで互いに互いを食べさせようとすることで、母親のこころとともに「生の時間」を最期まで「生きた」。それがこのアニメーションが描く「こころ」である。

　そうした時間は、清太と節子だけのものではなく、「二、三十はあった浮浪児の死体」にもあったはずのものである。誰にも、生きた、食べた、笑った時間があったはずで、弔われなかった魂の帰る場所は、まさにその彼らが「生きた」日常にこそある。清太の魂の場所は、節子の骨が散らばったくさむらの「火垂るの墓」でも、清太が納骨された無縁墓地でもなく、節子とともに母親の記憶を手繰り寄せた短い時間（「ぼくと節子の過ごした生の時間」）のなかにあった。このように、アニメーション『火垂るの墓』は、家族を喪い戦後まもなく儚くこの世を去った子どもたちの魂のありかを浮き彫りにし、アニメーションの仕掛けで現在の私たちをもその魂＝「こころ」に巻き込んだ。そうした意味において、それは個々の記憶であると同時に集団の記憶である。そしてそれは、まさに現在の社会を生きる私たち自身へと差し向けられている。ゆえに、力尽きて死んだ二人がキラキラ輝く三宮を見下ろすエンディングは、視聴者の胸に重く迫る。「そして、ようやく醒めるのだ、海へ行く、野荒しの収穫を一緒に食べる、蛍をみる」。

おわりに――追想「火垂るの墓」

本稿ではくわしく言及しなかったが、タイトルが「火垂る」となっている理由について、少しだけ触れておきたい。この「火垂る」は、「火」「垂る」、「火」＝焼夷弾、虫の蛍、特攻など空から降ってくる「火」の多義性を帯びている。蛍のように短い命を燃やす。「火」「垂る」もの＝焼夷弾のなかで蛍のように短い命を燃やす戦没者、「火」「垂る」として蛍のように儚い命を散らす特攻、蛍のようにどこにも埋葬されない命。「火垂る」という言葉は、それらすべてを凝縮するメタファーである。だからこそ、読者や視聴者が各々、「火垂るの墓」を追想することが、どこにも埋葬されることのなかったすべての命への鎮魂となるはずである。

〔参考文献〕

（1）野坂昭如「火垂るの墓」『オール讀物』二二巻一〇号、二〇六―二二〇頁、一九六七年
（2）野坂昭如『アメリカひじき・火垂るの墓』文藝春秋、一九六八年
（3）徳永淳「野坂昭如「火垂るの墓」再評価―作品末尾の改変をめぐって」『日本語日本文学』三〇号、二七―四二頁、二〇二〇年
（4）野坂昭如「幻想「火垂るの墓」」スタジオジブリ、文春文庫編『火垂るの墓（ジブリの教科書4）』二〇四―二一〇頁、文春ジブリ文庫、二〇一三年
（5）野坂昭如「アニメ恐るべし」スタジオジブリ、文春文庫編『火垂るの墓（ジブリの教科書4）』七八―八一頁、文春ジブリ文庫、二〇一三年
（6）高畑勲、近藤喜文、百瀬義行他『火垂るの墓（スタジオジブリ絵コンテ全集4）』徳間書店、二〇〇一年
（7）高畑勲「火垂るの墓」『シナリオ』七八巻九号、三六―六九頁、二〇二二年
（8）細馬宏通「火と幽霊―『火垂るの墓』のアニメーション化について」中丸禎子、加藤敦子、田中琢三他編著『高畑勲をよむ―文学とアニメーションの過去・現在・未来』一〇八―一二七頁、三弥井書店、二〇二〇年
（9）岡本雅史「ユーザ・インボルブメントに注目した自然なシステム‐ユーザ間コミュニケーション環境のデザインに向けて」〈人間同士の自然なコミュニケーションを支援する知能メディア技術（研究課題番号：13GS0003）〉、平成一五年度科学研究費補助金（学術創成研究（2））研究成果報告書、一八一―一八八頁、二〇〇四年
（10）高畑勲「『火垂るの墓』と現代の子供たち」スタジオジブリ、文春文庫編『火垂るの墓（ジブリの教科書4）』五五―六二頁、文春ジブリ文庫、二〇一三年

コラム

「女性活躍」のその先に
――『機動警察パトレイバー』の思い出とともに考える

荒木菜穂

「女性活躍」の時代？

昨今しばしば、「女性活躍」という言葉が聞かれる。また、働く女性、中でもキャリアや自己実現を重視する女性の登場するドラマや小説、マンガなども目立つ。

女性が働くことに大きな影響を与えた出来事のひとつに一九八五年制定（一九八六年施行）の男女雇用機会均等法（以下、均等法）がある。この八〇年代半ばのメディアもまた、活躍する女性の表象に溢れ、新しい時代への希望、女性も自分らしく生きてよい、という解放感に満ちていた。この時期に子ども時代を過ごした私は、巨大ロボットに惹かれ視聴したテレビアニメ『機動警察パトレイバー』（以下、『パトレイバー』）に登場する女性たちにとりわけ明るい未来を感じた。他方でジェンダー平等が達成されたとはいえない現在。このとき感じた希望は何だったのかとあらためて向き合ってみたいと思う。

働く場におけるジェンダー非対称性

「女性活躍」とは、女性が活躍することを困難にする社会の裏にある言葉である。実際、多くの職場において、「労働者」イコール男性労働者、とされるジェンダー非対称性が存在する。標準的な労働者像として、子どもを産まない、家事や育児、介護等の役割や責任を担うことのない、稼ぐ仕事に専念できる人が想定される。また、家庭内のケア役割のみならず、職場においても、女性が周辺的な労働やケア的な役割を担わされる傾向がある。「女性活躍」が男性同様に働く女性を意味するならば、このような仕組みが変わらぬ限りそれは永遠に不可能である。

では、「働くこと」についての「そうではない」ビジョンはどのように持てばよいのか。そのヒントが『パトレイバー』には示されていた。

「巨大ロボットもの」の多くが男性の物語であったのに対し、均等法制定直後に放映された『パトレイバー』には、女性主人公だけでなく、ともに活躍する仲間にも多くの女性が登場していた。巨大ロボットに搭乗し戦うというSF的な設定ではあるが、近未来の警察が舞台であり、現実社会との連続性が色濃い。

主人公の泉野明《いずみのあ》は、レイバーと呼ばれる搭乗型ロボットの機体操縦の任務を受ける警察官（巡査）である。当時を思い出しつつ本作を見返すと、そこに登場する女性たちは野明をはじめ、男性組織に華を添える女性でないことはもちろん、男性同様に活躍する女性というイメージでもない。また、そこで描かれる職場もまた男性中心主義的な印象をあまり受けないことに気づく(1)。

力の論理と男性中心主義

現実の警察や自衛隊など力の論理が働く職場には、男性が多いとされるその他の職場の特徴に加え、ある種の特殊性が指摘される。挙げる組織をすべて同列に扱うことはできないが、そもそも軍隊において、「女性を排除し侮蔑することは戦闘部隊の結束力の重要な局面」であり、「身体的・精神的にタフで、攻撃的で、性的活動性を競いあうような男性性」（二三頁）がそこには存在する(5)。また警察について、実際の女性警察官は、「情報を得る機会に男性ほど恵まれていない」というホモソーシャルなネットワークからの排除（一〇頁）、「様々なハラスメントや配置における差別、昇進における不利益な扱いなどを受ける」（六頁）といった状況にある一方「女性や子供、あるいは加害者ではなく被害者への対応に優れている」（七頁）とみなされる(7)。女性ゆえの差別やケア役割への期待があると同時に、男性を評価基準とした職場では常に不利な状態であることが示されている。また自衛隊においても、「責任のある立場を任せてもらえない」（二三七頁）といった差別や、「男性と同じような働きができるか否か」（二五六頁）という男性評価基準による女性の分断がみられるという(4)。

『パトレイバー』におけるジェンダー的関係

それでは、力を重視し女性的なものを排除する男性論理および女性の分断は、力としてのレイバーを操る警察組織ではどのように描かれていたのか。『パトレイバー』には、攻撃力や狙撃力を重視してレイバーを操縦する男性の太田《おおた》功《いさお》巡査が登場する。他方、野明は、慈しみ、尊重し、他者であるレイバーと向き合う。太田との対比は、男性性と女性性として対応されがちな、正義の論理とケアの論理の対比であると捉えることもできる。

しかしながら、攻撃性や能動性を男性論理とするならば、それらが登場する男性警察官全体に共有されているとはいいがたい。太田の野明に対する「女はレイバー隊に向いてない」(テレビアニメ版第一四話)という言葉に同調する空気もない。職場でのお茶くみや食事の担当も女性だけでなく、男性もともに持ち回りで、管理的地位にあるメンバーにも多くの女性がついている。むしろ組織としては男性論理が支配的ではないことが印象づけられる。

また『パトレイバー』では、ベテラン整備員の榊《さかき》清太郎《せいたろう》をはじめ、整備や指揮に携わる隊員が男女問わず、レイバーを単なる攻撃の道具としてのみ捉えず、家族として大切に向き合う。男女の役割の固定化のない職場、メンバーはともに働き支え合う仲間であり、一般市民に対し、ときには敵レイバーへも気遣いを見せる関係性の物語がそこには描かれている。

さらにこの物語では、巨大ロボットの「『力』の制御」[6]を通じ、(主に)男性主人公が「大人」へと「成長」(五八頁)するという近代的な男性主人公像がアップデートされる。「潜在的な依存者」[3](二〇六頁)としての、「自己と他者が同等の真価を有する存在として扱われ、力の違いに関わらず物事が公正に進む」「すべての人が他人から応えてもらえ、受け入れられ、取り残されたり傷つけられる者は誰ひとり存在しない」[2](一七三〜四頁)という人間関係の理想像を実現させるための、相互のケアを前提とした自立した個人像が示されている。

ときとしてからかいとともに描かれる女性同士の「いがみ合い」なども『パトレイバー』にはみられない。女性キャラクター同士の関係性は総じて、良好である。他のメンバーの能力や技術との比較で葛藤することはあっても、女性的価値で他の女性と比較し、マウンティングする様子はない。女性同士は、先輩・後輩として、ライバルとして、仲間として信頼関係を築いている。敵の攻撃を受けた女性隊員の仇をとる別の女性隊員や、レイバーを操縦する野明を尊敬し慕う少女、野明の操縦能力を評価する女性自衛隊員など、男性の排除や否定を伴わない「人間として」の女性隊員同士の絆が描かれている。

『パトレイバー』から考える「人間らしさ」「ケア」

「集団内の結束をつくり出すためのこうした「他者化」は何も軍隊にかぎったことではない」[5]（一二頁）ように、男性が中心的な職場はホモソーシャルの色合いを帯び、そこには女性ならびに「男性」的でない男性の蔑視や排除が生じがちである。ILO（国際労働機関）は一九九九年に、ディーセント・ワークという人間らしい働き方の概念を提唱している。性別による固定的な役割や、家族への責任であるケアを誰かに任せて当然とする考え方、誰かを排除したり蔑視したりすることは、労働の機会や正当に評価される機会を奪う。そういった働き方は人間らしい働き方ではない。人間らしい働き方を目指すには、現時点では理想論でしかないとしても、力やジェンダーに基づく論理を見直す必要がある（ただ、残念ながら『パトレイバー』では、時代的な制約か家庭生活や家庭内のケア役割への視点はあまりみられない）。

『パトレイバー』は力を行使する物語である。しかしながら、警察や巨大ロボットという「力」の場であるにもかかわらず、女性が男性論理に従うのではない、ケア的視点を持った人間としての女性やその成長が描かれていた。男性性／女性性が非対称に割り当てられる社会を「しかたない」とする理屈を突破する力強さをそこに感じる。力を求めつつも、他者とのケア的なつながりを目指すことは可能なのだ、というメッセージが、当時私が感じた未来への希望や安心感だったのかもしれない。フェミニズムを超えた先の成熟した「人間らしい」社会とは、従来のジェンダーや権力構造が形を変え、「もはや平等」と女性差別への訴えを無化するポストフェミニズムとは別の姿である。

〔参考文献〕
（1）荒木菜穂「巨大ロボットとジェンダー――『機動警察パトレイバー』と働く女性の未来」池田太臣、木村至聖、小島伸之編著『巨大ロボットの社会学――戦後日本が生んだ想像力のゆくえ』六一―七八頁、法律文化社、二〇一九年
（2）Gilligan, C.: *In a different voice: Psychological theory and women's development*. Harvard University Press, 1982.（川本隆史、山辺恵理子、米典子訳『もうひとつの声で――心理学の理論とケアの倫理』風行社、二〇二二年）
（3）Kittay, E.F.: *Love's Labor: Essays on women, equality, and dependency*. Routledge, 1999.（岡野八代、牟田和恵監訳『愛の労働あるいは依存とケアの正義論』白澤社、二〇一〇年）
（4）佐藤文香『軍事組織とジェンダー――自衛隊の女性たち』慶應義塾大学出版会、二〇〇四年
（5）佐藤文香『女性兵士という難問――ジェンダーから問う戦争・軍隊の社会学』慶應義塾大学出版会、二〇二二年
（6）山﨑鎮親「巨大ロボットアニメという移行物語――母はロボットを与えない」『相模国文』四一号、五六―七一頁、二〇一四年
（7）吉田如子「なぜ我々には女性警察官が必要なのか」『社会安全・警察学』二号、一―一三頁、二〇一五年

第7章

仲間は使命とともに[#1]

――『美少女戦士セーラームーン』における戦友の位置づけ

東　園子

初めての戦友

〝〈戦い〉＝男性の領域〟というイメージが一般的にある中、日本では少女を主な対象としたテレビアニメでもしばしば〈戦い〉が描かれる。その代表的な作品の一つに、「美少女戦士セーラームーン」シリーズ（以下、「セーラームーン」）が挙げられる。これは武内直子による同名の少女マンガを原作に、東映動画（現・東映アニメーション）が制作したテレビアニメのシリーズである。一九九二年三月から一九九七年二月まで、同一主人公の連続した物語を描く五作品がテレビ朝日系列で放送された。

#1　本稿は、同人誌『年報「少女」文化研究』第三号（二〇〇九年）に掲載した拙稿「仲間は使命とともに――『美少女戦士セーラームーン』における仲間という存在の意味」（九三～一〇五頁）の一部を加筆修正している。

「セーラームーン」は最初の約半年間は不振が続くも、その後人気が爆発し、海外でも四〇か国以上で放送されて好評を得た。[3] ミュージカル化（初演一九九三年）・実写ドラマ化（二〇〇三～四年）など大々的なメディアミックス展開もなされ、日本の少女向けアニメの中でも屈指のヒット作の一つといえる。二〇一四年から再度アニメ化され、新作の劇場版アニメが二〇二一年に続いて二〇二三年にも公開予定で、現在でもさまざまなコラボレーショングッズが発売されるなど、放送開始から三〇年以上経った今もなお愛されている。

「セーラームーン」は内容面でも画期的な作品として評価され、後続の少女向けアニメに多大な影響を与えた。その特徴の一つに、五人チームで敵と戦う特撮ヒーロー番組「スーパー戦隊」シリーズの要素を取り入れたことがある。それによって、少年向けの物語によく登場する、主人公とともに戦う仲間である戦友という存在が少女向けアニメに導入された。[#2] もっとも、少女向けアニメにおいてヒロインの女友だちは、日本初の少女向けテレビアニメ『魔法使いサリー』（一九六六～八年）のよし子とすみれ以来、定番の登場人物だといえる。では、「セーラームーン」で描かれる戦友は、それまでの女友だちとはどのような異なる特徴があるのだろうか。

「セーラームーン」については、石井研士[2]（八四―五頁）がまとめているようにさまざまな論考が発表されているが、その中で描かれる女同士の関係にとくに関心を向けた分析として、須川亜紀子の著書を挙げることができる。[5] 須川は、「セーラームーン」において「ファッション、洋服、女性の身体」（一三七頁）や「恋愛とマザーリング」（一四七頁）といった、一般的に〝女性的〟とみなされるような要素が女同士の絆を強固にしている点に注目している。それに対して本稿では、「セーラームーン」シリーズの基礎となる第一作『美少女戦士セーラームーン』（以下、『セーラームーン』）において、戦友がどのように位置づけられているかに焦点を当てながら女同士の関係を分析する。なお、以下では論述の都合上、物語の展開を明らかにする部分がある。

戦友と親友

『セーラームーン』の物語は、中学二年生の主人公・月野《つきの》うさぎが、言葉を話す黒猫・ルナと出会い、「選ばれた戦士」として東京に現れた敵を倒すことと、「仲間と一緒に私たちのプリンセスを探しだすこと」という二つの「使命」を告げられることによって始まる（第一話）。うさぎは毎回「愛と正義のセーラー服美少女戦士セーラームーン」に変身して、ダーク・キングダムという悪の組織が遣わす妖魔という魔物と戦っていく。

『セーラームーン』では主人公に最初から戦友がいたわけではなく、全四六話中、序盤の第七話まではうさぎが一人で戦う。その後、第八話でセーラーマーキュリーに変身する水野亜美《みずのあみ》が、第一〇話でセーラーマーズに変身する火野《ひの》レイが登場して仲間になる。さらに、物語が後半に入った第二五話からセーラージュピターに変身する木野《きの》まことが、第三三話からセーラーヴィーナスに変身する愛野《あいの》

＃2　「セーラームーン」以前に広い意味での戦友が登場する少女向けテレビアニメとして、『アタックＮｏ．１』（一九六九～七一年）等の女子スポーツチームを描いた作品を挙げることができよう。

美奈子《みなこ》が加わる。同い年の五人の少女からなる「セーラー戦士」たちのチーム（以下、セーラーチーム）は、ともに敵と戦ったりそのための作戦会議を開いたりするだけでなく、一緒に買いものに出かけるなど一般的な友だち付き合いもしている。

本作ではヒロインの同性の友人として、亜美たちセーラー戦士の他に、うさぎのクラスメイトで「親友」と称される大阪《おおさか》なるがいる。なるは学校の休み時間などによくうさぎと遊んでおり、第一話でうさぎが初めてセーラームーンとして戦いに赴いたのは、妖魔に襲われたなるを助けるためだった。だが、第一〇話まで毎回登場していたなるは、物語が進んでセーラー戦士が増えるにつれ出番が減っていく。『セーラームーン』でなるが出てくる回は、前半の第一〜二三話では一九話分（八三％）あるのに対し、後半の第二四〜四六話では八話分（三五％）しかない。

なるは、昔から少女向けアニメに登場するヒロインの女友だちと同様の存在といえるが、そのような親友と、『セーラームーン』の特徴である亜美たちのような戦友は何が違うのだろうか。その一つは、魔法を使ったり変身したりするという主人公の秘密を共有しているか否かである。よし子やすみれはサリーが魔法使いであることを知らないし、なるは自分を助けたセーラームーンの正体が親友のうさぎだとは気づかない。それに対して、亜美たちはその秘密を知るどころか一緒に変身してともに使命のため戦う。『セーラームーン』における戦友は、旧来の少女向けアニメにおける女友だちと同じ性格も持ちつつ、秘密の使命を共有している点が異なっている。

ポール・ライト(7)は、ジェンダーによって異なるタイプの友情を同性との間に築く傾向があることを見出し、それぞれ「向き合い」型と「横並び」型と名づけている。[#3] 女性に多い向き合い型は、互いの人物そのものへの関心に基づいて形成される友情である。他方、男性に多い横並び型は、共通の興味関心やそれに基づく活動を媒介にして形成される友情である。これらは現在の日本で一般的な男女の友情のイメージにも通底しているのではないだろうか。従来の少女向けアニメによく出てくる主人公と女友だちとの関係は向き合い型の〝女性的〟な友情が色濃いのに対して、『セーラームーン』における使命を共有した戦友との関係は横並び型の〝男性的〟な友情が基調となっているといえよう。

女の子は団結よ！——女同士の友情の意味

それでは、『セーラームーン』において戦友という存在はどのように位置づけられているのだろうか。それをよく示していると思われるのが第二一話である。この回では、うさぎよりも先にセーラー戦士として活躍していたセーラーVのアニメが作られることになり、その制作現場が舞台となる。うさぎが「誰かあたしもアニメにしてくんないかな」と言う台詞があるなど、メタフィクション的な性格を持つ。この第二一話の中心的な登場人物が、松野《まつの》浩美《ひろみ》と只下《ただした》和子《かずこ》という二人の女性アニメーターである。両者の名前はこの回の作画監督を務めた松下浩美と只野和子から取られている。実際の松下は男性で只野と結婚しているが、物語の中の浩美と和子はともにアニメ制作に情熱を注ぐ高校時代からの友人である。この回の筋書きは、常日頃「アニメ作りはチームワーク」と言っていた浩美が妖魔

#3　両者の訳語は、辻大介[6]を参考に一部改変している。

に取りつかれて単独行動に走るのを和子が心配し、それをうさぎたちが救って二人はアニメ作りへの思いを再確認するというもので、『セーラーV』（≒『セーラームーン』）のアニメは浩美と和子という二人の女性の絆によって作られているかのような話になっている。

この回には一貫してチームワークというテーマが流れており、セーラーチームと対戦するのもカストルとポルクスという双子座の星の名前がつけられた二人一組の妖魔である。この妖魔を指揮する敵のネフライトが「あの妖魔たちは双子のごとく強い友情で結ばれている。そのパワーはセーラー戦士どもより数段上」と述べれば、カストルとポルクスも「私たちは固い友情で結ばれているのだ。つまり貴様らは私たちに勝てない」と二人でセーラー戦士たちに攻撃を仕掛け、「見たか、我々のチームワークを」と言い放つ。だが、戦闘中にカストルとポルクスが言い争いを始めると、ルナが「今よ、敵のチームワークが乱れたわ」とうさぎたちに攻撃を促す。うさぎが「本当のチームワークを見せてやるわ」と言って他のセーラー戦士とともにカストルとポルクスを攻撃すると、二人は「もっと友情を大切にするんだった」と叫びながら倒れる。つまり、この回では友情が生みだすチームワークこそが戦闘力の源として位置づけられており、より友情の強いほうが相手に勝てるとされている。自己言及的な第二一話によれば、戦友と育む女同士の友情に基づいたチームワークこそが、セーラー戦士たちの強さの秘密なのである。

さらに、『セーラームーン』における女同士の友情の位置づけを、「女の子は団結よ！　ジェダイトの最期」というタイトルのついた第一三話から見てみよう。この回は、それまでうさぎたちのもとに妖魔を送り込んできた指揮官のジェダイトとセーラー戦士が直接対決する、物語の一つの節目である。

作中でうさぎは亜美、レイとともにジェダイトと戦うが、その最中にうさぎたちを助けに来たタキシード仮面がジェダイトによって海に突き落とされてしまう。タキシード仮面とは、のちにうさぎと結ばれる男子大学生・地《ち》場《ば》衛《まもる》の変身した姿で、かねてより戦闘中に不意に現れてはうさぎたちの危機を救ってきた。そのタキシード仮面が倒されたということは、うさぎたちは誰からの助けも見込めず自分たちだけで戦い抜かなくてはならなくなったということである。そのため、ジェダイトはうさぎたちに向かって、「頼みのタキシード仮面は死んだ。泣け、わめけ。男がいなければ何もできぬのか。所詮女などは浅はかなものよ」と嘲笑する。

すると、レイが挑戦的な笑みを浮かべながら「今どき女よりも男のほうがえらいなんて言ってるのは、おじさんだけだわ」と言い、続いて怒った表情の亜美が「そうよ、女を軽蔑するなんて封建時代の名残よ」と非難し、うさぎが「男女差別反対！」と拳をあげる。そして三人は手を重ね、「戦うべきは傲慢な男、ジェダイト」と声をそろえる。ここでのジェダイトは単なる悪者ではなく、男尊女卑的な考えで女性を蔑む〝女の敵〟として表されている。ジェダイトが「愚かな女どもめ、私の力を見よ」と攻撃を仕掛けると、「皆で力をあわせて」「ジェダイトをやっつけるのよ」とレイに続けてうさぎが言う。うさぎはジェダイトに対峙し、「女の子を馬鹿にしないで。女の子はいつも泣いているばかりじゃないんだから」と抗議する。その後、うさぎたちが団結力でジェダイトに勝つと、死んだと思われたタキシード仮面が現れ、三人に向かって「これからも女の友情を大切に」と言って去る。このように第一三話では、「女は男がいないと何もできない」というジェダイトの女性観に反発して、うさぎたちは「団結」する。つまり、女同士の絆はステレオタイプな女性像を打ち壊すものとしてある。

敵と戦うのは男の役目で、女は男に守られる存在――。そのようなステレオタイプを覆す『セーラームーン』が、同時に女同士の仲間関係を描いているのは、おそらく偶然ではないだろう。女性たちが団結して何かを成し遂げることもまた、男性に依存する旧来の女性イメージから逸脱するものである。『セーラームーン』における戦友は、少女を脅かす悪を倒し、少女に押しつけられた枠を打ち破る力を生む源泉となっている。

普通の女の子と戦友――恋愛と使命の対立関係

このように『セーラームーン』では多方面から女同士の絆が強調され、うさぎたちはささいな喧嘩をすることはあっても常に仲良く力をあわせて戦っていく。だがその一方で、『セーラームーン』の中には女同士の友情に対する否定的な言葉も登場する。「女の子同士ってだめね。普段は友だちなんて言っても、いざとなると冷たいんだもん」「女の友情ってのは、ひびが入ったら壊れやすいからな」（第三〇話）、「女の友情ははかない。小さな風でもすぐばらばらに砕け散る花のようだ。気をつけることだな」（第三六話）――。これらの台詞が作品の中で直接的に打ち消されることなく通用している。『セーラームーン』において、女同士の強い友情の描写とそれに対する否定的な言説が並存できる理由の一つは、うさぎたちが「普通の女の子」ではないからだろう。うさぎたちの前世は月の王国の人間で、ダーク・キングダムの首領である「邪悪な意志」と戦って命を落とした。そのため、ルナ曰く、「月の女王様はね、プリンセスとあなたたち〈＝セーラー戦士たち〉が普通の女の子として幸せに暮らせるように、最も平和なこの時代に転生させてくれた」。だが、邪悪な意志の封印が解かれて再び敵が現れたため、「敵を倒さなければ平和な世界もありえないのよ」と、ルナはうさぎたちに語る。それを受けて美奈子が「そのために戦うのがあたしたちの使命。わかるわね？　過去の悲劇を繰り返さないためにも、あたしたちは力をあわせて戦わなければならないのよ」と仲間を鼓舞する（第三五話）。つまり、うさぎたちは「普通の女の子」としての「幸せ」な生活を与えられていたが、それを可能にする「平和な世界」が敵の出現によって危うくなったとき、それを守るための使命がうさぎたちの前に立ち現れたのである。ここでは「普通の女の子」の生活と使命のある生活が対置されている。

『セーラームーン』の第一話では、先述のように、平凡な中学生生活を送っていたうさぎにルナが特別な使命を言い渡した。そして、最終回（第四六話）では、命懸けで敵の大将のクイン・ベリルを倒して使命を果たしたうさぎが力尽きると、彼女が自分の普段の暮らしを語るモノローグが流れ、「そんな、そんな普通の生活に戻りたい、戻りたい」という言葉で締めくくられる。そして、うさぎたちはもとの世界に転生し、第一話と同じうさぎの日常生活の様子が映し出される。つまり、『セーラームーン』の物語は、「普通の女の子」に使命が授けられ、それを果たしてもとの「普通の生活」に戻るという構造になっている。

この「普通の女の子」の「普通の生活」とは、どのようなものだろうか。第四四話で明らかにされたうさぎたちの前世では、月の女王が「あなたたちの愛を未来の地球で成就できますように」という願いを込めて、彼女たちが未来の地球に転生できるようにした。つまり、うさぎたちが「普通の女の子として幸せに暮らせるように」という月の女王の願いは、「愛を成就できるように」ということだったのである。また、第四六話では、瀕死の衛が彼のもとにやって来たうさぎに「早くここから逃げろ。そして普通の女の子に戻ってかっこいい彼氏でも見つけろ」と言う。ここでは「普通の女の子」に戻ることと「彼氏を見つける」ことが結びつけられている。その後、事切れた衛にうさぎが口づけようとするが、「ごめん、キスできない。レイちゃんも、亜美ちゃんも、まこちゃんも、美奈子ちゃんも、みんな好きな男の子とキスもできずに死んじゃったの。だから、あたしだけ幸せな気持ちにひたるわけにはいかない」と思いとどまる。このように、前話で敵と戦い命を散らしたセーラー戦士たちの悲劇性が、「好きな男の子とキスもできずに死んじゃった」ことによって表されている。そして、最後にうさぎがクイン・ベリルと対決する際、「お願い、お願い銀水晶。みんなの信じてた世界を、もっと強く信じさせて」と言うと、これまで作中で描かれた他のセーラー戦士四人が恋愛について語る姿が映しだされる。セーラーチームの仲間たちが「信じてた世界」とは、「好きな男の子」と暮らす世界なのである。このように、『セーラームーン』においてうさぎたちが守ろうとした「平和な世界」での「普通の女の子としての幸せな生活」とは、男性と恋愛することだといえよう。

　だが、そのような「普通の女の子」に使命が与えられると、今度はその使命が最重要事項となる。第四一話で、亜美は「私たちには大切な使命があるから、〔自分を慕う〕良《りょう》くんの気持ちに応えることはできないのよ」と語り、使命と恋愛を対立的に捉えている。それに対してまことは「正義の味方だって恋ぐらいしてもいいじゃない」と反論するが、使命の重要性自体は疑っていない。さらに第四五話では、敵がうさぎたちをおびき寄せるため、衛ら彼女たちの恋する相手が傷つき捕われている幻覚を見せる。ここでは男性への恋心がうさぎたちの弱点として敵に利用され、使命の妨げになりかねないものになっている。以上のように、『セーラームーン』における使命は、「普通の女の子」の最重要事項とされる恋愛と対立するものとして位置づけられているといえよう。

この恋愛と対置される使命を果たすうえで、最も重要な人間関係は戦友との関係である。そもそもうさぎたちセーラー戦士が出会ったのは使命に導かれてのことであるし、敵を倒すには仲間と協力することが不可欠である。また、戦友の存在は使命を果たすための精神的な支えにもなる。最終回で、クイン・ベリルに操られた衛に襲いかかられたうさぎは、使命のために死んでいった仲間のことを思いだし、愛する衛を攻撃する。この場面では、戦友たちへの思いがうさぎに恋愛よりも使命を選ばせたと見ることができるだろう。その後、クイン・ベリルを倒そうとするときにうさぎが思い起こすのも、恋愛相手の衛ではなく仲間のセーラー戦士である。うさぎが「みんな、あたしに力を貸して」と言うと、絶命したセーラー戦士たちの姿が甦り、次々とうさぎに手を重ねて大きな力を生みだす場面は、アニメならではの感動的な表現になっている。

このように使命によって結びついた戦友との絆は、逆に使命が終わると解消される。クイン・ベリルを倒して使命を果たしたうさぎたちは、先述のように以前と同じ生活に戻るが、みなセーラー戦士だったときの記憶は失われており、街中ですれ違っても互いに反応を示すことなく通り過ぎる（第四六話）。

「普通の女の子」に戻ったうさぎには、もう戦友はいない。『セーラームーン』の最終回は、うさぎが「あたしにはちゃんと夢があるんだから」「どんなときでもあたしを助けてくれる、かっこいい彼氏を見つけるって夢よ」と、なるに語るところで終わる。恋愛を最も大切にする「普通の女の子」になったとき、うさぎの友人として登場するのはなるだけである。「普通の女の子」が持つことができる同性の友人の代表格であるなるは、「普通の女の子」の生活の最重要事項である恋愛とも、使命のある生活の最重要事項である使命ともかかわらない。したがって、なるの重要性は相対的に低くならざるをえず、先述のように物語の中で影が薄くなっていく。『セーラームーン』において主人公たちの力の源となる戦友は、恋愛と対置される特別な使命を授かった特別な少女だけが持つことのできる、特別な存在なのである。

仲間は使命とともに

以上のように戦友との強い絆を描いた「セーラームーン」シリーズがヒットした一因は、主な視聴対象である幼い少女たちのみならず、一〇代以上のいわゆるオタクたちの間でも人気を博したことにあるだろう。少女向けアニメが美少女キャラクターを愛好する男性オタクからも支持される例は『魔法のプリンセス　ミンキーモモ』(一九八二～三年)など以前から存在したが、「セーラームーン」は珍しく女性のオタクからも人気があった。彼女たちの中には、それまでアニメ等に登場する男性キャラクター同士を恋愛関係に仕立てた、今でいうBL(ボーイズラブ)的なマンガや小説を描いていたが、それと同じように「セーラームーン」の女性キャラクター同士をカップルにしたマンガ等を創作する人も多かった。[4] このことは、セーラー戦士たちの関係が、ＢＬ的な関心の対象になりやすい、少年向けアニメ等に登場する男同士の絆に近しいものとして受け止められたことを示唆する。そうした男同士の絆は、拙著[1]（一七六―八頁）で述べたように、女性との恋愛関係よりも重視されやすいという特徴がある。『セーラームーン』における戦友との関係は、先に指摘したように横並び型の友情であるのみならず、異性との恋愛に劣らず重きが置かれている点でも、一般的な〝男の友情〟のイメージに近い関係とみなすことができよう。

『セーラームーン』の最終回で、うさぎたちが以前の状態に戻ったあとも昔の記憶を保つルナは、互いの存在を忘れてしまったセーラー戦士たちを見て、「みんな、仲間だったときの記憶まで、すっかり失くしちゃって」と哀れむ。それを聞いたルナの仲間のアルテミスは、「みんなこれから、またいめぐり会えばいいんだ」と語る。実際、この回に続いて放映されたシリーズ第二作『美少女戦士セーラームーンR』では、うさぎたちは新しい敵を倒すという新しい使命のために、再びセーラーチームの戦友たちと出会い、力をあわせることになる。『セーラームーン』において、少女が互いに深い信頼で結ばれ、大切なものを共有し、協力して何かを成し遂げられる同性の友人を持つことができるのは、少女に使命、すなわち恋愛（とそれに連なるものとして位置づけられる家庭）よりも大切だとされる領域が開かれたときである。少女にとって、仲間は使命とともにやってくるのである。

〈参考文献〉
（1）東園子『宝塚・やおい、愛の読み替え―女性とポピュラーカルチャーの社会学』新曜社、二〇一五年

（２）石井研士『魔法少女はなぜ変身するのか―ポップカルチャーのなかの宗教』春秋社、二〇二二年

（３）衣輪晋一「『セーラームーン』の本質は〝破壊〟、三〇年担当編集者語る「いつでも終焉と共に希望と再生がある」」『ORICON NEWS』二〇二一年一月八日（https://www.oricon.co.jp/special/55705/）［二〇二二年一〇月二四日アクセス］

（４）小林義寛「テレビ・アニメのメディア・ファンダム―魔女っ子アニメの世界」伊藤守、藤田真文編『テレビジョン・ポリフォニー―番組・視聴者分析の試み』一八二―二一五頁、世界思想社、一九九九年

（５）須川亜紀子『少女と魔法―ガールヒーローはいかに受容されたのか』NTT出版、二〇一三年

（６）辻大介「つながる―友人関係とジェンダー」伊藤公雄、牟田和恵編『ジェンダーで学ぶ社会学 全訂新版』世界思想社、一八九―二〇一頁、二〇一五年

（７）Wright, P.H.: Men's friendships, women's friendships and the alleged inferiority of the latter. *Sex Roles: A Journal of Research* 8 (1): 1-20, 1982.

コラム

世紀末の子どもたち
——『新世紀エヴァンゲリオン』

上尾真道

「また三番目とはね。変わらないな、君は」——『ヱヴァンゲリオン新劇場版：序』（二〇〇七年）の終幕の場面で、月の上で目覚めた渚《なぎさ》カヲルは地球を眺めてそう独りつぶやく。「エヴァンゲリオン」なる物語がいくつもの書かれうるシナリオ、いくつもの可能な世界からなることを仄めかされて、そのうちには碇《いかり》シンジが一番目や二番目であったような世界もありえたのだろうか、とおぼつかない疑問がふと浮かびもする。いや、そのようなエヴァンゲリオンは我々には考えにくい。そして、だからこそいっそう我々は、知る限りの新旧二つの『エヴァンゲリオン』において、この「三」という数字がいかに必然的で運命的な数字であるか、思い知ることにもなる。

「三」という数字は実際、とりわけ旧版においては、ひとつの強迫のように現れる。第三新東京市という舞台に招かれた、第三の子どもである主人公は、襲来する使徒が地下の「アダム」に接触することで引き起こされるサードインパクトを避けるために、大人たちによって戦いへと駆り出される。すでに起こったらしき二つの破局を仄めかしながら、物語は、「三つめ」をいかに避けるか、あるいはむしろ「三つめ」にいかに救いがもたらされうるか、そうした問いの周りをぐるぐるとめぐる。

それは、作品が制作された時代である一九九〇年代の強迫観念を反映しているように思われる。二つの世界大戦、二つの原子爆弾のあとで、二〇世紀は長らく、三つめのあとには何も残らないだろうと繰り返し語ってきた。そんなハルマゲドンの憂いが消えぬ中、他方、冷戦が終結したあとで、世界は、むしろ平和秩序の維持の名目のもとになされるグローバルな「正戦」から、日本を放っておいてはくれないだろうという予感もある。アポカリプティックな気分のまま、あと五年も経てば、三つめの千年紀が訪れるという。そのことの信じがたさのためだろうか、この世紀末期の物語においては、第四の子どもも、第五の子どもも、無力なままの第三の子どもの手で潰されてしまった。「三」は世界の終わりの数字、行き止まりの数字、出口なしの数字であった。

最終的な破局のひたせまることを不穏な副旋律として響かせながら、カウントダウンのごとくに、小分けにされた危機が毎週やりくりされる。まさしく戦後日本のアニメ・特撮が週ごとのルーチンとして定型化してきたパターンであるが、これを踏襲する『エヴァンゲリオン』は、そうした戦後経験がアポカリプスの主題に特徴づけられることそのものを、問題として引き受ける。つまり、ドゥルーズがH・D・ロレンスとともに述べたように、アポカリプスとは、終局を引き延ばすためのルサンチマン者によるスペクタクルなのだ[#1]。人はいわば、いつまでも終わりを迎えないために、小さな災厄、小さな戦いの反復を夢見るのである。

二つのトラウマと「三番目」という終末のあいだの長い夢。その「シナリオ」こそは「人類補完計画」と呼ばれる。物語の中、ゼーレによって古くからたくまれてきたとされるこのシナリオは、もちろん監督の庵野が、世紀末の子どもたちのために用意したものに他ならない。夢を与えられつつ同時に「運命を仕組まれた子ども」たちは、その夢の中で与えられた全能感とは裏腹に、端的に無力な存在である。『エヴァンゲリオン』はこの無力を二重の決定論で裏づける。

一方で、「脳《ゲヒルン》」と「神経《ネルフ》」という生命工学的なシナリオライターがあるだろう。他方で「魂《ゼーレ》」という神秘主義的シナリオライターがあるだろう。この二つは互いに反目し合うかもしれないが、しかし子どもたちは、その主導権争いにただ巻き込まれているしかない。もしそこから逃れる術があるなら、与えられた夢の中にいるのではなく、夢を作る側にみずからまわることではないだろうか。

『エヴァンゲリオン』は、それゆえひとつの世界を描きながら、そんな世界を産もうとする「こころ」を描こうとした。まずは寓話のように。テレビ版ではとくに第捨六話「死に至る病、そして」以降、戦いの舞台が「こころ」と呼びうるものであることは、登場人物たちの内省的な独白と危機的状況とが重ねられることで描写されてきた。ATフィールドとは自他を境界づけるこころの壁であり、使徒による攻撃は次第に、そうしたこころへの暴力的侵犯という性質を帯びてゆく。「こころ」はこうして、他者に触れようとするたびに傷つけつつ傷つくものとして描かれる。

その可傷性と攻撃性は、性的接近においていっそう問題となるだろう。性の「病」的側面は、旧劇では、冒頭における看板であからさまに告知されたのち、アスカを前にしたシンジの「最低」な行いの赤裸々な描写によって、大きく主題化された。

こうした性と傷の結びつきは、産むことそのものを毀損している。生命があるために性的接近が必要であるなら、生命はすでに傷つけ傷つきながらしか生じえない――第一の子どもである綾波《あやなみ》レイは、それゆえ、母の面影といくつもの傷とを同時に備えてシンジの前に現れたのではないか。またその傷の由来として憎らしい父・ゲンドウは、同時に、息子に傷つけ方を教える理想としても立ち現れてくる。そのような暴力と性の結びつきのうちにしか生命がないのなら、人造人間エヴァがそうであるように、それは人の手で弄ばれた生命である。それでは、はたして人はどのようにいのちを産めるというのか。

テレビ版の最終二話は、独白劇の形をとりながら、物語が破局を迎えた地点から、この問いに出口を与えることを試みていた。そこでは寓話は諦められ、率直に、産み出すこととしてのアニメーションの可能性が示されようと試みられた。真っ白な画面にひとつの線を引きうるということ、そのことを通じた別の生命の創出がありうるということ。たとえばそうして平和な家族、学園生活（新聞記事が示すように、それは冷戦期の「平和」な日本の継続である）が可能となるやもしれない。アニメはまさしく「アニマ＝こころ」の形を決めようとする試行錯誤として希望を託される。

しかし、それだけでよいのか。母に別れを告げ、父の理想に感謝を唱え、それで子どもを祝福しても、ありきたりな自立の言葉をなぞっただけにも思われる。受けた傷、与える傷のことまで、それで引き受けたといいうるだろうか。旧劇版の結末は、いくらか自虐にも他虐にもとれる仕方で、「虚構に逃げて真実を誤魔化していた」のだと突きつける。そこでは描くことよりも実写への回帰を優先し、現実を切り取るショック作用のほうに出口を求めたように思われる。しかしそれもまた、傷にもかかわらず生命は生まれ、現実にもかかわらず絵は描かれるという肯定的事実に、極端に目を背けることではなかったろうか。

　結局のところ、二一世紀になって別のアニメーション的な力の可能性を描こうとするためには、「三」のあとをこそ続けねばならなかった。第三の衝撃が思考の袋小路であってはならない。第四、第五と衝撃は継続していくのでなくてはならない。このとき運命の分岐を担うのが、「四番目」の子どもであることは物語上の必然であったろう。かつてのように三番目の子どもの自己破壊が未来を丸ごと巻き込んで潰す前に、四番目が、彼女の宣言通りに、いつでも三番目を助けにやってきてくれるのでなければならない。『破』（二〇〇九年）で彼がエヴァに乗ることを拒否して逃げるときも、また物語の最後の場面でも。そうすることでエヴァンゲリオンの物語は「意志《ヴィレ》」へとつながる。アポカリプティックな平和の危機から、ポストアポカリプティックな戦乱状態へと物語の舞台は移り、混沌の中での、もう一度の胚胎と胎動（『Q』（二〇一二年））、そして創世の意志が選びとられるのである。

　『シン・エヴァンゲリオン』（二〇二一年）は、こうして「最初」のレイの傷を、「最後」のカヲルとともに見送ることを選ぶ。「いま」であるようなシンジが、「未来」であるようなマリと手を繋ぐ。だがそれはこの二人の永遠の絆を約束しているわけではないだろう。最後に流れ出す『One last kiss』で、宇多田ヒカルはいつもの哀哭的なサステインを抑えつつ、句切れ《スカンション》のよい、息を呑む隙間さえ音にする歌い方で、傷の瞬間こそを繋ぎ目にするかのようにこう歌う[#2]――「……喪失の予感　もういっぱいあるけれど　もひとつ増やしましょう……」。傷つき失うところでこそ未来と手を結ぶこと、『エヴァンゲリオン』はそのような場所まで我々を導いてきたのだ。

（脚注）

#1　G・ドゥルーズ（守中高明、谷昌親訳）『批評と臨床』九〇―九二頁、河出文庫、二〇一〇年。また以下も。D・H・ロレンス（福田恆存訳）『黙示録論』四三頁、ちくま学芸文庫、二〇〇四年

#2　宇多田ヒカルについての優れた批評として以下。伏見瞬「物語の外側へ―宇多田ヒカルと真希波・マリ・イラストリアス」河出書房新社編集部編『シン・エヴァンゲリオン』を読み解く』六八―八一頁、河出書房新社、二〇二一年

第Ⅱ部 カタストロフィのあとに……

——深夜アニメの二〇一〇年代

第8章

生き延び、（不穏な）日常、あいまいな喪失
——第II部へのイントロダクション

川口茂雄

二〇〇六年頃から量、質ともに隆盛の兆しを見せ始めた日本の深夜アニメは、二〇一一年[#2]の『魔法少女まどか☆マギカ』と『STEINS;GATE』の二作品の登場をもって決定的に新たな水準の次元を切り拓いた、と見ることは、現在において一定程度に共有されつつある、アニメの歴史についての見方であろう。[#3] この二作品に続いて、二〇一〇年代においてはほぼ毎年一、二作品のきわめて高水準な深夜アニメが出現した。そして二〇二〇年代に入る頃には、大人の知的な鑑賞に堪える作品群を含む総合芸術としての深夜アニメ文化の存在は国内外で広く認識されるにいたったと思われる（一九九〇年代から二〇一〇年代にかけての映像文化の変遷には、実写映画の衰退、デジタル・CG技術の展開、インターネットと携帯電話の普及、人口構造の変化等とさまざまに論じるべき事柄があるが、本書の趣旨からはやや離れるため、ここではこれ以上立ち入らない[#4]）。

文化史に限らず、どの分野の歴史であれ、そこには断絶と連続の両面が見て取られる必要がある。二〇一〇年代の深夜アニメ文化の展開には、もちろん、それまでにはなかった新しさという側面があ

＃1　二〇〇六年頃の代表的な作品としては、仮に二〇一一年頃以降のシナリオの質的飛躍という方向性によりつながるものという観点から考えるならば、『涼宮ハルヒの憂鬱』（二〇〇六年）や『コードギアス　反逆のルルーシュ』（二〇〇六年）よりもむしろ、『ひぐらしのなく頃に』（二〇〇六年）と『のだめカンタービレ』（二〇〇七年）が第一に挙げられるべきであろう。『ひぐらしのなく頃に』は長編としての緻密さにくわえて、内容に本書の主題と関連するところが多く、取り上げられるのがふさわしい作品であると本書企画メンバーのなかでは考えられたが、紙数の都合上、今回はこれに一章を割く取り扱いは断念されている。

＃2　二〇一一年はほかにも、『あの日見た花の名前を僕達はまだ知らない。』（二〇一一年）、『花咲くいろは』（二〇一一年）、『ギルティクラウン』（二〇一一年）、『Fate/Zero』（二〇一一年）など、従来なかったような（そしてそれ以後にも簡単には出ないほどの）高いクオリティの作品が一挙に登場した年であった。そのなかでも『魔法少女まどか☆マギカ』と『STEINS;GATE』はさらに群を抜いていた。広義の日本文学史に新たな一線を画した年として二〇一一年は今後記入される必要があるだろう。

＃3　単純に狭義に産業的な観点から、DVD（ビデオソフト）の売上数値のみを尺度として見た場合には、二〇〇六年頃から以降の数年間を、アニメ不振の時代とみなす見解はかつて存在しており（「アニメバブル崩壊　DVD不振、新番組も減」朝日新聞デジタル、二〇〇九年五月四日〔https://www.asahi.com/showbiz/manga/TKY200905040063.html〕）、今後もそうした見解・分析が提示される場合はあるだろう。しかしながら、狭義の産業だけではなく、文化的な観点から、くわえてメディア史的な観点から見るならば、二〇〇五年のYouTubeのサービス開始から、二〇一二年のdアニメストアのサービス開始までにおおよそ相当する数年間の期間は、テレビ番組録画等のいわゆる非公式な違法アップロードが良くも悪くも文化の媒体としてかなりの位置を占めた時期であったことを、視野に収める必要があろう（なお上述の朝日新聞記事も「DVD不振はネットでの違法配信が一因」と適切に指摘してもいる。くわえて、米国での売上減少に関しても同記事は「日本で放映された数時間後には、ファンが字幕をつけ動画投稿サイトやファイル交換ソフトを使い配信してしまう」という背景を解説している）。そのことが、とくに深夜帯放送の不利な条件を大きく補う文化的な機能を果たした面があっただろう。

る。デジタル制作の発達にくわえて、とくに、優れた作品群におけるシナリオの文学的水準の質的飛躍はめざましい。他方で同時に、たとえば本書の各章がそれぞれに取り上げているような、日本の文化・社会において見出される〈戦い〉や〈トラウマ〉をめぐる主要なモチーフ・テーマに取り組むという、表現上の課題に関しては、二〇一〇年代の諸作品がより以前の時代の作品群から何らかのものを継承している連続性の側面も多々あるだろう。

本書は――章立てをご覧になった読者には一目瞭然であるように――それぞれの仕方で〈戦争〉を描いたアニメ作品として、たとえば『火垂るの墓』（一九八八年）と『機動戦士ガンダム』（一九七九年）を、なんら予断を持って区別することなく、同列に扱っている。ジャンル論は便利だが、前もって議論の枠組みを制限し、問いを立てる前に問いの答えを決めてしまうところがある。たとえば〝ロボットアニメ〟というジャンルが特定の明確なかたちをもって存在するのだと強く想定・前提してしまうことも、その一例になろう。

もし仮に巨大ロボットが登場しないという点を基準とするならば、[#5]『STEINS;GATE』は明らかに〝ロボットアニメ〟ではない。そうだとすると、ロボットアニメである『機動戦士ガンダム』と『STEINS;GATE』とは別のものであり、共通する主要モチーフをもたない、と結論すべきことになろう。しかしながら、視点の角度を変えるならば、『STEINS;GATE』に『機動戦士ガンダム』と同様のモチーフが見えてくるところもある。ひとりの青年が、偶然のめぐりあわせから、あるテクノロジー機器を手中にする。次第に青年は、その機器の破壊的性格に気づいてゆく。また同時に、そのテクノロジー機器を有することによって、青年は自身の私的な動機づけとは無縁の、公的な次元での巨大な争いに自分が深くかかわってしまっていることを知る。だが、そのテクノロジーを使いこなしうるという立場から、もう戻ることはできない。ならばせめて、そのテクノロジーの力を正しく使うようにありたい。だが、この力の正しい使用とは、どのような使用のことなのか……。

あるテクノロジーの存在自体を負のものとみなすか、その使用に正しい使用と誤った使用があるとみなすか、という論点を提起する象徴的かつ典型的な現代の事例の一つは、原子力であろう。兵器としてはもってのほか、発電目的であれできれば使用されないほうがよいのは当然。けれども、電気そ

＃4　一九九七年――『もののけ姫』が『E.T.』の歴代興行記録を塗り替えた年であり、改正男女雇用機会均等法が成立した年であり、そして山一證券の倒産の年である――頃から、深夜アニメが本格的に開花する二〇〇六年頃までのあいだの期間――これはアニメに限らず、人口構造の変化に伴ってテレビ全般が子ども向け番組を急激に減少させた時期である――については、ここでは紙数の都合上扱うことができない。

＃5　いわゆるロボットアニメ・ジャンルの作品が傾向として有する要素のひとつとして、金属の重さ・硬さの表現に重点が置かれているという点を挙げることが可能である。裏を返せば、重さ・硬さの表現に焦点が当たっていない作品は、たとえ大きなロボットが作中に登場したとしても、ロボットアニメとは言いがたい、といった視点も設定しえよう（この基準を採れば、たとえば『新世紀エヴァンゲリオン』〔一九九五年〕はあまりロボットアニメ的ではない。またたとえば、『86―エイティシックス』〔二〇二一年、石井俊匡監督〕の有人戦闘機ジャガーノートは巨大ではなく二足歩行型でもないが、第二話をはじめとして機械の質感や動きの表現はきわめて出色のものであり、その意味では、作品をロボットアニメと分類するかどうかにかかわりなく、この作品の視聴が最良のロボットアニメの視聴経験が含むはずの要素を一定に含んでいることは疑いない）。ただこうした点をめぐる議論は、本書では主題的に紙数を割いて取り上げることができなかった。他日を期したい。

れ自体は生活のために十分にないと困る。電気代が高騰するのも困る。火力発電であまりCO_2排出を増やすのもそれはそれで……。かくして、終末論的な巨大な破局《カタストロフ》——一九六二年の米ソ対立の激化によるキューバ危機は、世界の人々の心に核戦争の現実性を具体的に想像させた——のイメージ[1]と、平凡な電気使用による普通の日常生活のイマジネイションとは、つねにすでに複雑に交錯している。殊に日本列島という地において、その歴史において、簡単には表立って扱うことができないトラウマ的なものであり、他方そうであるがゆえに婉曲的な表現だけでもさまざまな強い連想を呼び起こすものであるため、文学的芸術的な間接的表現のヴァリエイションは枚挙にいとまがない。[#6]

文明には代償が伴い、文明を維持するために必要な妥協というものがある。個別の犠牲は払っても、それを地球規模で全体としては受け入れていくことで人間の持続は可能になる……。エントロピーの増大に逆らい、エネルギーの総量を維持するために、エネルギー生産に伴う代償を支払うことはやむを得ない、それは必要なこと、普通のことでしょう？　と、冷徹に痛烈に問いかけてくるのが『魔法少女まどか☆マギカ』という作品であることは、言うまでもない。[#7]

さらに別の角度からは、二〇一〇年代の深夜アニメ作品の内容はどう見えるか。『魔法少女まどか☆マギカ』には女性の社会進出の本格化という事柄が、またそこに重なるようにして、リーマンショックという個々人の努力を無に帰すグローバルな破局のイメージが映し出されているさまが見える。〈戦い〉の前線の表象が変化し、〈女性〉の表象の位置も変わる。主人公まどかの母は「バリキャリ」であるが（父は専業主夫）、目立って強い言葉づかいなどから、日々過酷な競争に身をさらしていることが推測される。この母は、まどかとしては自分のような者が目指してもとても届く存在ではないという劣等感の源泉であり、くわえて、〝戦う少女〟たちが次々に倒れてゆく――女性のキャリアアップの一般化はおのずから「過労死者への女性の参入」[2]も意味する――作品終盤に近づくにつれて、この競争社会自体がそもそもどこか根本的に間違っているのではないかという観念をまどかの精神に生じさせるもともとのきっかけにもなったとも解釈しうる。なお『まどか』の世界においては男性たちという存在は、女性たちの苦悩・苦境の解決にはまったく何の役にも立たないものでしかない。

二〇一〇年代後半の最も重要なアニメ作品のひとつである『Re: ゼロから始める異世界生活』（二〇一六年）の後半部分（第二クール）には、ヴィルヘルム・ヴァン・アストレアという剣の達人として鳴らした老紳士が登場する。ヴィルヘルムは妻には安全な専業主婦でいてもらいたかったのだが、妻の卓越した才能は社会に必要とされていた。しかし乞われて職場復帰したのちに、過労死ないし殉職という仕方で妻は帰らぬ人となってしまう。妻の復職を止められなかったことをヴィルヘルムが後

#6　アニメ表現においても、まさに両義的な鉄腕アトムという存在に始まり、数多くの――むろん玉石混淆の――作品表現が世に出されてきた。ごく最近では、たとえば『陰の実力者になりたくて！』（二〇二二年、中西和也監督）での、人間が克服しえないものの象徴としての核攻撃への主人公の絶望と、その先に見出されることになる「アイ・アム・アトミック」は、滑稽なようでいて日本社会の歴史的トラウマとその残存を屈折した手法で巧みに描き出したものとも評価しうる。

#7　『まどか』の作品全体を通してでもあるが、とくに第一〇話と第一一話において、魔法少女が用いる武器・兵器の数々が、人類の歴史における兵器テクノロジーとエネルギー使用の展開の歴史を凝縮して表現していると見ることはできるだろう。

悔し続けている様子を、視聴者は目の当たりにする。

他方、『リゼロ』作品中でのより若い世代であるクルシュやエミリアなどの女性たちは――各人のバックグラウンドはさまざまながら――政治的・経済的・軍事的に負荷の高い任務にすすんで就いているように見えるから、ヴィルヘルムの考え方は作品世界においてやや古い価値観のものという面はありそうだ。[#8] ただ、きわめて適性ある女性（あるいは女性でなくとも）であったにせよ、そのような極度な激務の生き方を推奨してよいものなのかどうかは別の話ではある。

彼女ら個々人の疲れ、苦悩、また諦めといった繊細な事柄は、作品のエンターテインメント的な外観のうちでは一見して目立つ仕方ではない、しばしばセリフとして発せられないわずかな身振りといった細かい作画表現・演出において、たしかに『リゼロ』作品中に描き込まれている。能力も人望もあり、国内で最も将来を嘱望される若者の一人であるクルシュは、そうした立場にある自身が女性であることに複雑な思いを抱いており、公の場では男性用の軍服を着用している。

負債、負のエネルギーを積み上げた『まどか』の世界は、個々人がいかにそれぞれの苦闘、それぞれの小さな努力を積み重ねても、総体として負債の重みに耐えきることができなくなり、全面的な破局を迎えることが不可避だと示唆される。『STEINS;GATE』では、将来の第三次世界大戦の原因がいま生じていると説かれるも、戦争の到来は複数の原因によって重層決定されてしまっており、それを回避する方法はもはや尽きていると主人公たちは絶望する。

カタストロフの切迫・不可避という観念は、未来の破局を前にしての恐怖というイマジネイションだけでなく、すでに終わってしまった世界、破局を生きること、ないしは、破局以後の世界でただかろうじて生き延びているだけ、というイマジネイションのかたちをも取りうる。そこでは、深い失望や不安はあるが、他方で切迫や多忙はもはや不在であるような、ポスト・アポカリプス的としばしば形容される種類のイマジネイション、世界観である。

それは、九・一一以後的な、破局が日常のうちに浸透し、どこにもないようでいて、いつどこで局地的に破局が襲いかかるとしてもおかしくはないという、戦時と平時の区別があいまいになった日常という側面をもつイマジネイションであるかもしれない。またあるいは、三・一一以後的な、喪失の痕跡すら残さないような喪失という、形象化を拒むような何かであるかもしれない。とくに二〇一〇年代後半の優れた深夜アニメのうちのいくつかには、そうした何らかの意味でのポスト・アポカリプス的なヴィジョンを中心的特徴とするものがある。本書ではそのうちの傑作のひとつとして『ケムリクサ』（二〇一九年、たつき監督）を取り上げ、また三・一一以後的なイマジネイションの代表的作品としては『宇宙《そら》よりも遠い場所』（二〇一八年、いしづかあつこ監督）が主題的に取り上げられることになる。なお他の優れた作品群に論がおよんでいないのは基本的には本書の紙数の都合にすぎない。[#9]研究の今後いっそうの発展が期待される。

#8　ただし、作品世界・社会の全容は主人公にも視聴者にも容易に見通しがたいものとして提示されており、世代間でのジェンダー観の相違などは不明な点が多い。なお、この『リゼロ』作品の優れた点は、そうした社会・世界というものの複雑さ・不透明さを丁寧に執拗に描いている点にある。あたかも、私たちが二〇一〇年代の日本列島で毎日生活できているからといって、二〇一〇年代社会という複雑きわまりない何かを透明に見通せているわけなどでは断じてなかったのと同様に。

よく知られているように、ピカソが《ゲルニカ》を写実主義的な手法で描かなかったのは、スペイン内戦における甚大な犠牲を表現するのに、写実主義的な手法では不十分であると考えたからであろう。[#10]戦争について〝リアルに〟表現するとは、単に視覚上で写実主義的に描くということではない。

最後に付言するならば、戦後日本のアニメ文化、さらには二一世紀のアニメ文化の独自性を見積もることを本書は重視しているが、もちろん逆のベクトルとして、戦後日本のアニメ作品がもつ表現内容が必ずしもアニメという形式やここ数十年という年代に限定されるものではない可能性にも、より拡大した視野から吟味する余地はありえよう。ただ本書の範囲ではそうした遠大な方向性の探求は保留されている。場合と視点によっては、たとえば江戸時代に成立した人形浄瑠璃（文楽）という表現ジャンルを、可能な比較対象[#11]とみなすことなどはありうるだろう。二〇世紀前半に実写映画・映像という新しいメディア・コンテンツが到来したとき、人形浄瑠璃は古い形式の表現と当時の人々に感じられたかもしれない。だが、いま二一世紀デジタル時代の私たちの感性は、身ぶりの演者と声の演者とがそれぞれ専門特化して独立に存在するという、人形浄瑠璃の専門性の高い総合芸術としての表現様式が固有の洗練を有することを、むしろ新鮮にダイレクトに理解できる面があろう。専門性の高いクリエイターたちの協業による、非写実主義的な総合芸術。稀代のシナリオライターとして近松門左衛門の名が、偉大な〝声優〟として竹本義太夫の名が、三〇〇年後のいまに語り継がれている。ただし、それらの名が歴史に残ったのは、同時代に、繊細で高水準な上演を理解し、感銘を受け、熱狂することができる観客たちがいたからなのだ。

〔参考文献〕

（1）Kermode, F.: *The sense of an ending: Studies in the theory of fiction (with a new epilogue)*. Oxford University Press, 2000.

（2）熊沢誠「過労死・過労自殺の現時点—現代文庫版へのあとがきにかえて」『過労死・過労自殺の現代史—働きすぎに斃れる人たち』四二三頁—四三四頁、岩波現代文庫、二〇一八年

#9　たとえば、見かけに反して往年の仁侠映画を髣髴させるテイストで女性間の凄惨な抗争と友愛を描ききる怪作『アキバ冥途戦争』（二〇二二年、増井壮一監督）は、もし本書の計画より早く放送されていたならば取り上げない選択肢はなかっただろう。劇場作でも、九・一一以後的なテロリズムと文明批判の表象を含む『機動戦士ガンダム　閃光のハサウェイ』第一作（二〇二一年、村瀬修功監督）——ただしベースとする原作小説は一九八九年刊行のもの——が、精緻な非常に高水準のアニメ映像として制作されており、今後公開予定の続編とともに大いに論じられるに値する対象であろう。

なお、近年徐々にアニメ作品研究文献は増加してきたものの、少なくないものがいまだに劇場作のみを対象とするという従来的な〝映画研究〟の枠組みにとどまっている。本書は深夜テレビアニメ作品と劇場作との区別を前提としないという学術的観点を採っている。三・一一以後的なイマジネイションの作品群を代表させるにあたって『君の名は。』（二〇一六年）ではなく『宇宙よりも遠い場所』を挙げたこともまた、そうした本書の方針からの選択である。

#10　歴史的過去の事実性とその非具象的な表現という問題に関しては、たとえば、川口茂雄『表象とアルシーヴの解釈学—リクールと『記憶、歴史、忘却』』三二四頁、京都大学学術出版会、二〇一二年

#11　〝比較〟対象としていることに留意いただきたい。〝影響関係〟や歴史的〝因果関係〟を客観的に学術的に論じることはそもそも原理的にほとんど不可能であろう。

第９章

戦後マンガ・アニメの方法論としての「傷つく身体」(2)

――まどかが守りたかったものとほむらが奪い返したもの

足立加勇

『サイボーグ００９』と『まどか☆マギカ』の間にある断層

第2章「戦後マンガ・アニメの方法論としての「傷つく身体」(1)」では、『サイボーグ００９』と『魔法少女まどか☆マギカ』の二作品の共通点を指摘した。しかし、共通点の列挙は、同時に両者の相違点も明らかにする。００９が、自分が生身の身体を失ったサイボーグであること、そして、自分たちが自分たちの敵と同質の存在であるということを知ったのは、物語冒頭の出来事であった。それに対し、『まどか☆マギカ』の登場人物たちがそのことに気がついたのは、物語も中盤を過ぎた頃のことであった。この違いは、サイボーグと魔法少女という二つのジャンルが持つ、根本的な違いに由来するものといえよう。

「戦争」と「平和」によって作り出される六〇年代ヒーローたちの正義

再度、六〇年代という時代を確認しよう。六〇年代のテレビアニメのヒーローたちは、「平和」を守るために「戦争」という悪に立ち向かう、という設定を共有していると、ササキバラ・ゴウは指摘する。(1)

日本で最初の巨大ロボットものテレビアニメ「鉄人二八号」(一九六三年)は、もともと旧日本軍が命じて開発されたロボット兵だった。少し遅れて始まった「エイトマン」も、ある国(原作ではアメリカ合衆国)の軍事研究所で作られた実験ロボットだ。「ビッグX」はもともとナチスの開発した新兵器であり、「サイボーグ009」は、冷戦下の戦争商人たちが儲け口として新たな戦争を起こすために開発したサイボーグ戦士たちだった。戦争という現実が、これらのヒーローたちを生み出したのだ。彼らは戦争を目的に作られた兵器であり、そのような出自を乗り越えて能力を「平和」のために使う使命を持っている。「戦後」という意識がまだ色濃く、ベトナム戦争が泥沼化していった六〇年代のヒーローたちの「正義」を担保していたものは、戦争という巨大な現実の向こう側に見られていた「平和」だった。この時代の作品の作り手にとってそのような発想は特別なことではなく、ごく自然な、広く共有されていた認識だったと思われる。

六〇年代において大きな社会的影響力を持った反戦運動は、戦争の記憶を惨禍の記憶として掘り起こし、惨禍の記憶は、日本人は平和の敵として断罪されたのだ、という事実を我々に突きつける。

「戦争を目的として作られた兵器」は本来的には平和の敵であり、その出自を乗り越えて平和を志向するヒーローの姿は、断罪を乗り越えて平和を愛する人間に自分を再定義しようとしている日本人の姿と重なり合うものであった。サイボーグという設定は、自分が生粋の正義の味方であることを信じることができなくなった日本人に対し、正義の味方の新たな実現方法として作り出されたものであった。この経緯を考えれば、『サイボーグ００９』の物語が、サイボーグという身体の在り方と敵との同質性の自覚から始まり、平和を愛する人間への再定義をその主内容としたものになったことは、ごく自然な成り行きだったと言えよう。

しかし、七〇年代になると戦争というリアリティは急激に希薄化していく。それに伴い、ヒーローたちは、自分の「正義」を担保してくれるものを失っていった。ササキバラは、「ヒーロー的なロマン」は次第に「達成しえないもの」や「嘘にしかならないもの」に変貌していったと指摘する。

耽美と信仰が支える『美少女戦士セーラームーン』の正義

一方、魔法少女という設定は、「ヒーロー的なロマン」が明らかに「嘘にしかならないもの」になってから作り出されたものであった。魔法を使う少女が主人公として活躍するという物語の類型そのものは、一九六六年のテレビアニメ『魔法使いサリー』で始まったとされるが、『サリー』のヒットを追いかける形で作られた作品群は、平和な日常を舞台とするものであった。魔法少女が正義の味方の一類型となったのは、一九九二年の『美少女戦士セーラームーン』からのことである。

九〇年代のアニメの特徴は、七〇年代後半から八〇年代前半にかけて起こったアニメブームの成果を踏まえて作られていることにある。アニメブームでは、「宇宙戦艦ヤマト」シリーズや、「機動戦士ガンダム」シリーズなどのスペースオペラが流行し、その壮大な世界観が人々を魅了した。その影響を受けた『セーラームーン』もまた、それ以前の魔法少女ものにはない、壮大なスケールを持つ世界観を保有していた。主人公・月野《つきの》うさぎは、現在はただの中学生であるが、その前世は、超古代に太陽系を支配していた月の王国のプリンセスであった。そして、未来の世界において、彼女は地球の救世主となり、この地上に千年王国を実現するとされる。うさぎが女王となった千年王国では、人々は永遠の命を得て、この地上からはすべての悲劇がなくなるという。

しかし、この『セーラームーン』の壮大な世界観は、アニメブーム時のスペースオペラと異なる性質も持っていた。それは、スペースオペラがSFであるのに対し、『セーラームーン』の世界は科学とは相容れない魔法によるものであった、ということである。アニメブーム時のスペースオペラも、オカルトと耽美に彩られたものではあった。「ヤマト」シリーズの頂点といわれる映画版『さらば宇宙戦艦ヤマト　愛の戦士たち』（一九七八年）では、死んだ人間が生き返る、という奇跡が起こり、「ガンダム」シリーズでは、ニュータイプという超常の力が登場した。しかし、『さらば宇宙戦艦ヤマト』の奇跡は、主人公が死の間際に見た幻影として描かれ、作品の科学的リアリティはかろうじて保持された。「ガンダム」シリーズのニュータイプは、超能力や新人類などのSF的想像力の延長線上にあるものとして語られた。

それに対し、『セーラームーン』の世界観はオカルトと耽美そのものであった。SFは「科学」という現実を現実的に扱う学問と結びついているジャンルであるがゆえに、作中に描かれるものが「達成しえないもの」であったり、「嘘にしかならないもの」であったりすると、それは瑕疵として批判の対象とされる。実際、その文脈によって、『ヤマト』や『ガンダム』はしばしば批判を浴びた。しかし、魔法少女は最初から「達成しえないもの」であり「嘘にしかならないもの」であった。それゆえ、彼女たちも、彼女たちが生きる作品世界も、現実離れしていることを理由とした批判を受けつけなかった。

そして、この壮大な世界観は、同時に、主人公の正義の絶対性を担保する。月野うさぎが持つ諸設定は、神の子でありながら人間界に人間の子として現れ、未来においては千年王国を実現するというイエス・キリストの物語と酷似している。イエスが人々に愛と福音をもたらすように、月野うさぎもまた、愛の体現者として登場人物たちに救いをもたらす。この信仰は、ファンが主人公たちを支持し続ける限り失われることはない。この信仰によって、彼女らは、純粋な正義の味方であり続けることができるのである。

戦いからの惨禍の排除

『セーラームーン』に続く魔法少女ものの諸作品もまた、『セーラームーン』のフィクショナルなものによって己の正義を担保するという手法を踏襲した。例外はあるが、基本的に魔法少女は純粋無垢な正義の味方であった。この点において、サイボーグと魔法少女は対照的な存在だと言える。

敗戦の経験は、「純粋な正義などというものはありえない、みなが同質に悪の要素を持つのが現実である」という認識を生み出す。その認識ゆえに、ヒーローたちは、悪と同質の存在である自分が、ヒーローと呼ばれるにふさわしい存在になるにはどうすればよいのか、という難問に直面することになった。その難問を解決するための方法の一つがサイボーグという設定であった。それに対し、魔法少女は、フィクショナルなものに対する視聴者の同意と支持によって成立するキャラクター類型である。それゆえに彼女たちは、現実を根拠にして生み出された認識を気にすることなく、主人公が純粋な正義の味方であることを前提とした物語を構築することができる。

従来的な魔法少女ものでは、現実の戦争の様相を作中に生じさせかねない戦いの惨禍は排除される。その典型例として、日本の少女向けアニメの中で最長寿といわれ、現在も最新作が放映中である「プリキュア」シリーズが挙げられよう。プリキュアと呼ばれる正義の味方に変身する中学生の少女たちの活躍を描いたこのシリーズの魅力を加藤レイズナは次のように語る(2)。

『ふたりはプリキュア』(筆者註：「プリキュア」シリーズの第一作)を観て、最初に目を引いたのは、『ドラゴンボール』や『エアマスター』を手がけた西尾大介監督ならではの徒手空拳による激しいバトルアクション。一発一発、相手の内臓にズシリと響き渡るような重いパンチを繰り出すキュアブラック。敵の攻撃を軽くいなし自分の倍はある相手を投げ飛ばすキュアホワイト。なぜ、かわいい女の子たちがこんな攻撃を……? と度肝を抜かれた。しかし、ただ闇雲に格闘しているわけではない。女児向けなので、子どもたちに痛いシーンはなるべく観せたくない。しかしアクションをするからにはダメージの表現は不可欠。そこで、顔面への攻撃は絶対にしない。ダメージはプリキュアたちが吹っ飛ばされた先の壁やビルが壊れることで表現する。「女の子だって暴れたい」をテーマに始まった『ふたりはプリキュア』。子どもたちに男女の違いなんてない。女の子だって、男の子と同じように走りまわって遊ぶのが好きなんだ。その想いは見事に通じ『プリキュア』は女の子たちの憧れのキャラクターとして定着することになった。

「子どもたちに男女の違いなんてない」を理由にして、激しいバトルアクションを描く『ふたりはプリキュア』は、「女児向け」を理由にして、見る人に暴力性を感じさせる顔面への攻撃や身体が傷つく表現を作品から排除する。その排除は、戦いの惨禍が作中で生じることを未然に防ぐ効果を持つ。のちのシリーズになると、パンチやキックなどの表現はより軽いものとなり、プリキュアの戦いが持つ暴力性はさらに薄められる。近年のシリーズでは、プリキュアたちの必殺技も敵を倒すためのものではなく、敵を浄化して救済するものとなっている。必殺技をくらった敵は歓喜の表情を浮かべながら消えていく。

『まどか☆マギカ』における魔法少女の実現

このような戦いの惨禍の排除は、視聴者の感動を最大値にしつつ、視聴者に疑問を抱かせないような犠牲の描写を実現するための手段として、有効性を持つものと言えよう。しかし、この手法は、魔法少女という設定に大きな制限をかけるものでもある。魔法少女はフィクションという領域の中に閉じ込もり、現実の私たちからは絶対に手の届かないものとなることで、その存在が維持される。

『まどか☆マギカ』は、その制限に挑戦した作品であった。『まどか☆マギカ』は、巴《ともえ》マミの死や、美樹《みき》さやかの挫折など、戦いの惨禍を積極的に物語に導入していった。この導入によって、九〇年代的設定である魔法少女の中に、戦後マンガ的な「傷つく身体」が出現する。その出現によって、『まどか☆マギカ』は、「作品自体が批評的」と呼ばれるような作品になることができたのである。

その批評性を理由に、『まどか☆マギカ』を革命的作品と評する人も少なくない。しかし、その批評性を作り出す手法自体は、第2章で述べたように、決して新しいものではない。『まどか☆マギカ』は、『サイボーグ009』に代表される戦後日本のヒーローたちの伝統を忠実に受け継ぐ作品なのである。また、『まどか☆マギカ』の批評性は、魔法少女というジャンルを批判・解体する性質を持っていない。現実の戦争の影響を受けた六〇年代テレビアニメの方法が、ヒーローを否定するものではなく、「平和」という観念を利用してヒーローを肯定するものであったように、『まどか☆マギカ』の方法もまた、魔法少女とその正義を肯定するものであった。

六〇年代のヒーローたちの「平和」に対し、鹿目《かなめ》まどかたちが掲げた正義の根拠は「願い」とその「願い」を尊重することによって維持される「友情」であった。作品のクライマックスでまどかがとった行動は、悲惨や犠牲から少女たちを救うために魔法少女をなくす、というものではなかった。彼女は、少女たちが魔法少女となるにいたった理由、すなわち「誰かのために役立つ自分になりたい」「死にたくない」「家族を守りたい」「愛しい人の役に立ちたい」「友人を窮地から救いたい」という彼女たちの「願い」そのものは正当なものであり、その正当さゆえに魔法少女は肯定されねばならない、と主張する。まどかは、自身を宇宙の法則に変えることで魔法少女たちの魔女化を阻止する、という手段によって、魔法少女を肯定可能なものに作りかえようとする。まどか役の声優・悠木碧は、まど

かの行為を次のように評する。(3)

彼女がどうしても決断しなきゃいけなかったのは、「魔法少女になって何をするか」なんですけど、その時に「私が今一番、なくしてしまわなきゃいけないものって何だっけ……ああ、魔女か！」と思って、それだけは消したんですけど、でも救っているのは結局、魔法少女だけなんですよね。そこに彼女の幼さや世界観の狭さが表れているし、世界を誰か一人に背負わせることの重さをどの程度、理解していたかは分からない。

まどかのとった行動は、たしかに魔法少女たちをその最大の悲劇から救うものであった。しかし、それは少女たちを戦いの宿命から解放するものではなく、むしろ逆に、戦い続けることを要求するものであった。

魔女をなくすことが目的ならば、もっと他の方法もあるはずである。たとえば、魔女が生まれたそもそもの原因は、キュゥべえが魔法少女を作ったことにあるのだから、キュゥべえの地球への干渉を阻止すれば、魔女を消滅させることができるはずである。

『まどか☆マギカ』のDVDのリーフレットには、蒼樹うめによるパロディ四コマが掲載されているが、最終巻収録の『裸はまぬがれた』は、その方法を実施した結果を描いたものであった。キュゥべえは、自分たちが地球に干渉しなかったならば、少女たちの「願い」は実現することがなく、その結果、人類の進化は遅れ、「君たちは今でも裸でほら穴に住んでたんじゃないかな」と言う。だが、まどかは、キュゥべえと地球のつながりを断つことを願う。驚くキュゥべえに、まどかは「あなたたちと出会わなくっても、きっと私たちは進化できたもの」と答える。しかし、四コマ目に描かれたまどかは、ほら穴で暮らす原始人になってしまっていた。ただし、彼女は毛皮をまとっており、裸ではなかった。

これはあくまでもギャグであるが、このような結末も可能性としてはありえたはずである。少女が我が身を犠牲にすることによって世界を守り続けるという歪さと、世界を誰か一人に背負わせることの重さを解消する、という点に関しては、むしろ、こちらのほうが優れた解決方法ではないだろうか。しかし、本編のまどかがこのような決断をすることはありえないことであろう。なぜなら、この結末では、魔法少女という存在が概念ごと消滅するからである。

まどかが宇宙の法則となった世界では、力尽きた魔法少女は魔女化するのではなく、現世から消えることになる。まどかは、最後を迎えた少女たちの前に彼岸への案内人として現れる。力を使い果たしたさやかの前に現れたまどかは、彼女に未来を見せる。その未来では、彼女が命をかけて救おうとした想い人・上条《かみじょう》 恭介《きょうすけ》が、自分の夢（さやかの夢でもある）を実現して一流のヴァイオリニストになっていた。しかし、恋人として彼を支えるのはさやかではなく、さやかの親友である志筑《しづき》仁美《ひとみ》であった。消滅前のさやかにまどかは語る。

さやかちゃんを救うには何もかもなかったことにするしかなくて、そしたら、この未来も消えてなくなっちゃうの。でも、それはたぶん、さやかちゃんが望む形じゃないんだろうなって。さやかちゃんが祈ったことも、そのために頑張ってきたこともとっても大切で、絶対、無意味じゃなかったと思うの。だから……。

さやかの親友として、彼女の戦いを見てきたまどかは、さやかのこれまでの行為をなかったことにはできない、と考える。それゆえに、さやかが自分の命をかけた魔法少女という枠組みも維持されねばならない。そのような維持を必要としているのは、さやかだけではない。巴マミもまた必要としている。自分たちの戦いを何らかの形で肯定したいと願っている、すべての魔法少女たちが必要としている。そして何より、かつては魔法少女に憧れを抱いていたまどか自身が、その維持を必要としているのである。

魔法少女が純粋な正義であることを否定した『まどか☆マギカ』は、『セーラームーン』や「プリキュア」シリーズに対するアンチテーゼ、という一面をたしかに持っていた。しかし、魔法少女を憧れの対象として維持し続けることを志向する、という点においては、『まどか☆マギカ』は、「プリキュア」シリーズと同じく、『セーラームーン』を継承するアニメであった。

しかし、この魔法少女を肯定するためのまどかの行動は、続編『劇場版魔法少女まどか☆マギカ［新編］叛逆の物語』（二〇一三年）で批判を受けることになる。まどかを愛する暁美《あけみ》ほむらは、まどかが宇宙の法則になってしまったことに納得せず、力ずくで彼女を人間の少女に戻してしまう。ほむらの行為は、魔法少女たちを再び魔女化の脅威にさらす暴挙であった。正しき魔法少女であることを目指してきたさやかは、ほむらを詰るが、さやかもまた、ほむらの暴挙によって、彼岸の向こうにある概念としてではなく、身体を持った存在として現世に再生することになる。恭介と仁美に再会し、二人と挨拶を交わした彼女は、身体を以て大切な人たちと接することの幸せに感動し、涙を流す。

さやかの感動は、まどかの行動が魔法少女たちに救いをもたらすものであると同時に、彼女たちから大切なものを奪い取るものでもあったことを示す。まどかの行動は魔法少女たちから魔女になりうる身体を奪った。魔女になりうる身体は、人間としての身体を奪われた少女たちにかろうじて残された、最後の「傷つく身体」だったのである。

繰り返される「傷つく身体」の獲得と喪失。そして、魔法少女の新たな可能性

大塚英志は、「傷つく身体」を描くという行為が、記号的な図像に過ぎないキャラクターに身体性と、読者が感情移入することが可能になるだけの内面性を与えたのだと論じた。その議論は戦後マンガの方法論を提示するものであり、その方法論は、『まどか☆マギカ』においても有効に機能した。『まどか☆マギカ』において「傷つく身体」は、フィクショナルな存在に過ぎない魔法少女に生々しい身体性を与えるものとして機能した。「傷つく身体」の獲得によって、魔法少女たちは、自分たちの正義を保証してくれるものを喪失し、敵である魔女と同質化してしまったが、その喪失と同質化こそが、視聴者のより親身な感情移入を可能にするものであった。

しかし、敗戦は覆ることのない現実であるが、魔法少女は人々の気持ち次第で変わりうる空想である。それゆえに魔法少女たちの身体と正義は揺れ動き続けた。『まどか☆マギカ』のクライマックス

歌詞　ピノキオピー『魔法少女とチョコレゐト feat. 初音ミク』(4)

(前略)
可愛い衣装まとって　決めポーズで光って
ピュアな想い　魔法に変えて
みんなの平和願って　邪悪に立ち向かって
それを匿名はディスった

「本当は〇〇なんでしょ？」
「ぶっちゃけ〇〇なんでしょ？」
自分がそう思うから
みんな〇〇であって欲しいんでしょ
そんな手垢のついた　よくある風評で
錆びつく魔法のステッキ

知らん　知らん

はぁ　正直もうやめたい（はぁ）
魔法少女をやめたい（はぁ）
誰が敵か味方かわかんないし
「陰険」で　「強欲」で　「滑稽」で　「外道」で
魔法がとけるチョコみたいに
(後略)

で、魔法少女たちは、まどかの決断によって再び身体性を喪失すると同時に、自分たちの戦いを正当化する根拠を再獲得した。続編やスピンオフ作品においても――『叛逆の物語』が最も明瞭な例であるが――さまざまなレヴェルでの身体性の獲得と喪失が発生する。その身体性の獲得によって、魔法少女たちは、自分たちの正義を保証してくれるものを喪失し、逆に身体性の喪失は、保証してくれるものの再獲得を実現する。

獲得と喪失は、現在においては魔法少女を実現する方法論の一つとなっている。その一例として、キノピオピーのボカロ作品『魔法少女とチョコレゐト　feat. 初音ミク』(4)を見てみよう。

ネット上の「風評」によって人が傷つけられ、ときには死にまで追いつめられることは、現在、大きな社会問題となっている。『魔法少女とチョコレゐト』の魔法少女は、現実の社会問題である「風評」によって傷つき、純粋さを失っていく。しかし、彼女が傷ついた瞬間は、魔法少女というフィクションが、身体性、及び、現実とのアクチュアリティを獲得した瞬間でもあった。その身体性とアクチュアリティゆえに、魔法少女の訴えは視聴者に刺さる。

日本人にとって第二次世界大戦は遠い過去のこととなり、敗戦の記憶も薄れつつある。しかし、戦争という現実から生み出された「傷つく身体」の在り方は、フィクショナルなキャラクター類型に血肉を与えるための方法論として、現在も大きな役割を果たしているのである。

〔参考文献〕

（1）ササキバラ・ゴウ「おたくのロマンティシズムと転向――「視線化する私」の暴力の行方」大塚英志責任編集『新現実 v.3』一五三―一五四頁、角川書店、二〇〇四年

（2）加藤レイズナ「シリーズを重ねるごとに〝進化〟する「プリキュア」シリーズ」『別冊オトナアニメ 魔法少女マガジン』四四頁、洋泉社、二〇一一年

（3）悠木碧、斎藤千和（司会・構成 上田麻由子）「この世でひとつだけの、かけがえのない絆」『ユリイカ』四三巻一二号、三二頁、二〇一一年

（4）ピノキオピー『魔法少女とチョコレゐト ｆｅａｔ．初音ミク』(https://www.youtube.com/watch?v=T2kS1gAbxhc)［二〇二二年八月三〇日閲覧確認］

第10章

祈りつつ戦う者たち

──『魔法少女まどか☆マギカ』考

上尾真道

平和な日々の気分の崩壊

『魔法少女まどか☆マギカ』(二〇一一年)は何より、一クール計一二回を通じて綿密に構築されたストーリー展開の妙によって、二〇〇〇年代以降のアニメ作品のうちでも類まれな評価を得た作品であった。とくにストーリーテリングに関して二つの重要かつ印象的なトリックが施されており、まずはその第一のものについて確認することから作品の分析を開始していこう。それは作品の導入となる第一話から第三話にかけての仕掛けである。

さしあたり導入部のあらすじをまとめてみれば、次のようになろう――戦いの夢から目覚めた一四歳の少女である鹿目《かなめ》まどかは、不思議な雰囲気を湛える転校生と会ったその日を機に、見知らぬ生き物に導かれながら魔法少女の戦いの世界へと足を踏み入れていく――このように書く限り、『魔法少女まどか☆マギカ』の導入部は、すでに長らく「魔法少女もの」としてジャンルを形成してきたものに由来する期待をさほど外れていない。[#1] また、蒼樹うめによるキャラクターデザインは、監督の新房昭之の過去作『ひだまりスケッチ』(二〇〇七年)の牧歌的雰囲気を思い起こさせ、その連想は、さらに第一話、第二話のエピソードの終わりに、蒼樹の原画を映しつつ流れるＥＤ(まどかのキャラクターソング)の暖かく緩やかな曲調によっても強められることとなった。

もちろん、これらはすべてミスリーディングである。そこで罠にかけられようとしているのは、これまでのように、幾多の魔法少女たちの戦いの連続のうちに勧善懲悪的平和の絶えざる回帰を認めながら、少女たちの変わらぬ日常の継続を期待する観客のまなざしである。巴《ともえ》マミの首無し死体の落下が第三話の終わりを告げるとき、作品は、そんな幻惑からの覚醒を宣告して、物語を新たに始動させる――真の主題歌の重たいリフを鳴り響かせながら。

終わりなき平和な日常――これは作品全体の最奥に設えられた背景であり、そこから発して物語は、この平和の裂け目であるようなさまざまな葛藤のレイヤーを重ねていくことになろう。第二話において美樹《みき》さやかは、この最奥の層に住まう者たちを「幸せバカ」という言葉で表現している。つまり命

#1　本作とジャンルの関係については以下を参照。小川びい、泉信行「更新される「魔法少女もの」―アニメ史における『まどか☆マギカ』」『ユリイカ』四三巻一二号、一八〇―一九四頁、二〇一一年。またこの導入部は、このジャンルとも交錯する異世界転生戦士の物語の長い系譜からも考察されよう。以下を参照。浅羽通明『天使の王国―平成の精神史的起源』一〇―三二頁、幻冬舎文庫、一九九七年

と引き換えにしてでも叶えたい望みなど見つけられない者たちのことだ。それはまた、主人公・まどかの無力さの気分として、物語を通じて繰り返し回帰する。「わたしってどんくさいし何の取り柄もないし。だからマミさんみたいにかっこよくてステキな人になれたら、それだけで十分に幸せなんだけど」（第三話）。タイトルと裏腹に、物語の最後まで魔法少女になることのないまどかは、このように何者にもなれない者として、作品の磁場の一極をなしている。

この無力な平和は、実際のところ作画の水準においては、キャラクターを包み込む（スケールのギャップがしばしばあからさまなほど）巨大な背景の描写に反映されているように思われる。たとえば、デジタル設備を整えた学校は、白い垂直線と透明な壁によって仕切られた緩やかな檻のようである。また学校の屋上の風景は、威風堂々と聳え立つ尖塔に見張られた、同じく白い檻と見える。このように幾何学的に設計された「舞台」は、またしばしば止め絵として挿入されるとき、不動で固定的なこれら環境がたたえる圧力を印象づける。さらに作品を通じて画面の前景には、しばしば黒い複数の直線の影によるフレーミングが施され、そのさまはあたかもキャラクターに封が施されるかのようだ。あるいは我々観客のまなざしが、そうしたハコに少女たちを囲っているとでもいうかのようである。

そうすると、作品が第一に試みていることとは、我々が「魔法少女」なるものに最初に寄せる期待それ自体が檻であることを示しながら、この檻の破綻の瞬間を現出させようとすることである。平和な気分の崩壊が、グロテスクで過酷な争いのレイヤーを画面に湧出させる。このとき、劇団イヌカレーによる、魔女の「結界」の視覚表現は決定的に重要な意味を持つだろう。[#2] シュルレアリスティックと呼ぶのがふさわしい（たとえばヤン・シュヴァンクマイエルの同時期の映像を思い出させる）[#3] コラージュ表現による魔女の結界では、日常の幾何学的秩序とは対照的に、不如意な有機的形態が、すでにどこかで用いられた視覚表現から切り取られた断片を、貼り合わせることで作られている。コラージュが、出会うはずのなかった過去のイメージ同士に不意の出会いを与えるものである限りにおいて、魔女の結界とは「場違い」なものの場であろう。様式化され制度化された「アニメ」的画面に対し、かつて描かれたものの断片を動員することで、フランケンシュタイン博士よろしく、アニメーションというメディアに固有の死者蘇生的な側面が持ち込まれる。このようにして魔女の結界は、日常という「夢」をひび割れさせる、もうひとつの「現実」の舞台を設営する。

結界とは、それゆえ、平和な世界が目を伏せるおぞましきものが蠢くレイヤーである。さらに劇団イヌカレーの同じ表現は、魔女の結界とは別に二つの重要な場面において登場する。そのひとつは、第一一話における「家畜」をめぐる議論である。それは平和裡に構築された現実、たとえば四角形のパッケージに包装されて秩序だって並べてある現実のすぐ向こうに、支配と服従、搾取と抑圧、捕食と犠牲という別の暴力的現実が横たわっているさまを暴くだろう。また、別の重要なシーンのひとつが、第七話における佐倉杏子《さくらきょうこ》の回想シーン、彼女自身が魔法少女となったときの「願い」とその絶

#2　劇団イヌカレーの視覚表現についての興味深い考察として以下。中田健太郎、長岡司英「螺旋の理に導かれて」『ユリイカ』四三巻一二号、一〇九―一三四頁、一四三―一六一頁、二〇一一年

#3　Jan Švankmajer: Surviving life, 2010. シュルレアリズムにおけるコラージュについては、A・ブルトンが以下に寄せた緒言を参照せよ。マックス・エルンスト（巌谷国士訳）『百頭女』一四―一六頁、河出文庫、一九九六年

望が語られるシーンである。傷ついた杏子の記憶の再生もまた、魔女の結界と似た死者蘇生の契機である。ただしここでは、かろうじて杏子がこれを自身の手で制御していることが、この回想がひとつの紙人形劇の形式を取ることで表現されていよう。

このように平和に制度化された「アニメ」と、おぞましい古物の再生的アニメーションとのあいだで『まどか☆マギカ』の物語は進行する。そして、この二つの平面を縫合する五つの針が、やはり固有の作画スタイルを与えられることで第三の存在論的レイヤーを主張する、魔法少女というキャラクターたちである。

奇跡の対価

この作品において魔法少女たちは、それぞれの仕方で二つの異質なレイヤーのつなぎ手となる。それは、彼女らが「願い」や「祈り」によって制度的現実の改変に手をつけたがゆえだ。作品の（偽の）マスコット役を務める媒介者「キュゥべえ」は、これを「契約」と呼ぶ。しかしこの契約の性質はどのようなものだろうか。作品は、とりわけ中盤において、巴マミ、美樹さやか、佐倉杏子の三つ巴を通じて、その構成を描いていく。

最初の魔法少女である巴マミは、契約後の生を亡霊的な孤独として提示する。致命的な事故で独り生き延びることを願いとして魔法少女となった彼女は、しかしその契約のあとでは、かつて自分が生きた現実に安住するのではなく、他者と共有不可能な別の生（魔法少女の生）のうちで寂しさに苛まれている。まどかとの対話で彼女は言う。「憧れるほどのものじゃないわよ、わたし、無理してかっこつけてるだけで怖くてもつらくても誰にも相談できないし、ひとりぼっちで泣いてばかり、いいものじゃないわよ、魔法少女なんて」（第三話）。

この告白のあと、彼女には、まどかというパートナーを得てこの孤独を糊塗するという道がひととき開かれた。しかしマミの「生きるために生きる」というトートロジーの孤独を、まどかの「魔法少女になりたいからなる」という別のトートロジーで裏づけたところで、それは、取り戻すべき生の回復ではなく、むしろ彼女たちの孤独を二重化することにしかならないだろう。

それなら魔法少女であることの孤独について、その補償を、願いの受益者である現実の側に求めることは可能だろうか。続く二人の魔法少女の物語は、まさにこの「制度的現実」の側にある「誰か」に、この補償を求めることの挫折にかかわる。

さやかと杏子が魔法少女となるのは、「誰かのために」と願うことを通じてであった。しかしそのとき、マミがすでにその混同に注意を発した二者択一が問題となる。すなわち「誰かのために」という願いは、「誰か」が救われることを願うのか。それとも、誰かを救うことで自分が救われることを願っているのか。この二択は、自分と誰かの調和的関係のもとでは、ときに同じ効果を持つかもしれない。しかしもちろん事態は常にそうではなく、誰かを救うことで自分が救われないという契機が、二択に分裂をもたらす。作品では、さやかと杏子がまさしくこの同じ傷を起点に、互いに異なる歩みを示す。かたや杏子は「他人のために魔法を使ったりしない」（第七話）と決意し、かたやさやかは「絶対に自分のために魔法を使ったりしない」（第八話）と宣言する。

この対称性は、魔法少女という孤独を「誰か」に償わせるための、二つの理屈の対称性として描き出される。杏子は「誰か」と「自分」のあいだに種差を見つけ、そこに生態学的循環を見つけ出すことで折り合いをつけようとする。すなわち人間たちであるような「誰か」とはもはや異なる種として、魔法少女たるみずからを位置づけるのだ。父親に「魔女」と呼ばれた彼女は、実際、人間を間接的に捕食することで負債のバランスを取り戻そうとする。杏子にとって魔女との戦いは、みずからが手放したものを、人間喰らいの魔女を挟んで、人間たちから間接的に取り戻す食物連鎖である（第五話）。またそうして、彼女は、出どころを大っぴらに言えない食物（リンゴ）を、いとも大切に食するのである（第七話）。

これに対してさやかの決断は対照的である。彼女は、そうしたリンゴに口をつけることを拒絶し、人間たちの「応報的正義」にとどまり続けることを望む。みずからの貸しが、人間たちのエコノミーのうちで相応に報われることに期待するのである(1)。

さやかによる「正しさ」への固執は、第六話で、まどかと母・詢子《じゅんこ》の対話において先取り的に問題とされていた。「正しいことを頑張ろうとすればするほど、どんどんひどいこと」になる友人を気遣うまどかに対し、母は「正しすぎるその子のぶんまで誰かが間違えてあげればいい」と助言する。さて、この助言に由来する介入は、まさしく人間的正しさに対して、魔法少女のどこが間違っているかを浮き彫りにすることとなる。さやかのソウルジェムを奪って投げ捨てるというまどかの行動が、彼女らの身体がすでに魂を抜き取られた死体であることを暴くのだ。

このことはさやかの正しさ、公平さへの固執を報われがたいものとする。というのも、さやかは、自分が奇跡を願った相手である上条《かみじょう》恭介《きょうすけ》に対して、もはやフェアな交換相手になりえないと自覚するようになるからだ。「わたし何もできない。だってわたし、もう死んでるんだもん。ゾンビだもん」「こんな身体で抱きしめてなんて言えない。キスしてなんて言えないよ」（第七話）。なぜ言えないのか。それは魔法少女の身体が痛みを知らないからである。感性を理性的操作の対象として従えてしまったその身体は、交換の尺度たる人間的「必要（ニーズ）」にもはや縛られない。死んだ記号の羅列に過ぎず、天秤の皿をいかようにも好きなとおりに傾けることができるだろう。「必要」に基礎づけられない身体は、それゆえ誰かに「要求」することもない。こうしてさやかは、まさにそのようにみずからが不公正なることを、影の魔女の結界の中で徹底的に確かめずにはいられないのである。

こうしてマミの孤独を、捕食者・杏子とゾンビ・さやかとが二人がかりで追認する。魔法少女とは、その奇跡の代償に、秩序だった制度的現実から弾き出されながらも、その報いをどこからも取り戻しえない者たちである。

魔女狩り

しかし魔法少女たちが戦うのは、何より平和な日常のため、人間たちのためではなかったろうか。契約はあまりに一方に偏りすぎており、理不尽ではないか。しかしこの理不尽は、そもそも「願い」あるいは「祈り」なるものに備わるように思われる。というのも「祈り」とは、別の「世界」のあり方を一挙に志向し、産み出そうとすることで、まさしく祈る主体であるような己ただ独りをその世界から大きく引き離す、ある種の不遜な行為であろうからだ。「誰かの幸せを祈ったぶん、他の誰かを呪わずにはいられない」（第八話）。このさやかの台詞は、「他の誰か」を「自分自身」と捉えてこそ、魔法少女という存在の意義を照らすものとなるだろう。

実際、魔法少女はまさにみずからを呪うことで魔女となる。電車で乗り合わせた男性たちによる、ひとりの女性を悪しざまに語る会話を聞き、さやかは、この世界に守る価値があるのかと問うて、自身を「バカ」と罵りながら魔女となる。このとき男性たちの会話は、人間たちの制度的現実が語る言葉として聞かれている。「言い訳とかさせちゃダメっしょ。稼いできたぶんはきっちり全額貢がせないと」（第八話）。さやかの「祈り」は、実際「貢ぎ」に他ならない。すぐのちに作品中で明らかになるとおり、魔法少女たちの「祈り」は、宇宙全体のエネルギーシステムが虚無へ陥ることを防ぐため、理性的存在者たちによって文字どおりに搾取されるものである。「祈り」は、一方で理性的秩序の創出と安寧に貢献しつつ、他方で「感情」としては消費され捨てられる「消耗品」である。「希望と絶望の相転移」とは、まさにこの産み出される世界と産み出す祈りの力そのものとの亀裂を指すのであろう。

いわば魔法少女たちは、「祈り」という特殊な「感情」の労働者たちだ。ホックシールド以来、現代の資本主義社会が肉体労働に加えて、「感情」演技という労働をシステムの円滑な作動のために要求していることはつとに指摘されてきた(2)。喜びも悲しみも商品化される社会では、やがて演技と素との区別も消え、移ろい変わる表情筋の煌めきしか残るまい。「感情」の強度はそこでは、キュゥべえの言うように、ある種の「精神疾患」とさえみなされよう。魔法少女たちは、この希少資源を運ぶ狂った蜜蜂で、宇宙の安定の犠牲に、魔女と同族殺しの争いに駆り立てられている。

こうした魔法少女と魔女の戦いの表象は、〈女〉をめぐるひとつの歴史のうちに位置づけ直すことができないだろうか。そもそも「魔女」とは、ヨーロッパにおけるキリスト教勢力の伸長における異教崇拝の制圧と切り離しえないが、とりわけ「魔女」表象の出現には、「産婆術」のように、出生の周囲に形成された女性たちのバナキュラーな知恵と技術があった。[3] 産むもの、養うもの、それゆえにこそ避妊や中絶など、死にも最接近するものとしての女性の形象が、異教の女神信仰とも絡んで畏れの対象となった。S・フェデリーチが論じるによれば、近世を端緒とする「魔女狩り」の趨勢とは、交雑的な面も持つこうした女性の生産性あるいは再生産性に対して、資本主義が加えた捕獲（本源的蓄積）の一撃である。生と身体の管理は国家と市場に囲い込まれ、女たちに由来する権力は狩り立てられたのだ。[4]

そうした観点からすると、たとえばその草分けであるアメリカのコメディ番組『奥さまは魔女』（一九六四年）が示すとおり、現代のポピュラーカルチャーにおける「魔女」表象は、近代的核家族の中の「主婦」という形ですでに無力化されたところから出発している。I・イリイチの議論を踏まえれば、主婦業とは資本主義下の男性労働者の活動を下支えするものとして組織化された「シャドウ・ワーク」に他ならないからだ。[5] そこでは「魔法」とは、せいぜい家電技術と競合するものでしかない。『まどか☆マギカ』は、このような「魔女」表象の裏に抑圧された、より怨念めいた魔女の姿を復活させる。ただし、「魔女」へ成長途中の「魔法少女」という存在によって、「魔女狩り」と異なる語りの可能性を開きながら。両者の戦いは、いわば抑圧された〈女〉への魅力と斥力の葛藤の場でもある。

こうした読解は、作品におけるその影のごとき二者関係を通じて、いっそうの強調を加えることができよう。まどかとその母との関係である。[#4] つとに注目されるとおり、この作品では、きわめて兆候的な家庭内分業が描き出される。母・詢子は男性社会に順応して働く労働者女性であり、他方、父は専業主夫を務めている様子である。戦後先進国で構築されてきたジェンダー分業は、ここで逆転されているが、ただし戯画的に誇張されつつ逆転されているに過ぎず、他方で分業という形式そのものは手つかずである。すなわち〝外で働き家を支え教訓を垂れる父〟と、〝優しく見守り家事全般をこなす母〟という典型的な役割分担自体には、いささかの撹乱もない。芝居の構造は変化しないのだ。

実際、詢子とまどかの母娘の会話において、いくら「成長」が論じられようとも、そこに〈女〉であることの問いは現れない。二人の関係は、社会的規範を備えた保護者である〈父〉と、いまだ何者でもない〈子〉のあいだでなされる自立の物語をなぞる。たとえば第一一話、まどかが決意を固め〈ワルプルギスの夜〉と戦うほむらのもとへ向かおうとする直前の母との会話のように――「テメェひとりのための命じゃねぇんだ。あのな、そういう勝手やらかして周りがどれだけ……」「ママはパパやタツヤのそばにいて、二人を安心させてあげて……」「絶対に下手うったりしないな、誰かの嘘に踊らされてねぇな」(第一一話)。

そこに不思議はない。というのも制度的現実のうちに、産み、養い、それゆえときに死に最接近するような〈女〉の場所はないと、この作品では割り切られているからだ。形式ばった父の役割、母の役割、そのようなものを誰が演じようと構わない。他方で抑圧された〈女〉は、そんな世界の亀裂に住まう戦いのプロセスの中でしか問うことはできないだろう——その救済の希望とともに。

祈られるものによる救済

しかし魔女の救済がもしあるとすれば、それを可能とするのは、まず魔女と戦うことをその目的としない魔法少女によってのみであろう。最悪の魔女の出現を前にしても「私の戦場はここじゃない」と言い残して去る暁美《あけみ》ほむらがその一人目だ。

ほむらの物語は、第一〇話で、作品のストーリーテリング上、二つ目の重要なトリックとともに語られる。そこで明かされるのは、これまで辿ってきた九話分の『まどか☆マギカ』とは、時間遡行を繰り返すたったひとりの魔法少女の長い戦いの一部に過ぎなかったということである。幾重にも重ねられた時間の巻き戻し、それは「魔女との戦い」の枠にもはや収まらない、たったひとつの指針、すなわち魔法少女まどかの救済という指針にのみ従っている。

そもそも〈ワルプルギスの夜〉の前に倒れたまどかを救うために時間遡行の魔法を得たほむらだが、その運命は三度目の時間遡行の結末においていよいよ決する。ただしそれはある種の裏切りによって

#4　まどかの母をめぐる別の解釈として以下も参照せよ。川口茂雄「カタストロフ表象の変遷、およびそれにともなうジェンダー表象の変遷?—二〇一〇年代深夜アニメ作品の学的解釈に向けての一研究序説」『トラウマティック・ストレス』一七巻二号、一七六—一八八頁、二〇一九年

決定されたものであることに注意したい。〈ワルプルギスの夜〉を退けながらも、二人して魔女化の危機に陥りつつあるとき、ほむらはまどかにこう提案する。「ねぇ、私たちこのまま二人で怪物になって、こんな世界、何もかもめちゃくちゃにしちゃおっか」（第一〇話）。「祈り」の感情のために世界から隔絶された魔法少女の絶望と憎悪が、壊して、壊して、壊しまくる魔女への共感へと移る。この提案は、ある意味、そのものとしては健全な解決といわねばならない。だが、二人で見るこの夢は、ここでいわば、まどかの裏切りにあう。彼女は隠し持ったグリーフシードによってほむらを救いながら、ほむらを決定的に縛りつけるひとつの希望を口にする。「わたしにはできなくてほむらちゃんにできること、お願いしたいから……」「キュゥべえに騙される前の馬鹿なわたしを助けてあげてくれないかな」（第一〇話）。

まどかの救済という「道標」が、こうして『まどか☆マギカ』の真の主題として前景化する。すでに聞き慣れたはずのOPテーマが、そのとき、この真の物語を詠うものとして、その意義を新たにする。

では、こうして始まる最終二話は何を語ろうとするのか。まず背景が切り替わる。つまりもはや平和な日常が足場となるのではなく、〈ワルプルギスの夜〉という破局的「災害」それ自体が「舞台装置」をなす。この最後の魔女は倒されることをその意義とするのではなく、むしろ結末の決断を引き出すための非常事態という背景を提供するのだ（であればこそ「結界」はもはやない）。

この舞台上には、互いを縛る二つのキャラクターしか上ることを許されていない。ほむらを魔法少女にしたのは、まどかとの「出会いをやり直したい。彼女に守られる私じゃなくて、彼女を守る私になりたい」（第一〇話）という願いであった。「誰か」と「自分」を同時に救済しようとするこの願いの結果、ほむらは、出口のない反復の特異点に、守るべきものとしての無力なまどかを釘づけにすることになる。しかしまた同時に、ほむらこそがそのような時間の「迷路」に閉じ込められ続けてもいるのであり、そのきっかけとは、先に見たように、己の救済を彼女に託したまどかの言葉なのである。この相互束縛の関係は、しかし円を描かない。ＯＰ映像が示唆してきたように、そこでまどかは分裂する――魔法少女である始原の原因のまどかと、魔法少女でない救済の目的であるまどかとに。この分裂のために、ほむらとまどかは出会い損ね続けるのだ。

こうして物語の問いの位相が変化する。世界との矛盾に引き裂かれた魔女の救済という中盤の問題提起から、救済を可能にする二者の出会いの可能性という問いへと。そこでの仮説は、こう表現できるだろう。祈る者が、世界に対するその行為の過剰さにもかかわらず、祈りの対象と和解することができるのなら、そのときこそ救済はありうると。ではそれはいかにしてか。この答えとして提出されたのは、祈られた対象がまさしく、魔法少女という祈る者の過剰さこそを、あらかじめもうひとつの祈りによって救済してくれることである。相手を縛る一方通行の願いの鏡像的な循環が、祈ることそのものに赦しを与える対象との出会いによって「円環」として閉じられねばならない。まどかの「祈り」はこうして、「始まりも終わりもない」ひとつの「概念」を、あるいはおそらく信仰を、世界に与えるのである。

それは、秩序化された世界から「感情」の澱として捨てられてきたあらゆる魔女たちの情動的強度を、世界に取り戻す可能性でもあろう。「祈る」行為の純粋肯定としてまどかは世界から退隠し、この新たな女神信仰のもとに、祈りつつ戦う者たち、魔法少女の存在が世界へと回復する。しかしそれは戦いの終わりを指しはしない。というのも、祈りと祈られる世界とを分裂させ、祈る者を罪深き者に変えてしまうあの呪いが、つねに撥ね除けられねばならないからだ。こうして作品は、あの創世の臨界で迎えた奇跡的出会いの痕跡を己のうちに宿す者たちに向け、終わらない戦いを告げ知らせるのである。

〔参考文献〕
（1）アリストテレス（高田三郎訳）『ニコマコス倫理学（上）』一八六―一八八頁、岩波文庫、一九七一年
（2）A・R・ホックシールド（石川准、室伏亜希訳）『管理される心―感情が商品になるとき』世界思想社、二〇〇〇年
（3）上山安敏『魔女とキリスト教―ヨーロッパ学再考』一九七―二一〇頁、講談社学術文庫、一九九八年
（4）シルヴィア・フェデリーチ（小田原琳、後藤あゆみ訳）『キャリバンと魔女―資本主義に抗する女性の身体』二九〇―二九六頁、以文社、二〇一七年
（5）I・イリイチ（玉野井芳郎、栗原彬訳）『シャドウ・ワーク―生活のあり方を問う』岩波書店、一九九八年

コラム

『ソードアート・オンライン』にみられる〈戦い〉の表象
——死の現実への抗いと二つの世界のせめぎあい

加藤之敬

本来であれば実際の死とは縁遠いはずの仮想現実の世界において、現実世界以上にリアルに迫って来る死の現実——『ソードアート・オンライン』(二〇一二年)の世界にあらわれているのは、まさにそうした逆説である。

主人公(キリト)たちは、VRMMORPG「ソードアート・オンライン」の世界に閉じ込められてしまう。そこでは、ゲーム内での死が現実の死と直結している。ゲームの世界でヒットポイントがゼロになってしまえば、プレイヤーがゲームのために装着している端末(「ナーヴギア」)によって脳を破壊され、現実世界でも死を迎えることになってしまうのである。

いうまでもなく、本来であれば、ゲームの世界で死んでしまったからといって現実に死んでしまうわけではない。ゲームオーバーになってしまったとしても現実世界のプレイヤーはゲーム内の死とは切り離されており、コンティニューすれば(あるいは蘇生の呪文をかけられれば)ゲーム内のキャラクターも復活することができるというのがゲームの世界のお約束だ。しかし、設定を改変されてしまった「ソードアート・オンライン」の世界では、ゲームの中で一度死んでしまえば現実の世界でも同様に、その命を奪われることになってしまうのである。

そうなると、ゲームの世界においてこそ、かえって死が現実的な問題として立ち現れてくるという逆説的な現象が生じる。その原因は主に二つあると考えられる。

第一に、現実とは異なり、ゲームの世界では死の危険にあえて身を置くことが自明のこととして、むしろ、ゲームの目的のひとつとして組み込まれてしまっているためである。たしかに、現実の世界でも我々は常に死の危険にさらされている。しかし、我々は意識的にせよ無意識的にせよ、そうした危険を極力回避するように立ち回る傾向にある。また、我々は常日頃から死の危険を直視し続けて生活しているわけではない（そもそも、そんなことをしていては日々の暮らしは立ち行かなくなってしまうだろう）。それに対して「ソードアート・オンライン」では、このような命の危険にあえて身を置くことが世界の仕組み・成り行きに組み込まれてしまっている。ゲームをクリアするためには、命の危険にさらされなくてはならない。少なくとも「攻略組」と呼ばれている、ゲームクリアに本気で立ち向かっているプレイヤーたちにとって、この危険は不可避のものとして突きつけられることになる。

第二に、本来であれば定量化・可視化できないはずの命が、ヒットポイントという目に見える形で提示されるためである。現実の世界で私たちは「あとどのくらい無理をすれば死んでしまうのか」といったことを直感的に知ることはできない。しかし、「ソードアート・オンライン」の世界には、厳密に数値化された命の総量としてヒットポイントがあり、これがゼロになってしまえば、機械的に（振れ幅もなければ、情が介在する余地もなく）、現実での死を迎えることになってしまうのである。実際、作中でもこのヒットポイントを表すバーの減少を演出に用いることで、無情に差し迫って来る死を表現しているシーンがある。「自分があとどれだけで死んでしまうか」を可視的に捉えることができてしまい、しかも、その総量が実際に減少していくさまを見せつけられることは、差し迫りつつあるみずからの死の現実を突きつけられることに他ならない。

このように「ソードアート・オンライン」の世界では、死が現実世界以上にリアルな問題としてプレイヤーたちに立ちあらわれてくる。死の現実に対する恐怖は、プレイヤーたちに重くのしかかり、その心に傷を負わせる可能性を有している。主人公たちは、こうした死の現実に抗いながら冒険を続けていくのである。

それでは、まさに命がけで、主人公たちが目指しているものは一体何なのか。それは現実への帰還である。「ソードアート・オンライン」の世界にある迷宮「アインクラッド」を第一〇〇階層まで踏破することがゲームクリアの条件であり、それによって現実世界へと戻ることができるようになる。主人公たちは、現実世界への帰還を目指して、その生命を賭して冒険を続けていく。

しかし、ここにはひとつ、ある価値観が自明のこととされているように思われる。「仮想現実の世界よりも、現実世界で生きることのほうが望ましい」、あるいは「現実世界のほうが仮想現実の世界よりも上位にある」という価値観である。多くの人は現実世界のほうがより重要で、価値があると考えるであろう。現実世界は「本当の」世界、仮想現実の世界は「偽物の」世界であり、仮想現実は現実に従属しているとみなしているからである。たしかに、仮想現実の世界を成立させているのは現実世界の機械装置であり、その意味では仮想現実の世界は現実世界の一部分でしかないのかもしれない。しかし、果たして、仮想現実の世界は現実世界に比べてより価値に乏しい世界なのだろうか。また、仮想現実の世界は現実世界に完全に依存した、下位の世界でしかないのだろうか。『ソードアート・オンライン』の作中描写から、二つの観点を導出することで、この疑問についてもう少し考えていきたい。

第一に、現実世界は誰にとっても望ましい世界ではは必ずしもない。家族の待つ現実世界に帰るというのがゲーム攻略の強いモチベーションになっていたということは作中でも語られているが、主人公たちの中にはみずからの出自や家庭環境に関して問題を抱えていたために、仮想現実の世界に飛び込んだというケースもみられる。そうした場合、現実世界が望ましい世界であるとは必ずしもいえなくなってくるだろう。このように考えると、仮想現実の世界を「偽物」として素朴に切り捨ててしまうよりも、どちらの世界も自分にとっての「本当の」現実として受け入れ、両方を往復して生きることが望ましいようにも思えてくる。

第二に、仮想現実の世界は、現実世界に影響を及ぼすことのできる独立したひとつの世界でありえる。多くの場合、仮想現実の世界は現実世界よりも下位の世界だとみなされる。何せ、現実世界の一部である端末によって再現されている世界であるからだ。現実世界が仮想現実の世界に決定的な影響を及ぼすことはありえても、その逆はありえないと考えられることが多い。

しかし、『ソードアート・オンライン』での仮想現実の世界は、現実にも影響を及ぼしうるものであり、もはや独立自存した、現実世界と対等のもうひとつの別世界として立ちあらわれているように思える。この傾向はとくに、作品が進むごとに強くなっている。最初は、死を媒介として、ゲームの世界が現実の世界を侵食していくというネガティヴな形しかとっていなかったが、のちには肯定的にせよ否定的にせよ、さまざまな形で、ゲームの世界が現実の世界に影響を及ぼす様子が描き出されていく。

この第二の観点がとくに重要であるのは、そこに現実世界と仮想現実の世界のせめぎあいが起こっていると考えられるからである。この二つの世界の相互浸透が果たして不毛な争いとなるのか、それとも何か豊かな実りをもたらす関係性となるのか、それは二つの世界を横断的に生きる人々のあり方によって決まることだろう。

以上のように、『ソードアート・オンライン』にみられる〈戦い〉の表象は、仮想現実の世界の内部で繰り広げられる、死の現実に対する抵抗だけにとどまらず、現実世界と仮想現実の世界という二つの世界の間のせめぎあいという次元にまで及んでいる。この二つの世界の相互浸透の関係が今後、『ソードアート・オンライン』の中ではどのように描き出されていくのだろうか。私たちが仮想現実の問題について考えるうえで、さらに示唆に富んだ展開が繰り広げられていくことを期待したい。

第11章

ようこそ実力至上主義の競争社会へ

――『千と千尋の神隠し』『幼女戦記』あるいは、労働する少女と職場のマッチング

川口茂雄

「労働の報酬は生きることそのものです。それでは足りませんか」
（ウィリアム・モリス『ユートピアだより』[1]）

「中隊長殿！　志願します！　私も救援任務に、志願します！（中略）私とて、帝国軍人です。小官は、任に堪えうると確信します！」
（アニメ『幼女戦記』第一話）

なんと言ったってシニカル人は馬鹿じゃない。（中略）自分の日々の奮闘に対する慢性的な疑いの念も、生き残りのために不可欠の栄養源として自分の内に取り込むくらいの融通はきく。自分が何をしているかぐらいは心得ている。だのにそれをやっているのは、職責と保身・自己保存の本能の語るところが短期的には一致し、当人に向かって口をそろえて、そうするしかないじゃないかと説いて聞かせるからである。

（ペーター・スローターダイク『シニカル理性批判』[2]）

はじめに――「社会人」として生きる悩み

社会人として生きる日々に、悩みや迷いは尽きない。誰にとっても、どの時代にもそうであった……かもしれない。いやそれどころか、社会は進歩するものだという素朴なイメージには反して、現代社会はどんどんひどくなっている、いわば退化しているという見方もあるだろう。

有名な例を挙げれば、ジャン＝ジャック・ルソーは『人間不平等起源論』（一七五五年）で、近代の文明社会はかえって人間を苦しめており、むしろ文明以前、「自然状態」における人間のほうが幸福であった、との仮説を提示した。土地所有の観念すらない時代には、領土争いや戦争は存在しなかった。私有財産の観念のない時代には、財産を失うことへの恐れの感情や、財産をもっと蓄えたいと願う執着心も全然存在しなかった。「社会人（社会に生きる人間）」[#1]ではなかったかつての人間は、他人からの評判を気にして見た目や言動に気を使うこともなかった。それら暗い「情念 passion」の数々は、自然な「感情 sentiment」とは異なり、基本的に人間が生まれつきに備えていたものではなく、まさに文明社会の到来が発生させ、つのらせてきたものにほかならないのだ、と。

『不平等論』でのルソーの悲愴ともユーモラスとも取れる記述が興味深いのは、ルソーが描いてみせる「自然状態」が、実際に歴史的過去に実在したと考えられるから、ではない。むしろ「自然状態」が実在したかどうかは、どちらでもよい。ルソーの論の力は、それを読む私たち読者が「自然状態」の人間を思い浮かべてみることによって、自分が今生きている時代・社会から距離をとれるようになること、時代・社会を相対化する視点をみずから持つことができるようになることにある。これが「自然状態」という仮説の力だ。

　自分にとって身近な社会とは別のひとつの社会を思い浮かべられること、今目の前にある組織共同体とは別のあり方の組織共同体を構想したり妄想したりできること、そうした社会的イマジネイションとでも呼びうるものを、人間は何らか有しているように思われる。近年ではすっかり死語になった感のある語だが、たとえば「イデオロギー」や「ユートピア」といった語はかつて、否定的ないし肯定的に、そうした別の社会を想像することを喚起する言葉だったかもしれない。[#2]

　第二次大戦、冷戦、学生運動、ベルリンの壁崩壊等を経て、二一世紀前半の現在において、良くも悪くもということなのだろうか、私たちにはかつて「イデオロギー」や「ユートピア」といった語が担っていたような、社会的イマジネイションを指し示すのに適当な語彙を、持ち合わせていない面はありそうだ。国家や国際政治の変革を手っ取り早く語れる手近なヴォキャブラリーなどはもはや見当たらない。会社一社の改革、それどころか一部署の業務改善すら、考えても無駄だから考えないよう

#1　ルソー『人間不平等起源論』での原語は「l'homme sociable」。訳出について「社会に生きる人間」(坂倉裕治訳、講談社学術文庫、二〇一六年、一四二頁)/「社会で生きる人間」(中山元訳、光文社古典新訳文庫、二〇〇八年、一八八頁)

#2　ポール・リクール著、ジョージ・H・テイラー編(川崎惣一訳)『イデオロギーとユートピア―社会的想像力をめぐる講義』六五頁、新曜社、二〇一一年。「われわれの社会生活の本性を再考する手助けをすることによって、想像力そのものが――そのユートピア的機能を通して――構成的な役割を担っていると言えないであろうか」。

にするほうが無難か。そうして人は、現行の社会にうやむやな距離感で、濡れた紙のように力なく貼りつくだけとなり、真正面からシリアスに向き合うことも、突き放して笑い飛ばすことも、できなくなってきているのだろうか。――とはいえ、仮に政治経済等々のパブリックな言説はそんな状態にあるにせよ、日々の個々人の生活現実の次元において、また表現文化の次元において、抑圧されたその種のイマジネイションが何らか無意識のレヴェルで行き場をもとめてうごめき、作動することまでは、妨げようがないのではないか？

新たな社会的イマジネイションとしての〈異世界〉表現――『千と千尋』の児童労働

日本のアニメが大人の鑑賞に堪える高度な表現ジャンルであることを一部の目利きだけでなく一般に広く認識せしめた契機と推定されるものとして、劇場作『もののけ姫』（一九九七年）と『千と千尋の神隠し』（二〇〇一年）の二作品を挙げることには、一定の賛同を得られよう。

ところで、二〇一〇年代という深夜アニメ文化が興隆した年代において、またそれに続く現在二〇二〇年代において、アニメ作品の主要ジャンルのひとつであると言いうるような印象を与える、いわゆる〈異世界もの〉作品群については、そのポピュラリティや、またそれがいかなる社会事象を〝反映〟しているのかといった点について、さまざまなことが語られてはいる。しかしながら、その際、二つのことが忘れられがちであるように見受けられる。第一は、二一世紀日本の活発なアニメ文化の発端のひとつと目される『千と千尋』がそもそも〈異世界もの〉と言いうる作品であったこと。第二は、〈異世界もの〉作品群は、社会的視野を欠くどころかむしろ反対に、まさに社会、とくに職場をめぐる社会的イマジネイションを強力に作動させる諸要素を含有していること、である。

『千と千尋』は、主人公が特別な力を持った英雄的な性格の人物などではなく、ごく普通の一〇歳の小学生であるという点で、それ以前の『もののけ姫』等の宮崎作品とは趣を異にしている。くわえて、経済の事柄が、とくに労働の事柄が中心的モチーフとして浮上していることがそれまでの作品からの大きな転換であったと、指摘すべきであろう[#3]（時代背景が作品制作を説明するものではないが、『もののけ姫』公開は一九九七年七月であり、同年一一月の山一證券の倒産と会見中号泣する社長の姿がバブル崩壊と以後の日本経済の長期低迷を象徴する出来事・映像となったことは、想起されてよいだろう）。

作品を鑑賞したことがある方はご存じの通り、悪夢のように込み入った『千と千尋』の作品内容を言語化して記述することは容易ではない。ここでは比較文化学者の佐伯順子による論評[3]を参考として援用したい。

佐伯は、「摩訶不思議な世界に踏み込」むこと、「働く意思」を持つことは、いわば千尋がみずから望んだことでもあった、との解釈を提示する。異世界に行く前の作品冒頭での千尋の様子の描かれ方を、佐伯は次のように記述・解釈する。

#3　この点などについては、別の場所で若干論じたことがある。川口茂雄「断絶と連続、今敏の時代と深夜アニメの二〇一〇年代―二一世紀アニメ史の解釈学に向けて」『ユリイカ』五二巻九号、二五一―二六〇頁、二〇二〇年

子供は労働しないのが、近代社会のお約束であるが、十歳の学童（小学生児童に対する社会的定義）である千尋は、そんな恵まれた立場に倦んでいるかのように、投げやりに後部座席に横たわり、足を投げ出し、終始、不愉快そうな表情をみせる。彼女の不機嫌は、あながち慣れ親しんだ級友たちとの別れによるのみではなさそうである。親に守られ、学校で教えられる、その受身的な立場にこそ、彼女は飽き飽きしているのではないか――。

油屋で働き出した千尋こと千の表情は、（中略）うってかわって、いきいきとしている。それは、親の庇護のもと、（中略）いまひとつ納得しきれないまま惰性的な時をやりすごすよりも、豚の姿になった親を助けるという使命を自覚し、家族そろって元の世界に帰るという、明確な目的意識をもって働くほうが、自分自身の居場所、存在価値、社会での能動的な役割をみいだせるからである。ひとはなぜ、なんのために生きるのか――きざな言い方になるが、その証を得るためには、労働は必要である。

この記述は、『千と千尋』における労働の位置づけ、および、主人公千尋にとっての働くことの意味について、核心的なポイントを捉えたものであると言えよう。千尋にとって労働は、自己を〝親に庇護される娘〟という受動的なあり方から脱せしめ、社会――具体的には職場――において他者と対等で能動的な存在として自立させるのに「必要」なもの。だから異世界において「千尋は一方的に搾取される未成年、経済的弱者ではなく、泥だらけの客にも堂々と対峙してすぐれた業務上の成果を収め、達成感を得る」存在なのである。

もちろん、戦後の現代日本社会において、児童労働は法で禁止されている。児童労働が普通に平然と行われているらしい世界であることにおいて、『千と千尋』の世界は鑑賞者にとって異世界である。他方で、人間の長い歴史において児童労働のない時代や社会が一般的であったとはたしかに言えない。「女だろうが、子供だろうが、一人の人間として社会で自立的に生きてゆくためには、働くしかない――それは近代化以前の社会では当然の了解であった。（中略）たかだか百年程度前には当たり前であったこの事実を、千尋はあらためて、二十一世紀の観客の前につきつける」。

現代における児童労働の禁止は、当然ながら一定の側面において、社会の改善、社会の進歩であっただろう。ただ、実情としては、その禁止が定着するプロセスにおいて、意図せずして失われたものがなかったかどうかは、問われてもよいだろう。手厳しくも佐伯は、「就活までサポートせずにはいられない、現代の親たち」という存在への批判、子どもたちをいつまでも子ども扱いし、子どもたちの可能性を奪う存在への批判こそが作品『千と千尋』が提示する「教訓」であると喝破するのである。「たくましく成長した千尋にひきかえ、親たちのだらしなさはどうであろう。（中略）親の知らないところで、少女は成長している。就活までサポートせずにはいられない、現代の親たちの想像が及ばぬ自立した経験世界に、娘は既に到達している。（中略）経済成長期を享受した親世代への痛烈な皮肉をも秘めたこの作品は、子供たちよりもむしろ、安楽の青春期を無自覚に謳歌した、子離れできないバブル世代の親たちこそがみるべき教訓の一作ではないか」。

千尋が異世界に投げ込まれたことは、推測される両親の（経済的）苦境に際して、自分が（経済的に）無力なために両親と自分が苦境に陥ってしまったのだとする、自罰的な願望充足のために見た

〝夢〟の世界であると、精神分析的に解釈することができる側面もあろう（なお、このように労働に罰というネガティヴな側面をも見ることは、千尋の能動性・自立性を重視する佐伯の解釈となんら矛盾するものではなく、両立する）。自分も両親と同様に苛酷な市場競争の前線に曝《さら》し出され労働すべきだ、と。バブル崩壊後、失われた年代の今、働いて稼げる子ども・稼げる大人だけにしか――男女を問わず――家族を持つ（取り戻す）権利などない、との観念をすっかり自己の内面に取り込み、それに押し迫られるかのように。

さて（ジャンルの厳密な定義の試みは往々にして不毛であるが、とはいえ）、細かく検討するならば、『千と千尋』の異世界はいささか無秩序かつ断片的なものである（この点を作品の卓越さと解するか、弱さと解するかは一つの興味深い論点だが、ここでは深入りしない）。それは〝社会〟と呼びうるようなまとまりを欠いている。だから、この作品は世界・社会というより、〝夢〟〝悪夢〟を描いた（シュルレアリスム的な）ジャンルと形容されるのが適当であって、社会や共同体を固有の文脈と環境・秩序を持たせて整合的にくわしく描く〈異世界もの〉とはやや異なる、との見方もひとつ成り立ちえよう。

他方で、仮に〈異世界もの〉にゆるやかな傾向として典型的ないくつかの特徴というものがあるとすると、『千と千尋』には、そのうち一つの特徴が、鮮明に見いだされるようにも思われる。すなわちそれは、自分が生きるべき場所はもともといた世界のほうなのか、それとも異世界こそが自分の生きるべき世界なのかという両義性である。ひとくちに〈異世界もの〉と言っても作品ごとにテーマはさまざまであることはよくふまえる必要があるが、著名な〈異世界もの〉作品のうちのいくつもが、この両義性を主題化していることはたしかであろう。[#4]

『千と千尋』の場合、どちらの世界に生きるべきであったのかについて、必ずしも千尋の判断はついていない（もとの世界に戻っても千尋や両親に単純に明るい展望があるわけではない）。作品の最後に後ろを振り返る千尋に去来するのは、この両義性の思いであろう。同時に、鑑賞者にとっても、異世界は〝間違った〟世界とも、あるいは〝正しい〟世界とも、容易に価値判断できない。少なくとも大人の鑑賞者は——つまり、現実社会の苦さを多少とも身をもって知っている人は——湯婆婆《ゆばーば》と油屋の不条理な異世界に対して、こちら側のバブル後日本社会も、理不尽さにおいて十分いい勝負であることを、心得ているはずだからだ。大人たち、社会人たちの滑稽さに関しても、どっこいどっこいでしかない。〝戻ってこれてよかった、よかった〟というような話ではないのだ。そう、おそらく〈異世界もの〉作品は、どちらの世界のほうがより生きるに値するかについて、特定の結論を鑑賞者に提示することはない。

二つの世界を比較すること。またそのことを通して一つひとつの世界をよりくわしく想像し探索し理解すること。一つの社会を唯一当たり前のものとみなすことをやめて、距離を取って（二つの）社会を見つめ直せる視野を得ること。惰性と無感動からしばしば抜け出し、真剣さや滑稽さや熟慮の射程を取り戻すこと。それが〈異世界もの〉作品が鑑賞者に経験させることであるだろう。言い換えれば、それは鑑賞者の社会的イマジネイションの活性化の経験にほかならない。

＃4　たとえば『Re：ゼロから始める異世界生活』（二〇一六年）や『無職転生』（二〇二一年）といった代表的作品について、検討すべきことは多い。またあわせて、本書コラム「ソードアート・オンライン」も参照のこと。

人的資源不足の戦時体制は成果主義者の楽園か？――『幼女戦記』の戦場、連帯、信仰

『幼女戦記』は、まだ――『千と千尋』の千尋と同じく――九歳か一〇歳にすぎない少女ターニャ・デグレチャフが、士官クラスの軍人として、戦争の過酷な最前線で奮闘するありさまを描く作品だとひとまず言える（テレビアニメ版第一シリーズ二〇一七年、続編となる劇場版アニメ二〇一九年、テレビアニメ第二シリーズ制作が予告されている）[#5]。ある異世界の、第一次世界大戦期におおよその点で似ているように見える（また若干の点では第二次大戦期にも似ているかのような）時代状況――つまりは、飛行機は存在するがまだまだ未発達という軍事・テクノロジー状況――の、ヨーロッパにおおむね相当すると思われる地域において、ドイツに似ているようにも見える国「帝国」が、ターニャが生き、働く、戦場である。

アニメ版第一話では、少尉ターニャ・デグレチャフの戦闘員およびリーダーとしての（年齢からすれば怪物的な）有能さ、また年端もゆかぬ女の子どもを上官とすることに違和感を抱く一部男性兵士たちの言動、およびそうした者たちに対するターニャの冷徹きわまりない対応。他方で、相反するような、意欲ある忠実な部下（たとえば、成果を挙げようと無理をしそうになる、自身と同じく数少ない女性の部下ヴィーシャ・セレブリャコフ伍長[#6]）を適切にかばう臨機応変なリーダーシップといったものが描かれる。「われわれは軍人だ。上がやれと言うのであれば、完遂するのみ」「軍隊とは組織、組織に必要なのは規則！　以上だ」。作画面・演出面の水準はきわめて高く、並々ならぬ力の入ったアニメ作品

であることは見て取れるが、第一話だけでは作品の主題などはまだほとんど視聴者には不明なままだ。それもそのはずで、次の第二話の冒頭部分が、この『幼女戦記』という奇怪なタイトルを持つ作品の、ある意味ではすべてを凝縮している箇所になるからである（以下、第二話の内容に関して記述するが、未視聴の読者はできれば前もってご自身で視聴されることを推奨する）。

第二話は、テレビであればチャンネルを間違えたと思うような、まったく別の作品のごとき、現代二〇一〇年代日本の東京・丸の内近辺の風景からはじまる。オフィスで、ある中年男性が別のある社員男性に、リストラの一環として自己都合退職をうながす。ビジネスライクに、慇懃無礼に。自分が特段秀でた存在でないことはよくわかっている、「労働対価が支払われるかぎり、面倒なリストラの宣告も、きっちりやる。会社のルールに従うのに、苦労はない」という考え方で、粛々と着実に成果を挙げる。そうして、上司に評価され昇進することが、所属組織のシステムに忠実な、この優秀社員男性の目指すものである。今日もすべては順調に見えた。ところが、追い詰められ、精神が乱れたリストラされた側の男性によって、この優秀社員男性は駅のホームから突き落とされ、殺される。

その直前の一瞬、時が止まったかのようになり、男性は何かの語る声を聴く。東京駅にいた人々や

#5　本稿ではアニメ作品テレビ第一シリーズと劇場版のみを検討対象とする。原作小説書籍版（二〇一三年～）とアニメ版との対応・異同の指摘は煩雑をきわめるからである（ただし、例外として脚注#10ではわずかに言及する）。

#6　本稿のエピグラフはこの際のセレブリャコフ伍長の台詞。声優は早見沙織であり、当該場面はこの著名声優の数ある名演技の一つに挙げられてもよいであろう。また、アニメ作品での、戦いにおける女性間の連帯という事柄に関しては、本書第7章、コラム「パトレイバー」も参照のこと。

鳩の姿や声を借りて、何者かが男性を非難するように語る。このシークエンスの演出は、傑作が相次いだ二〇一〇年代深夜アニメのなかでも屈指の、特異で奇抜な演出に数えうるだろう。「最近の人間は、物事の理非を知らぬ」「世の理《ことわり》から外れすぎだ」云々。落ち着いて冷静に男性は推論する。「なるほど、では、いわゆる神と呼ばれる存在が時間を止め、死に瀕した私の前に一般市民の体を借りて現われた……ということでよろしいですか」。鳩が答える、「さよう」。徹底的な合理主義者を自認し、もともと神の存在を認めない男性は、ましてや突然殺されるというこの不条理な状況を容認する者など神ではないはずだと鋭く指摘し、「存在X《エックス》、とでも」呼ぶのが適当だと語る。存在Xはそれを聞いて不快そうに女子児童の姿でにらみつけて言う、「やはり貴様には、信仰心が欠如しているようだな」。

古来、広義の文学史において――また直接的映像表現に限定するならば第一次大戦期のアメリカのサイレント戦争・反戦映画『シヴィリゼーション』（一九一六年）などを嚆矢として――、〝神的なものとの対話〟は文学の重要なモチーフのひとつであり続けてきた。現代においてはいくつもの意味で目立って衰退してきたそのモチーフを、トラディショナルな視覚的表象に頼るのではなく、ごくありふれた東京都内の日常的な街中という世俗的な画面づくりで再生させ、視聴者に荒々しくぶつける演出は、ぞくぞくさせる緊張感を帯びている。

だが、この特異な場面において注目すべきことは深刻さだけではない。そこにある、独特な滑稽さもまた、視聴者の意識を強く捉える。「仮にも神を自称するなら、もう少し思慮深い判断を」と、強気なようでいて助けを求めるようなニュアンスを込めて男性が述べると、存在Xは疲れたサラリーマンの姿を借りて答える、「そもそも七〇億の管理ですら、許容範囲を越えているのだ」。神もどこか投げやりである。「科学が発展した満ち足りた世の中では、信仰など生まれません」と男性は教えてあげるように言う。すると、存在Xはふと何かを思いついた様子。「貴様の言う、過酷な状況、に放り込めば、信仰も、目覚めるのだな」。男性は不穏な雰囲気を感じ焦る、「ちょっ、待って……」。――殺された男性は、かくして、孤児ターニャとして、どこかの世界の、戦争の近づく貧しく不穏な時代の帝国で、生きてゆかねばならなくなる。

急いでつけくわえるべきことだが、『幼女戦記』は戦争と戦地の日々の現実を淡々と、ハードボイルドに描いてゆくことが作品の尺のほとんどを占めている。主人公ターニャのそのつどの内心について多くが語られる形式ではない。潜在的な視聴者・読者を遠ざけかねない奇抜な作品タイトルは、実は、作品内で陰惨な戦争の現実が踏み込んで描かれることの注意喚起という機能を帯びているだろう。いわゆるミリタリーものとして評価されているゆえんでもあろう。ターニャにとっての存在Xとの対決、過酷な世界へ自分を投げ込んだ存在Xへの復讐という事柄は、表立って前面に出てくることはほとんどない。だが同時に、やはりそれこそが作品全体を通底するテーマだとも見える。作品は続編の制作が発表されており、いまだ完結していないという点でも、存在Xとの対決の意味に決着はついていない。

そう確認し限定したうえで、第二話冒頭の〝神的なものとの対話〟をどう解釈するかについて、注釈できることは何だろうか。

第二話後半以降、『幼女戦記』第一シリーズ（および劇場版）を鑑賞していくことで視聴者が目にするのは、働きに働くターニャの姿である。（モノローグを含めて）台詞として視聴者に聴こえてくる情報としては、さっさと出世して、こんな危険な前線任務からは外れて、「安全な後方勤務」で余生を優雅に過ごしたい、というのがターニャのもっぱらの願いである。「もちろん、戦争という非生産的な行為は憎むべきものであり、殺すのも殺されるのも大嫌いだ。しかし、軍隊というレールに乗りさえすれば、将来は約束されるのだ」。良くも悪くも人員不足で、現状の帝国は（同じく消耗している他国でも程度の差はあれ同様に）年齢性別関係なく人材を登用する社会状況にある。だからターニャは危険な前線に送られる。そして彼女は見事な戦果を挙げ続ける。しかし力量を認められることで、かえって、ますます重宝され最前線で酷使される。後方勤務が遠のくたびごとに「しまった！」「どうして……、どうしてこうなった！」「どこかに、児童相談所でもないものか……」等々と心の叫びをあげるターニャの様子とモノローグは、視聴者の笑いを誘う。だが、具体的に、何が滑稽[#7]なのだろうか。紙幅の都合上、簡略にならざるをえないが、三点、指摘してみたい。

1　前線で戦う少女兵士？

まず明白なこととして、年少女性のターニャが戦場の危険な前線で戦い続け、かつどんどん昇進していくさまは、屈強な兵士たちが場を（画面内を）占める状況において、やはり特異である。もちろん前提には国の能力主義[#8]と合理主義がある。貴重な人的資源として、女性でも適性がある者は軍隊へ積極的に採用されている[#9]。それでもここまで年少かつ女性の人員は稀である。基本的にターニャ自身は、自分の年齢などを一向に気にしていないようだ。むしろ外見ではなく純粋に能力を認められていることの証拠として受け入れ満足しており、〝その年齢では異例〟の昇進をさらに追い求めているようですらある。異常な社会と異常な少女、と視聴者は感じるかもしれない。

　しかし、ここで考えなければならないのは、現代日本との対比である。幼児期から、受験やスポーツや芸能等々、早期教育の類いに血眼になって明け暮れる二一世紀前半の日本社会は、この少女兵士

#7　喜志哲雄『喜劇の手法―笑いのしくみを探る』一一―一二頁、集英社新書、二〇〇六年。「ある事件が笑えるものかどうか、喜劇的であるかどうかは、その事件そのものの性質によって決まると考えているひとがいるが、これは誤りだ。（中略）舞台劇ではないが、チャップリンの映画には、独裁者の横暴だの連続殺人だのといった、常識的に考えたらとても喜劇的とは呼べない題材を扱ったものがある。しかし、そういう題材を扱った映画は、観客が笑いころげるものになっている。舞台劇から例を採ると（中略）［ブレヒトの］『肝っ玉おっ母とその子供たち』という作品がある。「肝っ玉おっ母」と呼ばれる女主人公は、戦場で兵士相手にものを売って暮らしている。（中略）この人物は悲劇的な存在ではないのだろうか。ある意味では、彼女もまた戦争の犠牲者であるからだ。事実、この劇が上演されると、彼女と一体になって劇の状況を眺め、彼女に同情する観客が必ず現れる。しかし、これは作者ブレヒトが求めていた反応ではない」。

#8　女性兵士の社会的意味に関して、たとえば、佐藤文香『女性兵士という難問―ジェンダーから問う戦争・軍隊の社会学』七九―八〇頁、慶應義塾大学出版会、二〇二二年。「「女性兵士は男女平等の象徴か？」――この問いにイエスと答えるのが「楽観主義者」である。アメリカで女性の徴兵登録を求めたり女性兵士の戦闘参加を要求したりするようなフェミニストたち。彼女たちは女性が増えれば軍隊は今よりよいものになると考えた。（中略）
　一方、「悲観主義者」はノーと答える。軍隊に女性が増えることは女性の軍事化を招くだけだと彼らは考える。（中略）軍事化を警戒しつづけてきた日本のフェミニストたちはこの立場が圧倒的に優勢だった。

　けれども、エンローは第三の可能性を示す。軍事化と脱軍事化は時に同時進行し、（中略）それをつぶさに観察することは研究者の役割だ、と」。

を許容する社会と、はたして本質的に異なると言えるのか。

２　語られる目的と行動とのあいだにあるギャップ？

ターニャは台詞やモノローグにおいては、任務に励むのは「安全な後方勤務」に就くことを目的としてだと繰り返し述べる。そして量質ともにシビアな日々の業務を嘆いたり愚痴を言ったりする。しかしながら、である。視聴者は、みずから現場で部隊を率い、部下とともに戦果を挙げるターニャは無意識に、その日々にやりがいや充実を覚えているのではないか、との推測を持ちうる。ターニャ自身はそう意識していないということを表わすために、制作者は慎重に、間接的に表現するよう工夫している。

第五話でターニャが「私はなぜあんなことを……。記憶が曖昧だ……」とモノローグで述べる箇所は、あまり視聴者の注意を引かないかもしれない。というのも、「あんなこと」が何を指すのかは示されないため、視聴者がわざわざそれを能動的に解釈してみようとする姿勢をとらないかぎり、特段の意味を持たないからである。文脈からすると、「あんなこと」が指すのは直前の、新たな大隊を組織するためにターニャが実施した一か月の猛烈に厳しい選抜訓練のことか、あるいは訓練を最後まで耐え抜き整列する隊員たちにターニャ・デグレチャフ大尉が述べた訓示のようなもののこと、であろう。

振り返ると、この新設大隊の隊員募集からの経緯には最初から少し不思議なところがあった。第四話終盤で、応募者が多すぎることにターニャは驚いていたのだった。「なんだこれは……。募集してまだ一週間だぞ？（中略）普通なら好待遇を望むはず。……なのに、どう見てもブラックな求人広告、

こんな地獄の片道ツアーに、なぜ応募する?・」。なお、応募の多さの原因については作中では触れられない。[#10]

だから原因は不明であるが、ひとつだけ視聴者の観点から言えるのは、隊長としてとはいえ、そのブラックな職場にみずからすすんで就いている奇特な少女がそこにも一名いるではないか、という点であろう。金銭報酬とは別のものを職業に求める人間たち(これを戦時下の正義感と見るか、英雄願望と見るか、はたまた二〇一〇年代の転職市場的メンタリティと見るか、ないしはむしろ昭和的な職場帰属意

#9　本稿は無論、第二次大戦期の各国各地域や日本列島社会についていわゆる実証的な調査・分析を遂行する種類のものではないが、近年の新たな研究動向——従来の実証主義的な研究が視野に収められていなかった事柄や視点の角度を指摘するタイプの研究など——をある程度念頭においていないわけではない。

女性の衣服への着眼において戦前戦中戦後の連続性に留意を促す研究としては、たとえば、井上雅人『洋裁文化と日本のファッション』二五頁、青弓社、二〇一七年。「総動員体制は歴史における断絶と捉えられる傾向がある。総動員体制がなければ、大正デモクラシーが実を結び、より早く大衆社会が到来していたはずだと考えられがちである。しかし(中略)総動員体制下の「国民服」や「婦人標準服」、あるいはそれを支える身体観によって、国民の身体が均質化していき、同時に女性たちが自らの活動的な身体を発見して(中略)いったという歴史がある。良くも悪くも、総動員体制によって性差や階級を超えた身体の平等化が起きたのだ」。

また、戦時下での廉価ラジオ受信機の普及が、「通俗的な戦時期「暗黒」論」とは異なる側面として、「科学知識の普及」を促進した点、「情報の地域格差」の「平準化」に役割を果たした点などについては、佐藤卓己『テレビ的教養——一億総博知化への系譜』五五—五七頁、岩波現代文庫、二〇一九年

#10　アニメ版では一切触れられないのだが、小説書籍版ではかなり間をあけて別の巻で、ヴァイス中尉の観点からの、間接的な示唆がわずかにある。第二巻五五〇—五五一頁を参照。

識と見るか等は、もちろん一義的でない）のモティヴェイションなど理解できない、とターニャは言いたいのであろうが、そこには同時に、自分自身もまた職務にそうした何かを求めているかもしれないということに、この主人公はまったく無意識的・鈍感であるという矛盾じみた事態（ゆえに視聴者はそこにおかしみを感じてもよい）が、示されている。

上官から急かされたこともあり、大隊長ターニャは過酷な訓練を応募者たちに課す。当初は違和感と不満を隠せない訓練生たち。しかし、日々を経て、立て続けの過激な訓練から垣間見える大隊長の一貫した性格と力量に感銘を受けるにいたったのか、ボロボロになりながら、訓練の遂行に真っ直ぐに全力で励むようになる。その様子に、ターニャは驚く。この驚きが、第五話の作画で表現される。台詞などで言語化はせず、表情だけで間接的に表わすという手法が採られている。

ターニャがなぜ驚き、そのとき何を感じたのかは直接的には提示されていない以上、その解釈は視聴者に委ねられている。無論、解釈はつねに自由であるが、この作品の場合に、作中の人物たちは知らないが視聴者はわずかに知っている情報があることを、解釈の際に考慮することは自然であろう。つまり、ターニャの前の人生である。おそらく、主人公は前の人生において、生死をともにし、厚く信頼できる部下や同僚というものを持ってはいなかったと推測される。戦争の時代ではないのだから当たり前ではある。だが、二〇一〇年代の日本社会という環境においては他人への冷淡さという形しかとることがなかった彼の性格と業務遂行の熱心さが、別の職場・別の時代社会においては、命を預ける信頼と尊敬に値する上司という形をとることがありうるようだ。その（経験も予想もしていない）事態に、そのギャップに、彼女＝彼は（無意識的に）驚いたのではないか。

そして最後にはターニャの側も、訓練を耐え抜いた者たちに称賛と激励の訓示を述べる。その訓示は感動的ですらあり、しかし、冷静に考えてみると、主人公はそういう文言を述べるタイプの人だっただろうか。彼女＝彼は変わったのか。それとも、もともと彼女＝彼のうちにあったけれども前の人生の社会が抑圧していた何かが湧き出てきたのか。――その翌日頃の場面と思われる「記憶が曖昧だ……」は、あの予期せぬ驚きが自身に与えたインパクトをターニャがいまだ言語化できず、意識的理解へともたらせていないことを表わしていると解釈することはひとつ可能であろう。

3　予期される悲劇的破局

ただ、いかにターニャたちが個々の戦場で奮闘しようとも、いかに隊員たちがよき戦友となり連帯しようとも、そもそも大局的な政治・軍事における帝国の未来は明るくなく――このことは、どことなく類似した国・時代・戦争についての視聴者（およびターニャ）の側の予備知識[#11]が予想させるものでもある――、くわえて、そもそもこの戦争の時代の世界が全体として間違っているという面があろう。滅びゆく職場での出世に何の意味がある？　勝つか負けるかではなく、戦争それ自体が間違っていないか？　個人と世界全体とのかみ合わなさ、すれ違いが、悲劇性と滑稽さを表裏一体に醸し出す。

ああ、なんという徒労。

#11　フィクション作品中の戦争描写に面した際に、視聴者が、日本的な感じの国やドイツ的な感じの国が敗戦することの必然性の予期を持つことについては、本書第4章の『機動戦士ガンダム』論も参照のこと。

そうした根本的な視野からすると、会社を存続させるために同僚を対象にした感じの悪いリストラ業務に励むことと、政府国家を存続させるために他国軍を攻撃することとに、どのような差異があるのかは必ずしも明らかではない。ターニャに共感するかどうかという点とは別に、視聴者は存在Xの人間観や社会観を問うてみたい気にはなるだろう。平和で科学技術の発展した二一世紀日本から、世界大戦の凄惨な時代に主人公を送りやった時点で、ある意味で存在Xは二一世紀現代社会・グローバル市場経済の時代が〝信仰〟の観点では失敗であることを認めたようにも捉えられる。ましてや主人公一個人を非難するのは的外れだ。

だが、では戦争の時代はよりましな時代・社会であると存在Xはみなすのだろうか？ これでもだめなら、もう社会なき自然状態まで人は戻るべきか。――人間たちがいつの時代も相争うことを神は嘆いているのか。いやそれとも、神が人を競わせているのか？

〔参考文献〕

（1）モリス（五島茂、飯塚一郎訳）『ユートピアだより』一六七頁、中公クラシックス、二〇〇四年
（2）ペーター・スローターダイク（高田珠樹訳）『シニカル理性批判』一八頁、ミネルヴァ書房、一九九六年
（3）佐伯順子「働け！ 少女たち―千尋が得たもの、伝えるもの」スタジオジブリ、文春文庫編『千と千尋の神隠し（ジブリの教科書12）』二四〇―二四八頁、文春ジブリ文庫、二〇一六年

コラム

尾形百之助の醒めない夢
——『ゴールデンカムイ』尾形の〈戦い〉と〈トラウマ〉

植　朗子

『ゴールデンカムイ』の重要キャラクター・尾形百之助

マンガ家・野田サトルの『ゴールデンカムイ』は、二〇一四年八月から二〇二二年四月にかけて『週刊ヤングジャンプ』（集英社）で連載された。主人公は、日露戦争での鬼神ぶりから、「不死身の杉元」と呼ばれた退役軍人・杉元《すぎもと》佐一《さいち》である。明治末期の北海道・樺太を舞台に、杉元がアイヌの少女・アシㇼパとともに「アイヌの金塊」を探す旅に出ることで物語が始まる。

『ゴールデンカムイ』には金塊を求める登場人物が数多く登場するが、日本陸軍第七師団に所属していた、狙撃の名手・尾形《おがた》百之助《ひゃくのすけ》と杉元・アシㇼパは、物語の冒頭からラストシーンまで深い因縁で繋がっている。尾形には彼の「家族」をめぐる苦悩があり、アシㇼパと杉元がそのエピソードに関係していく。二〇二二年一〇月三日からアニメ第四期が始まるが、[#1] 第三期の最終回三六話「生きる」では重傷を負った尾形の逃亡劇が話題となった。尾形の物語は、声優・津田健次郎の名演とともに、アニメ新シリーズの見どころのひとつであるといえよう。[#2]

尾形百之助の「家族」

〝最後に〟尾形百之助の「家族」になったのは、彼の義弟・花沢《はなざわ》勇作《ゆうさく》であった。尾形百之助と花沢勇作は、血縁上では異母兄弟にあたる。彼らの父は陸軍中将・花沢《はなざわ》幸次郎《こうじろう》で、第七師団長にまでのぼりつめた人物だ。天皇をお守りする近衛歩兵第一聯隊長をつとめていた経歴からも、軍人としての才、家柄に恵まれた人物であることが推察される。

しかし、弟の勇作は正妻との間の子で、兄であるはずの百之助の母は浅草芸者であった。それぞれの母の出自、軍での父の立場、世間体を考えると、彼らが単純に兄弟として関係を構築することは難しかった。花沢家は当然のように百之助を「長男」として受け入れることを拒み、実父も彼を無視し続けた。弟・勇作こそが、誉れある花沢家の後継なのだ。そんな中この複雑な状況をかえりみず、勇作は無邪気に百之助を「兄様」と呼んだ。

「入隊して初めて会いましたが面をくらいましたよ「規律がゆるみますから」と何度注意しても部下の俺を…「兄様」と呼ぶのです「ひとりっ子育ちでずっと兄弟が欲しかった」と俺にまとわり付くのです」（尾形百之助／一一巻、第一〇三話「あんこう鍋」、アニメ一九話「カムイホプニレ」）

勇作が妾腹の兄に屈託のない笑顔を見せる。それは花沢家の嫡子、陸軍少尉としては〝ふさわしくない〟行為であったが、父、母、軍の関係者たちは、そんな勇作に甘い。勇作が花沢家に〝ふさわしくない〟義兄の「尾形」を気遣うことで、勇作の慈愛に満ちた人柄が、家族や周囲の人々に以前より増して印象づけられる結果となった。

皮肉なことに、勇作が見せる義兄への愛情深い行動によって、そんな勝手な振る舞いが許される勇作こそが、まわりから「特別に愛された」人物であることをあらためて尾形に強く実感させることになる。

親から受け継ぐ「血」と「祝福」

尾形は弟のことを、まれに見る高潔な人だと素直に思う一方で、彼が「高貴な血統のお生まれ」であると言われることには不快感を隠しきれない。血統とは何なのか。弟と半分は同じはずの自分の「血」を不思議に思う。立派な軍人である父と、山猫（＝芸者）とさげすまれた母、両方の血が流れる自分は何者なのか。自分は「両親から祝福されて」生まれてきた子なのだろうか、と。

「愛情のない親が交わって出来る子供は何かが欠けた人間に育つのですかね？　どんなにご立派な地位の父親でも」（尾形百之助／一一巻、第一〇三話「あんこう鍋」、アニメ一九話「カムイホプニレ」）

尾形は自分と勇作との境遇の差に苦悩していたというよりは、終始、自分が「欠けた人間」なのではないか、それは親から望まれずに生まれたからではないのか、という疑念にさいなまれている。親の愛を尾形は「祝福」と表現し、その「祝福」の痕跡を探し続けた。

尾形は、父に捨てられたことで狂ってしまった母を殺害した。あの少年期が、尾形にとって最初の運命の岐路となった。罪悪感を感じない自分、人殺しを厭わない自分が異常なのではないかという思いが頭をかすめる。戦場に身を置いてからは、人を殺すことは当たり前のことになる。ただ、そんなことが「日常」であるはずの戦場にあっても、天皇から授かった軍旗を掲げる旗手として、人を殺さず〝清い〟ままに生きる弟・勇作のことが、ことさらに眩しい。

「兄様はけしてそんな人じゃない　きっと分かる日が来ます　人を殺して罪悪感を微塵も感じない人間がこの世にいて良いはずがないのです」（花沢勇作／一七巻、第一六五話「旗手」、アニメ三〇話「悪兆」）

勇作のこの言葉は、尾形に「弟殺し」を決意させるきっかけとなった。罪悪感と愛をめぐる問題が、尾形の〈トラウマ〉として、勇作の死とともに彼の暗い人生にこびりつく。母の殺害、弟の殺害ののちに、最後に父と向き合うことで、そのトラウマから逃れたいと淡い夢を抱く。しかし、尾形が欲した「父親の祝福」は、「呪われろ」という父からの最期の言葉で塗り固められることになった。

尾形が差し出した「大切なもの」

尾形百之助の人生は、自分のなけなしの「大切なもの」を差し出しながら、もがき続ける、そんな日々だった。作中で描かれている尾形の「大切なもの」は五つある。

最初に差し出した三つのものは、すなわち彼の「家族」であった。父の愛を確かめるために、母を殺した。父が自分を愛してくれるのではないかと、〝最愛〟の弟を殺した。父をみずから苦しめながらも、父がかけてくれる言葉に願いを捨てきれなかった。

こうしてすべての家族を失った尾形であったが、彼はその後も愛の希求をやめることができなくなる。母、弟、父の殺害を経ても、彼は自分が求めた「真実」にたどり着けなかったからだ。尾形は父が大切にした息子・勇作とよく似た、〝清い〟アイヌの少女・アシㇼパの生き方を変えることに執着するようになる。尾形の「大切なもの」は、あと二つしかない。尾形は何を〝差し出す〟のか。

四つめの「大切なもの」

あるとき、雪中での狙撃戦の疲労からか、高熱を出した尾形は、弟・勇作の亡霊を見る。アニメ三〇話「悪兆」の名場面であるが、血まみれの勇作が尾形の乗るソリに同乗するシーンが印象的だ。頭部からおびただしい血を流しながらも、明るく「寒くありませんか？　兄様」と語りかける勇作は、尾形が愛したあの弟なのか。それとも悪霊なのか。

尾形はこれほどまでにトラウマを抱えながらも、なおその「暗い生」を戦い抜こうとしていた。家族を失った尾形にとって、彼の「生」のためには、自身のたぐいまれな狙撃の才だけが頼りだったはずだ。

ここで尾形が差し出した四つめの「大切なもの」は、尾形の才の要ともいえる利き目、つまり右の眼球だった。尾形は「不殺の誓い」をたてていたアシㇼパに勇作の姿を重ね、アシㇼパに自分を殺させようとする中で、右目を失う。

「やれよ　俺を殺してみろ　清い人間なんてこの世にいるはずがない」「やれよ…お前も出来る…　お前だって俺と同じはずだ」（尾形百之助／一九巻、第一八七話「罪穢れ」、アニメ三五話「罪穢れ」）

しかし、本来、尾形は〝差し出す〟必要などなかったのではないか。何も差し出さずに、ただ求めればよかった。それでも、尾形は悶え、悩み、自分がそのとき「大切にしているもの」を捧げて、叶わぬ願いにすがろうとする。父と母にも愛があったのではないか。自分にも「祝福」があったのではないか。

尾形の最後の「大切なもの」

彼の願いの深さは「家族殺し」の狂気の中にはっきりと見えるが、それでも尾形はただ「奪う」のではなく、「差し出して」願いを込めるのだった。ここに真の尾形百之助の姿が見える。幼い百之助の心が浮き彫りになる。

最後に彼が差し出した五つめの「大切なもの」は、残された左の眼球だった。これは彼の命そのものを意味する。ここで尾形は、アシㇼパが〝清い〟ままに、自分へ矢を放つ姿を見た。大切な人を守るための愛をめぐる殺人。殺害への罪悪感。尾形が夢見続けていた「真実」が矛盾せずに現れた。

「アシㇼパは俺に光を与えて俺は殺される」（尾形百之助／三一巻、第三一〇話「祝福」）
「兄様は祝福されて生まれた子供です」（花沢勇作／三一巻、第三一〇話「祝福」）

尾形に「祝福の死」をもたらしたのは、アシㇼパであり、勇作であった。最後に尾形の家族になった弟・勇作が、尾形を死に導き、〝最期〟も彼のそばに寄り添う。尾形百之助は目醒めない。彼の望んだ「祝福」は死とともにあった。

〔脚　注〕
＃1　アニメ第四期はメインスタッフ逝去のため中断され、二〇二三年四月から放送が再開されることになった。
＃2　このコラムは二〇二二年九月三〇日に執筆されたものです。

第12章

特撮作品から読み解く時代の特徴
――「グリッドマン」シリーズを切り口に令和の危機を考える

木下雅博

はじめに

本書はさまざまな年代におけるアニメ作品を題材として、そこから心理的要素を考察する内容となっている。本章では、対象をアニメ作品だけでなく特撮作品にまで広げ、バブルが崩壊した一九九〇年代前半、つまり平成初期と、二〇一〇年代後半にあたる平成終期の比較を行い、そこから二〇二〇年代令和初期のこころの危機について考えていく。[#1]

『電光超人グリッドマン』と『SSSS.GRIDMAN』

今回、比較をするうえで切り口として「グリッドマン」シリーズを使用する。「グリッドマン」シリーズでは、一九九三年に放送された特撮作品『電光超人グリッドマン』（以下『グリッドマン』）と、その後アニメ作品として二〇一八年に放送された『SSSS.GRIDMAN』（以下『GRIDMAN』）、二〇二一年に放送された『SSSS.DYNAZENON』、二〇二三年に放映されたアニメ映画『グリッドマンユニバース』からなる作品群のことである。この『グリッドマン』と『GRIDMAN』を比較しつつ、そこに反映された各時代の風潮および視聴者世代の心理的特徴を考察してみよう。

(1) なぜグリッドマンなのか

『グリッドマン』と『GRIDMAN』について記述していく前に、まず、この二つの作品を取り上げた理由を述べる必要があるだろう。作品にはその時代の社会状況や風潮、人々の心理状態が現れることがある。ならば、ある二つの時代から同じキャラクターを題材にした作品をピックアップし比較することで、その二つの時代の特徴を理解できるのではないだろうか。今回はその二つの時代を、一つの年号の始まりと終わり、つまり平成初期と平成終期とする。

平成初期にも平成終期にも数多くの特撮作品やアニメ作品が放送されている。それら数多くの作品の中で、『グリッドマン』と『GRIDMAN』を取り上げた理由は、平成の約三〇年間の中で、初期と終期に同じキャラクターを題材として製作された作品だからだ。このように述べると、「ウルトラ」シリーズや「仮面ライダー」シリーズ、「スーパー戦隊」シリーズがあると指摘する人もいるだろう。

＃1　なお、本章執筆時期が二〇二二年半ばであることを念頭において読んでいただきたい。

しかし、「ウルトラ」シリーズは『ウルトラマン80』（一九八〇年放送）以降、一九九六年放送の『ウルトラマンティガ』までしばらくの間テレビシリーズは放送されておらず、「仮面ライダー」シリーズにおける平成初期のテレビシリーズは昭和とまたいで放映された『仮面ライダー BLACK RX』（一九八八年放送）のみとなっている。また、「ウルトラ」シリーズも「仮面ライダー」シリーズも平成シリーズ以降、毎年のように新しい作品が出てきている。そのため、それまでのシリーズ作品とは差別化するためにさまざまなアイデアが出され、各作品の個性が強くなっている。そのような制作の背景がある作品では、その時代の特徴を抜き出すことは難しいだろう。「スーパー戦隊」シリーズは四六年続いているのだからなおさらである。平成初期と平成終期のみに放送されたグリッドマンは作品として比較しやすいのだ。

『グリッドマン』は特撮作品であり、『GRIDMAN』はアニメ作品であるという違いを気にする人もいるかもしれない。しかし、実のところ、特撮と実写の境目はあいまいで、特撮とアニメが混ざった作品も存在する。『グリッドマン』の制作会社である円谷プロダクションが制作した一九七六年放送の作品『恐竜探検隊ボーンフリー』は、その一例である。作品全体ということを除外すれば、特撮に限らず実写とアニメが混ざることは多々発生する。二〇一八年に放送されたアニメ『ポプテピピック』の最終回では声優の蒼井翔太が実写として登場しており、二〇二二年に公開されたチャルメラのCMでは『ちいかわ』のキャラクターたちと女優の本田翼が共演している。このように、特撮作品とアニメ作品は混ざることもたびたびあり、ジャンルとして特撮とアニメの間に明確な境界はないといえる。それに、今回の趣旨である時代の特徴が現れるということに特撮作品とアニメ作品との間に有意な差があるとは考えられない（もちろん、この考えを証明するためには量的統計調査を行う必要があるが）。

上述の理由から『グリッドマン』と『GRIDMAN』は、放送された平成初期と平成終期の時代背景や、その当時の視聴者の心理的特徴を反映しているという仮定のもとで、時代を比較し、過去と現在の特徴を考慮したうえで、これからのこころの危機を推察する。

(2)『電光超人グリッドマン』：平成初期

『グリッドマン』は一九九三年に放送された。一九九三年といえば、日本におけるバブル崩壊の終盤にあたり、複数の政党による連立政権である細川内閣が発足した年である。また、当時の皇太子の婚姻、Jリーグ開幕の年でもある。パーソナルコンピュータ（以下PC）の普及率は、まだ一一・九%であり[1]、爆発的に売れたwindows95も発売されていない時代であった。

『グリッドマン』は、中学生の三人組がPCを自作したところから物語が始まる。自作PCに突如ハイパーエージェントグリッドマンが出現し、コンピュータ・ワールドから主人公たちの世界の支配を企む魔王カーンデジファーと戦うために、主人公三人組とグリッドマンが協力するという内容である。三人組のうちの一人がグリッドマンと合体し、カーンデジファーが差し向けてくる怪獣と戦うのだが、残りの二人もサポートメカをデザインしたり、ワクチンプログラムを組んだりして戦いを助ける。先述したように当時はほとんどの家庭にPCがなかった。そのため、実際にPCを使用するとどのようなことが可能となるのか、またどの程度の難易度で行えるのかは、視聴していた子どもたちには想像できなかった。劇中で中学生が自作したＰＣでさまざまなことを行っている様子を見て、ＰＣというものに夢を膨らませた子どもは多かったのではないだろうか。

　この『グリッドマン』という作品の世界では、日常製品・電化製品にＡＩが搭載されていたり、さまざまなものがコンピュータ制御されていたりする。そして、そのような日常製品・電化製品には主人公たちが存在する世界と並行してコンピュータ・ワールドが存在し、コンピュータ・ワールドの建物を破壊したり作り変えたりすると、主人公たちの世界のコンピュータが暴走するという仕組みである。二〇二二年現在でこそさまざまな日常製品、電化製品にＡＩが導入され、Internet of Things（ＩｏＴ）が普及しているが、当時はまだインターネットもごく一部でしか運営されておらず、日常製品、電化製品に搭載されたシステムも単純なものでしかなかった。

『ウルトラマン』（一九六六年）に代表される円谷プロダクションの作品の多くは放送年よりも少し未来という設定で描かれていることが多く、その世界は視聴者の日常と同じような生活様式だが、そこに溶け込むように現実では再現できないテクノロジーが組み込まれている。この『グリッドマン』もその作品群の一つであり、自動車は自動運転を行い、枕は電子式安眠枕により良質の睡眠を得られるものが登場する。コンピュータ・ワールドで敵のＰＣから各製品に送り込まれた怪獣と戦い、壊れた個所を修復するグリッドマンは、今日でいうウイルス対策ソフトのような役割であった。

　この作品では、魔王カーンデジファーに協力する側の人間として、藤堂武史《とうどうたけし》という中学生が登場する。彼の両親は彼にお金だけ渡して家を空けており、藤堂武史は大きな邸宅に一人で暮らしている。家庭における子どもと保護者との交流には、コミュニケーション力を養う機能や、子どもの感情を親がくみ取ることで感情のコントロールができるようになる機能などが含まれているとされる。[2] 保護者との交流が不足している藤堂武史は、コミュニケーション力が養われておらず、また、不満の解消も自分の中ではうまくできず、物や誰かにあたったりする。

こうした描写は、バブル期の物質的豊かさに溺れていた日本人への風刺であろう。最終的に、藤堂武史は主人公たちと触れ合う中で改心していく。物質的な豊かさを追い求める風潮がこころの貧しさや人間関係の希薄さに拍車をかけていた時代において、人間関係の大切さを説いた作品であったことがうかがえる。一方、登場人物が大切にしているものに焦点を当てて考えると、主人公たちは世界の平和、世界の調和を重視して行動している。それとは対照的に、藤堂武史やその両親は自分の幸せを優先している。当時の人々が徐々に世界の調和よりも個人の幸せを優先し始めている兆候、あるいはこのままではそうなっていくであろうという予感があったのかもしれない。

(3)『SSSS.GRIDMAN』：平成終期

『GRIDMAN』は二〇一八年に放映された作品である。二〇一八年における家庭でのPCの普及率は七八・四%となり、一つの家庭において複数台所持している場合も多くなってきている。[1] スマートフォンにいたっては七九・二%となっており、[3] 多くの人がオンラインサービスを頻繁に利用し、インターネットサービスがなくてはならない状況となっている。また、我々は一九九三年から二〇一八年までの間に、大きな出来事として、阪神・淡路大震災、アメリカ同時多発テロ事件、リーマンショック、東日本大震災を経験した。

作品の大枠の流れとして、怪獣が出てきてグリッドマンが退治するというのは『グリッドマン』と同じだが、『グリッドマン』ではコンピュータ・ワールドに主人公が入ってグリッドマンと融合し、コンピュータ・ワールドの中で戦うのに対して、『GRIDMAN』では主人公の世界に怪獣が出現し、主人公がグリッドマンと融合して、主人公の世界で戦う。『グリッドマン』を視聴していた人なら、グリッドマンが主人公の世界に出現することに違和感を覚えたであろう。最終的に、主人公がいる世界は、主人公のクラスメイトである新条《しんじょう》アカネが作成した世界であり、コンピュータ・ワールドの一種であることが明かされる。

主人公たちが作られた存在で、ラスボスが世界の創造主であるという構造は『勇者特急マイトガイン』などで使用された手法であるが（偶然にも『勇者特急マイトガイン』の放送年は『グリッドマン』と同じ一九九三年である）、『勇者特急マイトガイン』が放送されていた時代よりも現実世界の技術は進歩している。オンラインゲーム、とくに『ラグナロクオンライン』（二〇〇二年サービス開始）や『ファイナルファンタジーXI』（二〇〇二年販売）などに代表されるMMORPGの発展により、オンライン上の仮想空間であるメタバースの概念が生まれたことで、仮想現実で生活することがよりリアルさを帯びている。

仮想現実の世界に入り、仮想現実に存在するキャラクターの中から自分の好きなキャラクターのみを残したり、自分の好きな設備に整えたりすることで、自分好みの「セカイ」を創造する行為は、行為者に万能感をもたらす。この万能感を高める行為は、本来特撮を見た子どもたちが無意識的に行っていることだろう。『GRIDMAN』の新条アカネは、万能感を自分の作った仮想現実の「セカイ」で特撮怪獣を用いて得ようとしていた。『GRIDMAN』の視聴者は、主人公側の視点に立っているため、この新条アカネの行為は残虐で非倫理的な行為のように映るかもしれない。

しかし、実はこのような行為は倫理感のない人間が行う特殊な行為ではない（キャラクターにそれぞれ人格が与えられていることは特殊であるが）。子どもたちにとどまらず大人にも流行した『Minecraft』（二〇一一年正式発売）などのサンドボックスゲームはその「セカイ」の中で、自分の好きなように物事を組み立てたり、邪魔をするキャラを退治したりすることができる。まさに創造神のような万能感を得ることができるゲームであり、多くのプレイヤーはとくに罪悪感を抱くこともなくその行為を楽しんでいる。『GRIDMAN』では非倫理的に見えた行為だが、現実世界では、多くの人々が、自分の「セカイ」において万能感を満たすために同じことを行っているのである。この状況こそが個人の「セカイ」を重視する平成終期の社会風潮を表している。まさしく、新条アカネは平成終期の負の側面を象徴するキャラクターと考えられる。

増加傾向にある並行世界、世界線作品

少し話を違う方向に移す。近年の特撮では、『仮面ライダーディケイド』（二〇〇九年放送）の並行世界や、『ウルトラギャラクシーファイト　大いなる陰謀』（二〇二〇年配信）の並行同位体など、世界が主人公の存在する世界以外にも複数存在し、別の可能性としての世界を示す描写や、過去の選択肢からの分岐により現状とは違う経緯を辿ったキャラクターが出現する演出がある。この選択肢による

分岐は、テレビゲームなどではマルチエンディングとして昔から存在していたが、特撮作品やアニメ作品において頻繁に用いられるようになったのはいつ頃からだろうか。

過去に戻ってやり直す「リープもの」は『時をかける少女』（テレビ版一九七二年放送、実写映画版一九八三年公開、アニメ映画版二〇〇六年公開）が有名であるが、アニメ作品での走りとなったのは、『STEINS;GATE』（二〇一一年放送）であろう（『STEINS;GATE』自体もともとは二〇〇九年発売のゲームではあるが）。この作品で登場する世界線という言葉も一部で流行した。並行世界とは、同時にいくつもの世界が、別の次元に存在しているという考え方である。一方、世界線とは、本来は相対性理論の用語であったが、『STEINS;GATE』以降日本では別の意味で使用される頻度が高くなってきている。

この概念では、世界はいくつもの分岐があり、それらが重なっている状態である。世界は同時に複数存在せず一つだけが観測でき、世界線を移動した場合、もとの世界は観測できないので存在しなくなる。決まっている結果は世界線を移動しても変わらない。このような過去を変える描写は、古くは存在する。『ドラえもん』でいえば、「もしもボックス」は、条件に合うＩＦという平行世界に使用者を移動させる仕組みであり、「タイムマシン」で過去を変えることは世界線を変えることである。仮にドラえもんの介入でのび太の結婚相手を変えたとしてもセワシが生まれるという結果は変わらない。

『バック・トゥ・ザ・フューチャー』（一九八五年公開）や『ドラえもん』（一九六九年連載開始）にも

どうやら並行世界や選択肢による分岐の考え方自体は昭和の時代からあったが、それがより明確に言語化され、多くの作品で使われるようになったのは、ここ十数年の話らしい。

現代を生きる人々が満たす万能感

このような並行世界や世界線の考え方が流行る背景には、人間誰しも人生に「あのときああしていなければ（していれば）」「こんなはずではなかった」などの何かしらの後悔が存在し、それをやり直したいという欲望、あるいは夢見た世界を実現したい・現状を否定したい欲求を刺激されるからではないだろうか。とくに、バブル崩壊（一九九一～三年）、リーマン・ショック（二〇〇八年）などの影響により長い不景気しか経験していない若い世代は、自分の努力ではどうにもできない社会の現状から、社会に希望を持てない傾向が高いとされる。そのネガティブな感情を浄化したい無意識的な欲求により、自分の可能性を示唆してくれる並行世界や世界線の作品に惹かれるのではないだろうか。

前述したサンドボックスゲームや異世界転生系（なろう系）の作品が流行した理由の一部もこの背景が関連していると考えられる。万能感とは、その文字が表す通り、自分が何でもできるという感覚のことである。現実世界の状況を変えることができないというフラストレーションが多いと、自由度が高いサンドボックスゲームや、実際に万能的な力を持って物語に参画しているキャラクター（チートキャラと呼ばれる）に転生する作品によって、世の中を思い通りに動かせるという万能感を希求するのではないだろうか。

万能感は、本来、乳児期に持っている感覚であり、自分の欲求がすべて実現される（実際は保護者が欲求をかなえている）という感覚で、幼児期には棄てなければならないとされている。[4] たしかに、世の中が何でも思い通りになると思ったまま成長してしまうと、欲求が実現されない状況に本人も苦しむうえ、周りの人間との関係もうまくいかないであろうことは想像にかたくない。しかし、万能感自体は必ずしも悪いものではない。昔から子どもは特撮やアニメなどの世界に浸り万能感を満たしてきた。それは子どもだけに限らず、大人も小説を読んで万能感を満たしていたといえるだろう。

人々は昔から万能感とうまく付き合ってきたが、世の中には現実世界において現実検討能力を抑制するほど万能感が高くなる人も存在する。そのような人は、自分の思う通りにうまくいかないことからくる傷つきや怒りを感じる場面が多いことが予測される。また、自分が何でもできるということは、他者の意思や権利も自由にできるということになる。そのため、他者との軋轢が発生することも多いだろう。万能感は人の精神的健康を保つためには必要なものであるが、ときとして、当人や周囲の人を苦しめることもある。筆者には、平成時代に高まった個人の権利や考えを尊重する風潮の負の側面が、この万能感とうまく付き合えない状況を助長しているように思える。

昭和、平成における風潮と令和の危機

第二次世界大戦の間、日本は国家のために強制徴兵を行い、個人の命よりも国（あるいは政府）の存亡を優先していた。終戦後、国の強制力が弱まり、強制徴兵はなくなったが、個人が所属している学校や会社など、社会の利益や意図が個人の権利や考えよりも優先される時代が続いた。その後、国際法、国際基準に従って時間をかけて徐々に個人の権利を尊重する風潮に変化していった。この所属

する社会から個人個人の「セカイ」に重きが移行する流れはテレビ視聴の構造や、特撮作品の中にも見ることができる。

昭和の時代、一九五二年に一般人向けのテレビが発売された当初は、街角にテレビが設置され、町内の人が集まってみんなで視聴していた。その後、一九六五年には白黒テレビの普及率が九〇％を超え、一九七五年にはカラーテレビの普及率が九〇％を超えた。[1]各家庭のお茶の間にはテレビが設置され家族が集まってテレビを視聴していた。時代は進み、平成になると複数のテレビを所有している家庭が増加し、各部屋や個人用のテレビが設置されるようになる。一方、Windows95の発売以降、PCは各家庭に普及し始め、二〇〇七年には七〇％を超える普及率となっている。[1]加えて平成の末期にはスマートフォンが普及し始めたことで、みんなで一緒に何かを視聴すること（世界を共有すること）が減少し、個々人が好きなコンテンツを個人の「セカイ」で楽しむ時代になった。

特撮作品の流れにも似た特徴を確認できる。昭和の時代「ウルトラ」シリーズでは、とくに『ウルトラマンタロウ』（一九七三年）の六兄弟まで、「仮面ライダー」シリーズでは、とくに『仮面ライダーストロンガー』（一九七五年）の栄光の七人ライダーまでは世界観が共通しており（『ウルトラマン』と『ウルトラセブン』（一九六七年）は独立しているが後続作品で共演している）、先輩後輩の上下関係があり、協力して問題に立ち向かう。一方、平成作品は「ウルトラ」シリーズも「仮面ライダー」シリーズも作品の多くは独立しており、別々の「セカイ」として描かれている。共演する際も上下関係はなく、協力はするが個々の個性を強調するような表現が多い。共通した世界観は所属している社会の、並行世界は個々人の「セカイ」の象徴であり、作品はよくその時代の風潮を表している。

所属している社会を重視することと個人の権利や「セカイ」を重視すること、本稿ではどちらが良いかという評価をするつもりはないが、どちらも行き過ぎると弊害が生じることは想像にかたくない。さて、近年マルチバースの世界観をもった作品が増えてきている。これは現代、言い換えれば令和時代のどのような社会風潮を反映しているのであろうか。

マルチバースの世界観には二種類あるように思う。一つは、複数ある「セカイ」を統一し、一つの枠組みで世界を捉えようとするものである。このマルチバースは、本来は個々の作品にあった特徴、面白さを均一化してしまい、せっかくそれぞれの作品を制作する際に練った案や努力をないものにしてしまうのではないだろうか。この種類のマルチバースを現実に置き換えてみよう。すると、複数ある「セカイ」（各国家や民族における法や文化）を一つに統一し、一つの均一化された世界（国）になる。二〇二二年に起こったロシアによるウクライナへの侵攻がこれにあたるのではないか。並行「セカイ」、個々の「セカイ」、つまり国家を優先している〇〇ファーストな国もある一方で、さまざまな並行「セカイ」を統一しようとする動きがある。これらの動き、そして軋轢が現代、そしてこれからの時代における問題になると予測される。

この動きに対し我々はどう対応していけばよいのか。そのヒントはもう一種のマルチバースに示されている。もう一つのマルチバースでは、個々の「セカイ」はそのまま存続する一方で、一部共有した世界が存在する状態である。お互いの「セカイ」（国家の特徴、文化）は大切にしつつも、共有した世界（地球全体）で考えなければいけないことについては共有し、一緒に考える。あるいは、個人の利益を大切にしつつも、所属している社会の利益も考える。この個々の「セカイ」と共有している世界のバランスを常に考えて行動することが、〇〇ファーストや一つに均一化された世界を牽制し、我々が住む世界・「セカイ」を守っていくことに繋がるだろう。我々が住む世界・「セカイ」のために、今こそ我々個々人が社会にアクセス・フラッシュしていくことが望まれる。

〔参考文献〕

（1）内閣府「統計表一覧―消費動向調査」（https://www.esri.cao.go.jp/jp/stat/shouhi/shouhi.html）

（2）遠藤利彦「アタッチメント理論の成長と発展」遠藤利彦編『入門アタッチメント理論―臨床・実践への架け橋』五三―八八頁、日本評論社、二〇二一年

（3）総務省「令和元年版情報通信白書」二〇一九年（https://www.soumu.go.jp/johotsusintokei/whitepaper/ja/r01/pdf/01honpen.pdf）

（4）白井常「教育心理学における発達研究の今後の課題（展望）」『教育心理学年報』二一巻、一四五―一五四頁、一九八二年

第13章

遠さを取り戻すための旅

――3・11以後の、スマートフォン・SNS時代の映像表現『宇宙《そら》よりも遠い場所』

川口茂雄

暮るれば世界の図を開き（中略）絵図では近いやうなれど、三千余里のあなたとや、この世の対面思ひ断へ、

（近松門左衛門『国性爺合戦』[1]）

人間は、途方もなく大きな空間的距離を踏破しつつあり、そうして、ごくごくわずかな時間的距離で一切を片づけようとしている。

しかし、距離という距離をあわただしく除去したところで、近さは決して生じません。というのも、近さは、わずかな分量の距離というのとは別のものだからです。（中略）距離が小さいことが、それだけでもう近さというわけではない。距離が大きいからといって、それだけではまだ遠さではない。（中略）距離をごっそり除去したはずなのに、すべてが同じように近く、かつ遠い。この同型的で画一的な事態はなんでしょうか。そこでは、すべてが近くも遠くもなく、いわば隔たりを失っている。

（ハイデガー「ブレーメン講演」[#1]）

「バカ言うなよ。やっと一歩踏み出そうとしてるんだぞ。……おまえのいない世界に」
（『宇宙よりも遠い場所』第五話）

〈電話の時代＝実写ドラマの時代〉とその終焉

二〇世紀中盤、映画館というメディアの全盛期[#2]における著名な実写映画のうち、制作時と同時代を舞台とした現代劇のものを観ると、多くの場合に、〝電話をする〟人物を映すショットが作品中に含まれている。たとえば、小津安二郎監督『東京物語』（一九五三年）であれ、ヒッチコック監督『サイコ』（一九六〇年）であれ、ゴダール監督『勝手にしやがれ』（一九六〇年）であれ。いずれの作品も画面づくり・ストーリーづくりのかなり根本的なところに、電話がかかわっている。電話がもつ社会的・人間関係的な機能からすればそういった場面があるのは当然、何をそんな当たり前のことを……

#1　この訳文は森一郎訳に依拠しており、若干の変更のみくわえたものである。マルティン・ハイデガー（森一郎編訳）『技術とは何だろうか―三つの講演』一六―一七頁、講談社学術文庫、二〇一九年

#2　映画館の年間入場者数は一九五八年に一一億二〇〇〇万人を記録したのち、六〇年代に急激に低下し、七二年に二億人を割って以降、おおよそ一億二〇〇〇万〜八〇〇〇万の数字で横ばいを続け、五〇年後の現在にいたっている（日本映画製作者連盟「日本映画産業統計」による）。

と思う方もあるかもしれない。しかし考えてみるならば、今二〇二三年にあって、電話について事情は同じではない。

かつて、電話——今では〝固定電話〟というレトロニムで呼ばれるもの——は、住居のなかにあっても一台しかなかった。そもそも、ほぼ一家に一台という状況になったのもようやく一九七〇年頃になってからであった。

少しだけ通信メディアの歴史を振り返ってみる。日本では、白黒テレビは普及率一〇％以下の状態から、ほぼすべての家庭に一家一台あるという普及率九〇％以上になるプロセスが、一九五〇年代後半から一九六四年（東京オリンピック開催年）にかけての約一〇年間に一気に進んだ。これに比して、電話の普及は、住宅内への普及という点では、より長く緩慢なテンポのものだった。家庭用白黒テレビの出現（一九五三年）よりずっと以前から、電話は役所・銀行など、あるところには戦前からすでにあったわけだが、[#3]一般家庭に存在するものではなく、戦後一五年を経た一九六〇年でもまだ住居での普及率は六％程度であった（『東京物語』後半での、電話と電報が時間差で行き交い、情報把握が錯綜する場面は、まだ電報メディアが通信の主役でありつつも家庭・家族内に電話がニューメディアとして浸透しつつあるという、過渡期のせめぎあうメディア状況の描写ないし表現上の活用として興味深い[#4]）。電話とは基本的に業務用・職場用のツール[#5]、公的な要件のツールであるという認識は長らく強かった。とはいえ六〇年代に入ると普及は加速し、全国での世帯普及率が五〇％を超えたのが一九七一年（都市部に限ればもっと高い割合と推測してよいだろう）。一九八〇年に八〇％を超えた。[#6]

一九八五年に電電公社が民営化されてＮＴＴになるのと時を同じくして、電話機が自由化され、住宅の電話機は個人が自由に各メーカーの発売するものを購入できるようになり、留守番電話機能、コードレス機・子機、といったものが現れる。一家に一台から、一人ないし一部屋に一台への移行。緊急連絡用のツールから、不要不急の〝長電話〟などの使用法を含む、私《プライヴェート》的なツールへの移行が生じた。テレビにおけるいわゆるトレンディドラマの時代が一九八五〜九五年頃と通例目されるが、それがこの固定電話のいわば全盛期と重なることは偶然ではないだろう。[#7] 固定電話についての数少ないメディア論的研究書の一つに、一九九二年に刊行された吉見俊哉らの『メディアとしての電話』(2)があるが、その「序章」では次のように記されている。「いっそう象徴的なのは、テレビドラマに登場する小道具としての電話の役割の変化である。近年の「トレンディドラマ」では、電話はまさに、それを欠いてはドラマそのものが成立しなくなってしまうほどに重要な役割を演じている」。

#3　一九四〇年時点で約一〇〇万回線の契約があった。以後回線数は戦時下で大きく減少し、戦後ただちに回復はしなかった。

#4　アニメ作品で言えば、たとえば『となりのトトロ』(一九八八年)は『東京物語』と同時代・同時代的メディア環境の内容になっている(電話は主人公の住居にはなく、町内で電話のある家・店舗等に出向いて使用する)。

#5　一九五三年公開の同時代設定であろう『東京物語』のなかで電話が設置・使用されているのは、美容院(兼住居)、商社、医院(兼住居)であると見える。

#6　昭和三八(一九六三)年、昭和五〇(一九七五)年、昭和六二(一九八七)年の各「通信白書」による。

#7　またこの時期は、ビデオデッキの普及、ビデオカメラの普及といった事柄も重なっており、社会および個人がもつ映像リテラシーに大きな変化が生じた時期と考えられるが(佐藤卓己『現代メディア史 新版』二〇四―二〇五頁、岩波書店、二〇一八年)、本稿の範囲ではこれらの事柄には立ち入らない。

この状況は、長くは続かなかった。一九九六年頃から、今度は携帯電話が急速な普及を開始し、固定電話の契約数は一九九六年に最高（約六一〇〇万）を記録したのち減少に転じる。そしてわずか四年後の二〇〇〇年に、固定電話（約五二〇〇万）と携帯電話（約六〇〇〇万）の契約数は逆転する。かくして約半世紀間の、固定電話が主たる通信メディアである時代は終わった。

話は変わるようだが、舞台演劇には、モノローグというものがある。（細かに定義や分類をすることは目下の趣旨ではないので、[#8] 簡潔にまとめると）舞台上の一人の人物が、基本的に他の人物には聴こえていないものとして、台詞を語ること、これがモノローグである。つまりモノローグを聴いているのは、基本的には観客だけである。たとえば典型的には、舞台の照明が消え、一人の人物（役者）だけにスポットライトが当たる。その人物は、今まで語ってこなかった自身の思いや感情を言葉にして、大きな声で切々と長く語る。そうした場面・語りを念頭においていただければ結構である。

日常生活においては観客たちに向けて語るということはありえないし、自分の思いを長々と声に出して独《ひと》り言《ごと》を熱心に発し続ける人もあまりいないという意味では、非写実主義的な語り・表現であると言える。いわゆる〝芝居がかった表現〟ということだ。そして、演劇鑑賞の醍醐味の一つはそうしたモノローグの場面にある。なかでも観劇に慣れた、目の肥えた客層はそうした非写実主義的な表現箇所の出《で》来《き》栄《ば》えにこそとくに注目と期待を寄せるだろう。

ところで、実写映画・実写テレビドラマにおいて、固定電話で電話をしている人物を映す場面は、二〇世紀後半の約五〇年間（を時代設定とする作品）においては、写実的な場面・表現であったことになる。同時代社会に固定電話が存在していたからである。

これは、写実的にテレビドラマを作る際には、制作上、たいへん便利なことだったと考えられる。このドラマは写実的ですよという形をとったまま、一名の人物がひとりで語り続ける場面・画面を容易に作ることができるからである。たとえば、一人暮らしの人物が自宅にいるときに、シナリオの核心に迫る内容の一人語りをさせてもよいし、あるいは、ストーリーの本筋にかかわらない人物との通話で「最近こういうことがあって……」と説明的な台詞を都合よく言わせる（視聴者に聴かせる）ことも簡単にできる。

くわえて、通話中だけでなく、その前後の画面づくりも容易である。電話が鳴る。それに人物が気づく。電話のあるところまで歩み進む。受話器を取る。もしくは取るのが間に合わず切れてしまう。誰からだったのだろう。等々。

すでに読者はおわかりのように、こうした固定電話を用いての画面づくり・動作のすべては、携帯電話が普及しきった二〇一〇年代以降の現在（を時代設定とする作品）では、写実的な表現としてはもはや成り立たないものになっている。この変化によって生じた違いを簡潔に三点にまとめてみる。

①時間的には二四時間いつでも、空間的にはまさしくどこでも、携帯電話で誰もがコンタクト可能になり、〈電話が可能な場面・場所〉（職場、自宅、公衆電話ボックス、など）と〈電話が不可能な場面・場所〉とのあいだの区別・メリハリが消失したことで、写実的表現によるドラマの各場面・シナリオ展開の必然性は著しく弱いものと化した。〝そこ〟である必然性がない。〝そのとき〟である必然

#8 詳細な研究としては、たとえば、佐々木健一『せりふの構造』講談社学術文庫、一九九四年

性がない、話そうと思えばいつでも話せる……（画面に映っていない通話相手の居場所についても、電波が通じるところならば空間的にどんな場所でもありうることになり、無数の可能性が散漫に生じてしまう）。

②また、画面づくりの側面から言えば、かつて固定電話で電話をしている人の姿は、映せばそれだけで絵になった。受話器という特徴的な形状のオブジェクトと、柔らかく長いコードは、互いにコントラストをなしつつ、そこにあるだけで画面に質感を増加させる存在感があった。しかし――小さく薄く高機能だが、やや距離をおいたカメラから映すと、質感なき小さな板にすぎなくなってしまう――スマートフォンで、とくに通話ではなく文字入力をしている人物の姿などは、動作が細かすぎて、いい絵にならない。

③最後に、もうひとつ関連する点は、社会において、そうした遠距離・近距離にかかわらず、通話なり電子メールなりの通信とコミュニケーション全般の速度が大幅に速くなったことで、実写ドラマの編集（時間的テンポ）を視聴者が緩慢と感じる場合があるという点だ。これは複雑な事象である。たとえば、別の部屋においてある携帯電話が鳴り、携帯のある部屋まで歩いていき、そして携帯を手に取り通話する、という一定の時間幅を要するシークエンスを映すことはまったく作り手の自由であるが、今日の視聴者からすると、すぐ手もとに携帯があって即座に通話するのでよかったのではないか、無駄な尺だったのでは、という意識が生じる可能性がある。かといって、もし手もとにあって即座に出るという作り方だと、それはそれで映像として味気なさすぎるものになりかねない。速めても遅めてもうまくゆかない。結局、今や私たちの意識自体・人生自体がデジタル化された物事の速度に合わせたものになっており、単に写実主義的＝アナログ的な実写表現はその速度に対応していない、

速くも遅くもない別のものになってしまう面がどうしても生じる。

以上のように、シナリオ展開、画面づくり、時間的編集という各側面に関して、写実的なタイプの実写ドラマは、かつて半世紀間たまたま便利に活用できた固定電話という存在を失い、説得力ある作品づくりに大きな構造的困難を抱えるようになり、現在にいたっている、と暫定的にまとめることができるだろう。

二〇一〇年代深夜アニメ作品の、SNS時代の映像表現としての側面

『宇宙《そら》よりも遠い場所』（二〇一八年）は、二〇一〇年代後半の深夜アニメ作品のなかで最も高く評価される作品群のうちのひとつであると言ってよいだろう。The New York Times紙において二〇一八年のInternational Shows of the Year（年間ベスト外国番組）一〇作品のうちの一つに挙げられたことをはじめ、海外でも知名度と評価を有している。ただ――多くの深夜アニメ作品と同様に――このすぐれた作品がどのようにすぐれているのかについての研究・論評はまだほとんど存在しない。[#9] ところで、この作品の内容は、どのようなものか。二〇一〇年代日本の四名の女子高校生が南極に行こうとする話、らしい。

#9　たとえば、川口茂雄「速度の芸術としてのアニメ――宇宙よりも遠い場所」『ひとおもい』一号、二二〇―二三六頁、二〇一九年

第一話、怠惰な生活を送る一高校生キマリ（玉木《たまき》マリ）のだらけた日常のひとコマと思われるアバン[#10]が二分間ほどあったのち、オープニング（ＯＰ）になる。ＯＰでは、女子高校生たちが大きな船に乗って海を渡り、南極大陸の一面氷の見慣れぬ世界のなかで、歩き、活動し、写真を撮ったりする様子が映る。そうしてＯＰを観た視聴者は、おそらく次のような疑問を持つことだろう。〝だが、南極に普通の人間が行くことなど、できないのではないか？　ましてや高校生が〟と。その疑問は妥当である――というのは、作品が視聴者にそうした疑問を持つように仕向けているのである。実際に第一話の中盤で、南極行きへの否定的な見解が複数回発せられるのを視聴者は聴くことになる。

他方で――こちらは、第一話だけの時点ではなく第二話以降を視聴し進めていく過程において次第に、という形であろうが――、先の疑問とある意味では類似するが、ある意味では正反対のもうひとつの疑問が、視聴者には生じてくるであろう。すなわち〝もし仮に南極に行けたとしても、物事は根本的にはあまり変わらないのではないか？〟という疑問である。

そしてこの第二の疑問は、二重の要素から生じてくる。①南極に行くという考えは、キマリと同じ高校の小淵沢《こぶちざわ》報瀬《しらせ》が、三年前に南極観測隊員であった報瀬の母が南極で消息を絶ったことから、母が帰ってこないなら、私が行く、と決意したことに由来する。実現可能性を度外視した、論理的に飛躍のある決意であることは、疑いない。とはいうものの、第一話の時点では南極行きの実現に否定的な印象をもっていた視聴者も、視聴してゆくうちに、可能かどうかはともかく、報瀬の意志を応援したいという気持ちにはなるだろう。だが、そうした気持ちが生じさせられると同時に、視聴者はそれと表裏をなす問いないし心配を抱えることになる。すなわち、〝行ってどうなるのか〟という問いである。おそらく、報瀬の母を発見することは確率的にほとんど見込みがない。

くわえて、仮に万が一発見できたところで、そのことで報瀬に何がもたらされるというのか。どちらにしてもそうなのに、そんなつらい旅をあえて挑む必要があるのか。この問いと心配は——一見、第九話の最後で何らかの区切りをつけたようにも見えはするのだが、そうではなく——何の解決も見いだせないまま、その後ずっと、作品終盤第一二話までにわたって視聴者が抱え続けるものとなる。開始することすらできない喪の作業。喪失という形をとることすらできない喪失。[#11]

②もうひとつの要素は、OPが示唆するものでもあり、また作品の各話で、中心的な事柄ではないものの、何らかチラチラと影を見せているような種類の要素である。つまりそれは、〝南極でもスマートフォンに電波が通じるのではないか？〟という問い、推測である。そして、結論から言えば、昭和基地とその周囲では携帯電話の電波があることが作品後半ではっきり明らかになる。OPにおいて四人が動画や写真を撮影する姿から、また各話のAパート冒頭に付された各話サブタイトル提示箇所でのSNSアプリを意識した画面づくりから、この作品がスマートフォン社会を強く前提しているこ

＃10　実際には、この第一話アバン箇所はかなり難解である。この箇所を解釈するには、作品全体および作品の各部分のくわしい検討・解釈が必要だろう。

＃11　作品の解釈に際して制作者の証言等は主たる要素ではあるべきではないが、そのうえで補足すれば、シリーズ構成・脚本の花田十輝は、仙台で育った自身にとって、この作品が3・11との関連を持っていることを示唆している。『宇宙よりも遠い場所　南極よりも楽しいフェスティバル　公式パンフレット』二六頁、KADOKAWA、二〇一八年

とはわかる。第一話ですでに主人公たちがスマホで通話したり、ＬＩＮＥを使ったりする様子は明確に登場する。それら諸要因の積み重ねから、おのずと視聴者はこう疑問をもつよう促される。この作品は、南極という、過酷な地、また特別に尊重すべき地をも、単に〝インスタ映え〟のための素材として軽薄に消費する、そうした高校生たちを描くだけなのだろうか……と。ＳＮＳ映えの材料でしかないという点において、もはや自宅も地元も、国内観光地も南極も、何も違いはない、ということが、この作品の言いたいことなのだろうか（それならば、ずいぶん凡俗な作品だ）……と。

何も違いはないと提示したい作品なのか、イエスかノーか。この問いに、作品自身はある側面において、驚くほど率直にイエスとの答えを提示する。第一〇話、第一一話、第一二話という作品後半の各話は、まさにこの問いをめぐって、視聴者と登場人物を冷徹に激しく揺さぶってくる。結月《ゆづき》は、昭和基地で、日本から一通のメールがスマホに届いたことをきっかけに、これだけ長く旅をともにしてきてもいまだ、近い存在であるべきだと願っている友人の近さというものがわからず、苦しみ惑う。日向《ひなた》は、高校を中退してまで遠く遠ざけたはずの過去が、音声も画像もついた通信で、遥か南極にまで来た現在の自分に一瞬にして追いつき襲いかかるのを目の当たりにして、ようやく立て直した自己を保ちきれなくなる。衛星と電波によってあまりにもたやすく、あっけなく届く音声の残酷さは、日向の過去の傷に無造作に触れる。

第一〇話での「友達誓約書」を書いてもらおうとする結月の振る舞いは、いささか過度であり、さすがに現実に高校生がそのようなことをするかと違和感を覚える視聴者もあっておかしくないが、これは必ずしも写実主義的に解釈する必要はないテーマなのだろう。ここで近さに関する問いを誇張的に・鮮明に提示しておくことが、続く第一一話、第一二話への重要な準備をなしているのだ。次の第一一話で日向が抱える問題、そして第一話以来ずっとこの作品の底流であり続けて第一二話にまでいたる、報瀬にとっての問題、すなわち、最も近くかつ最も遠い存在、ないしは、近くも遠くもない、どこにいるのかわからない存在となってしまった報瀬の母との距離の不在という事柄に、第一〇話、第一一話を経て、報瀬は（視聴者は）直面する、あるいは直面できないということに直面するのである。

第一二話で初めて報瀬はこう述べる、「ごめん。べつに落ち込んでいるとか、悩んでいるとかじゃないの。むしろ、普通っていうか。……普通すぎるっていうか。（中略）何見ても、写真といっしょだ……ぐらいで」。

南極を映すショット、南極にいる人々を映す画面に、一九五〇年代の観客なら覚えたであろう強度の感銘を、二〇一〇年代に私たちは覚えることができない。『宇宙よりも遠い場所』が映しているのは、いや、厳密には画面内には映されていないが、その画面を見る視聴者がその視聴経験において感じ経験するのは、その感銘の強度のなさというリアリティである。高画素の画像をわずかな指の動きだけでイージーに何百km先にでも何千km先にでも送受信できる時代の、薄く均質になったリアリティである。

受話器をつなぐコードが不要となった二一世紀、通信はこの地球の表面いたるところを覆い、あきれるほど小さくなったカメラは何もかもを赤子の手をひねるように撮り尽くし、すべては近くも遠くもなくなった。そのような時代に、近さと、そして遠さを映像作品ごときが表現することなどできるのだろうか？　この、実写画像・動画が徹底的に陳腐化したスマートフォン時代にあって、単に写実主義的な映像表現では、間違いなく、できない。しかし『宇宙よりも遠い場所』はそのことに静かに、繊細に、情熱的に挑むだろう。その挑戦は、かつて大航海時代に世界を遍歴したという騎士ドン・キホーテ・デ・ラ・マンチャの旅のように、無謀な挫折に終わるだけかもしれない。「私は行く。……絶対に行って、無理だって言った全員に、ざまあみろって言ってやる」（第一話）。だがその無謀な歩みが、もしかすると、どこまでも届くことのない遠くの遠さを、たしかにおのれが歩んできた旅路の一歩一歩を、そして、ともに旅した者の近さを、別の道を歩み別の遠くを目指す者たち[#12]との一期一会と重ねつつ、どこかに示すということはないだろうか。

〔参考文献〕
（1）近松門左衛門（和田万吉校訂）『国性爺合戦―鑓の権三重帷子』岩波文庫、一九五二年
（2）吉見俊哉、若林幹夫、水越伸『メディアとしての電話』一二頁、弘文堂、一九九二年

#12　とくに筆者は、南極観測隊の藤堂吟《とうどうぎん》隊長を念頭においているのだが、『宇宙よりも遠い場所』作品後半の主人公の一人と言うべきこの人物に関してくわしく論じることは、稿を改めるべきであろう。

第14章

終わりのあとのロードムービーアニメ

――『ケムリクサ』読解レポート[#1]

森 年恵

『けものフレンズ』から『ケムリクサ』へ

『ケムリクサ』は、原作、脚本、監督をたつきが担当し、二〇一九年一月から三月まで深夜枠のテレビアニメとして放送された。公式サイトは次のように、『ケムリクサ』を紹介する。[#2]

赤い霧に包まれた、

#1 本論は、筆者たちが準備的に『ケムリクサ』の物語を整理した作業を下敷きにしている。森年恵、森茂起「『ケムリクサ』読解ノート」『心の危機と臨床の知』二二巻、一一―一八頁、二〇二一年を参照。

#2 アニメ『ケムリクサ』公式サイト (http://kemurikusa.com/intro.html)［二〇二二年一〇月三一日閲覧］

荒廃した建造物に囲まれた人気の無い世界を舞台に
三人の姉妹が生き抜く物語。
物語の中心的人物でまとめ髪の特徴的なりん、
猫耳でいつもおっとりしているお姉さんキャラのりつ、
メイド調の服に身を包み天真爛漫なムードメーカーりな。
謎多き世界で
この姉妹が目指すものは一体…

ここに紹介される三人の女性主人公は何者なのか、赤い霧、荒廃した建造物、人気のない世界はどこに、どのように生まれたものなのか。すべてが謎に包まれて物語は始まる。とはいえ、一つたしかなことがある。『ケムリクサ』を鑑賞し始めた私たちが、その世界が何らかの破局、崩壊、絶滅から生まれたのではないかと考え始めることだ。それは明らかに、終末論的、ディストピア的、あるいは岡田温司[6]が映画を題材に論じた「ポスト黙示録的」などの言葉で表される物語、つまりは世界が滅びたあとの物語のようだ。

過去の謎を解き明かす手がかりは、主人公たちの言葉、「ケムリクサ」と呼ばれる葉っぱの形をしたもの——次第にわかるように実は何らかの記録媒体——に残る情報から、少しずつ示され、見るものはさまざまの想像を膨らませていく。そして、最終的に、閉ざされていたりんの記憶から全貌が明らかになる。

終末論的、ディストピア的、ポスト黙示録的な感覚は――まったく異なった気分に覆われているにもかかわらず――たつき監督の前作『けものフレンズ』（二〇一七年）にすでにあった。その経緯に立ち入ることはしないが、『けものフレンズ2』の製作にかかわらなかったたつき監督が、そこに描く予定であった主題を『ケムリクサ』に展開したのではないかと思わせる連続性が両者にはある。

まず、基本的な舞台設定として、いずれの作品も、人間が消滅したのちと思われる世界を舞台としている。『けものフレンズ』の物語が展開するジャパリパークには、「サーバルキャット」「トキ」「シロサイ」といった動物の名を持つ「フレンズ」が一匹ずつ各「ちほー」に暮らしている。各回に動物園の画像が示され、ジャパリパークがかつてのサファリパークの跡――ただし、絶滅種に由来する「フレンズ」が飼われているらしい――であることをほのめかす。長く放置されたカートやモノレール、アシスタントロボットなどが、それらを生み出した人間がすでに消滅したことを知らせる。『ケムリクサ』の世界も、日本の都市や工場地帯の残骸のようであり、やはり人間が死滅したあとの世界のように見える。

『けものフレンズ』の「かばん」、『ケムリクサ』の「わかば」という、作中一人、あるいは一種だけの男性キャラクターが登場し、それぞれがサーバルキャット、りんという女性キャラクターの主人公と旅をする。物語の全体が旅からなる『けものフレンズ』、中間部分に旅が組み込まれている『ケムリクサ』という相違はあるが、いずれも、映画の一形式である「ロードムービー」ないし「ロードムービーアニメ」の性格を持っている。『けものフレンズ』では、「かばん」が「何のフレンズなのか」を探って続ける旅に解決は訪れず、その答えを求めてかばんがジャパリパークから旅立つところでシリーズを終える。『ケムリクサ』は、その先の物語であるかのように、旅の過程で「謎多き世界」に関する情報が次第に蓄積され、最終部で世界の全体像が明らかにされる。

このような連続性をふまえて、ここでは『けものフレンズ』から『ケムリクサ』への歩みを、たつき監督が辿った一つの過程と捉え、『ケムリクサ』の終結部で描かれた世界像の意味を考えることにする。

継承と変形

『けものフレンズ』も『ケムリクサ』も、先立つ種々の作品やジャンルからいくつもの要素を取り入れ、継承し、変形している。ここで、いくつかの主題についてそのさまを見てみよう。まず継承されているジャンルを代表的なものにしぼって取り上げる。

ロードムービー

まずすでに触れたロードムービーから始めよう。『けものフレンズ』『ケムリクサ』は、旅をするという基本的性格だけでなく、付随するいくつもの属性をロードムービーと共有しているようだ。

ロードムービーは、多くの場合エンジンで稼働する車ないしバイクで旅し、その途上で起こる出来事を、それぞれある程度完結したエピソードとして描いていく形式の映画を指す[1]。経済的危機の中で漂流する家族を描く『怒りの葡萄』（一九四〇年、ジョン・フォード監督）といった古典、ニューシネマ時代を切り拓いた『イージーライダー』（一九六九年、デニス・ホッパー監督）に始まって集中的に生まれた作品群、そして主人公を旅する女性に替えてセクシャル・マイノリティの主題も描いた『テルマ&ルイーズ』（一九九一年、リドリー・スコット監督）に始まる展開など、形式を受け継ぎながらそれぞれの時代を映し出してきたジャンルである。どの時代であっても、多くが中心から外れたもの、阻害されたものに光を当てていることも共通する。主人公は、所属する場を失い、あるいは捨て、いくつもの地点を訪れながら漂流する。かつて栄えたものへのノスタルジアがそこに含まれることも多い。『けものフレンズ』も『ケムリクサ』も、登場する男性キャラクターは、「何者か」というアイデンティティを失っている。

ロードムービーの一つの魅力は、その移動を可能にする乗り物のメカにある。多くの作品に、ガソリンエンジンで駆動される自動車ないしモーターバイク――二〇世紀の化石燃料時代を象徴し、ロードムービーが生まれた理由そのもの――が登場し、「速さ」を追求する。それに照らすと、この二作は『けものフレンズ』のカート、あるいは植物のミドリによって動く『ケムリクサ』の市電車両と、むしろ「遅さ」をその魅力としながら、動きの体感とメカへの関心が面白さの一部となっている点では共通している。SDGsに焦点が当たる現代を映しているともいえるが、SDGsを目指した時代さえ遠く過ぎ去り、乗り物自体がノスタルジアの対象となる。

日常系

日常系（空気系と呼ばれることもある）の定義やその意味についてはすでにさまざまの議論がある。

ここで深入りすることはできないが、「セカイ系」について論じた前島賢[5]は、当時使われ始めていたこの言葉を取り上げ、二〇〇〇年代後半に生まれた『らき☆すた』（二〇〇七年）、『けいおん！』（二〇〇九～一〇年）などのように、「たわいもない会話を繰り広げる」「障害とその乗り越えといったドラマツルギーがみられない」作品のことを指すという。

『ケムリクサ』には、ポスト黙示録的な性格、謎解き、赤い木の討伐といった「ドラマツルギー」があり、もちろん「日常系」ではない。しかし、『けものフレンズ』は、「自己の由来を探る」というドラマツルギーはあるものの、日常系の性質をかなりの程度含んでいる。物語を覆う気分は愉快、活気、軽さ、ほのぼの感などであり、ディストピア感、終末感は実は薄い。ポスト黙示録的な作品の多くが、切迫感、絶望感などの否定的な感情を中心に描くのと対照的である。ほのぼの感を基調に、けものたちそれぞれの特徴を際立たせながら、その「日常」を描いていく。それぞれの「日常」を生きるけものたちは、自分が何のフレンズなのか知りたいというかばんの関心にも、かばんを助けようとするサーバルの関心にも興味がなく、いつまでも変わらない自身の日常生活だけに目を向けている。その噛み合わなさにこの作品の面白さがある。

『ケムリクサ』は、はるかに切迫した、日常性からかけ離れた気分の中で進行するが、とくにりなたちの関心はサバイバルや謎に向けられず、たわいもない言葉の戯れが進行の重要な要素になっている。どのような緊迫した状況でも変わらないその「ゆるさ」の起源を、「日常系」のキャラ、気分、空気などに求めてもよいだろう。「終わり」についての切羽詰まった思考、語り、感覚に覆われることが多いポスト黙示録的な作品の中にあって、『けものフレンズ』『ケムリクサ』を、「日常系」ポスト黙示録と呼べるのではないか。

戦闘少女

『けものフレンズ』のサーバルも、『ケムリクサ』のりんも、明らかに「戦闘少女」の系譜の先に置かれるキャラクターである。前者では「セルリアン」、後者では、「赤虫」「ヌシ」「赤い木」などの敵が毎回現れ、戦いが演じられる。

「戦闘少女」は、『美少女戦士セーラームーン』(一九九二年)の登場により、魔法少女ものからラブコメ要素を受け継ぎながら、「美少女」が「戦う」形式となって展開されて生まれた一つのジャンルとされる。[4]『戦闘美少女の精神分析』で斎藤環は、「戦闘美少女という イコン」が、「多形倒錯的なセクシュアリティを安定的に潜在させうる、希有の発明」であることを指摘した。[7]「戦う」「美」「少女」という組み合わせがそれを可能にする。しかし、男性をモデルとする「オタク」論と結びつくセクシュアリティから離れ、恋愛より「女性どうしの絆」の要素が拡大してきた経過がある。[24]このジャンルを継承する『けものフレンズ』も『ケムリクサ』も、たしかに重要な主題は、すべてが雌として描かれるフレンズたちとの関係であり、姉妹間の絆だ。

「ロードムービー」「日常系」「戦闘少女」の三つのジャンルのいずれも、重要な要素として継承されながら、ポスト黙示録的な世界に統合され、変形される。そこに過去の作品への何らかの解釈があるとすれば、「批評性」という言い方ができるかもしれないが、むしろ、過去からの継承と変形の仕方自体が鑑賞の対象となる。そのよい例は、『けものフレンズ』のフレンズたちのキャラだ。各エピソードには、それぞれのけものの習性が誇張されて描かれ、キャラ化される。そこには、キャラ自体だけでなく、キャラの立ち方、あるいは立ち上げ方の面白さがある。私たちはここで、マンガ、アニメが形成してきた「キャラ」というもの自体を対象にして楽しむ。各エピソードの最後に描かれるセルリアンとの戦いも、危機的でありながら、遊びのような感覚があり、「戦闘少女というもの」を――そもそもサーバルは少女ではないのだが――キャラ化しているように見える。『ケムリクサ』には、「ポスト黙示録的」な主題がより正面から描かれているが、りんの姉妹たちには、フレンズたちと同じようなキャラ化の楽しさがある。

しかし、そうして楽しみを提供しながら、ポスト黙示録的な世界観を表現するのがこの二作である。岡田の映画論によれば、一九八〇年代以降、「この世が終わりに向かっている」あるいは「終わりは間近に迫っている」とする「終末思想」とともに、「黙示録的想像力」が活発に働いてきた[6]。「黙示録」的なイメージが、「文学や映画のみならず、ゲーム、アニメ、ライトノベル、テレビなど、複数のメディアを自在に横断している」(九―一〇頁)のである。

この二作品は、ポスト黙示録的主題を受け継ぎながら、巧妙にそれらの作品が持つ感覚、つまり、絶望、喪失感、恐怖、あるいはその反転としての希望、熱狂などから距離をとっている。岡田が「恐怖や不安をことさらに煽るが、同時に希望や救いを求める」(一一頁)と表現するその種の作品の二面性は――キャラ化の作用も働いて――希釈されている。「終末が訪れてしまっている」という感情や情動から、さらに距離をとって、終わってしまったあとの世界にいる感覚が作品世界の隅々にまで浸透している。なぜなら、二作のいずれにおいても、終末が訪れた時代自体がすでに過去のものであり、現在は、その過去を知らない主人公たちが過去の終末とは別の関心ごとで行動しているからだ。その意味で、仮にこの二作の性質を「ポスト・ポスト黙示録的」と呼んでおこう。

ポスト・ポスト黙示録的性格

『けものフレンズ』は、過去にあった「終わり」も、ジャパリパークの外の世界も描かないで終わった。しかし、『ケムリクサ』は、終結部で過去の「終わり」がどのようなものであったのかを明らかにする。物語の進行にしたがって次第にその「謎」が開かれていくところが『ケムリクサ』の一つのプロットであり、そういったプロットの最後にしばしば置かれる「どんでん返し」が用意されている。そこで明らかになる事情には、二つの破局（カタストローフ）が含まれる。「どんでん返し」を明かしてしまうことになるが、ここに簡単にまとめてしまおう。

まず、「りり」という名の少女が生きていた世界がかつてあり、それは私たちが生きる地球の未来のようだ。その世界に何が起こり、現在どうなっているのかが明確に描かれるわけではないが、少なくとも遠い過去に終わってしまった。それが第一の破局である。

その後に、一人の異星人、ワカバが調査のために地球を訪れ、さまざまのサンプルを収集している時代がある。ワカバが働く場所は静かで、美しく、荒廃感はない。そこに、りりが、ワカバにとっても不思議な現象によって、転写されて現れる。そしてりりとワカバの間にまるで父と娘のような温かな交流が生まれる。りりが、「地球に帰りたくないの?」とワカバに尋ねられて、「あそこでは死んだことになっているから」と答える会話があることから、今の場所は地球そのものではなく、りりは地球では死んでいるらしい。

りりは、ワカバが「ケムリクサ」にかかわる仕事に没入することを心配し、自身の両親の辿った運命——おそらくは過労死——を思いながら「あんなことはもう嫌だ」と、ケムリクサを止めるケムリクサを生み出そうとする。しかし、その試みによって赤い木が繁殖し、ワカバは命を失ったようだ。りりは、みずからも消滅する間際に、のちに残すためにその経緯をケムリクサに記録して消える。これが第二のカタストローフだ。ケムリクサを止めるケムリクサというモチーフは、化石燃料による地球温暖化を防ぐための原子力発電とか、世界戦争を防止する核の「抑止力」に頼った結果、核兵器の開発競争が最終戦争を招く、といった道筋の比喩のようにも見える。

そして、赤い木が繁殖して荒廃した世界に、りりの化身であると思われるりん(たち)が生まれる。[#3] 地球が破滅したあとの世界が荒廃した末路という、二重の意味でのポスト黙示録的な世界、それが、『ケムリクサ』の物語の舞台だ。そこでは水が枯渇し、りんたちの生存が脅かされている。そこに配管を通して現れたわかば——その名は彼が唯一覚えていた自身についての知識である——も加え、水を求めて旅をする中でその世界の様相が次第に明らかになり、赤い木が滅びるラストシーンとなる。

カタストローフの起源にりりという一人の少女の家族関係というきわめて私的な事情を置く構図は、本作が「セカイ系」の系譜の先にもあることを示している。あるいは、主人公のトラウマが発見されることで物語が結ばれる、『心の不思議議』(一九二六年、G・W・パブスト監督)、『白い恐怖』(一九四五年、アルフレッド・ヒッチコック監督）あたりを起源とする「トラウマ映画」の一類型の構図でもある。これらもまた、『ケムリクサ』が行う「継承と変形」の一例だろう。

最終場面における勝利と、その結果眼前に広がる水と緑の美しい世界、それが「どんでん返し」と呼んだ結末だ。一気に真実が開示され、廃墟の世界から美しい世界へという道が開ける。ただ、このカタルシスが何を意味するのかは明確に描かれていない。ある程度の仄めかしを提示して、あとは見る者の解釈に委ねられる。

解釈の一つの難点は、地球と荒廃した世界の関係性、あるいは位置関係だ。荒廃した世界には地球の都市と思われる廃墟が広がっているので、絶滅後の地球と見えるのだが、赤い木が滅びたときに眼前に広がる水を湛えた緑の世界を見たりりんは、「そうか、船、船の外か？」と言う。ワカバが収集作業を行い、のちに荒廃した世界は、地球ではなく地球の外の「船」の世界だったようだ。それがワカバが地球から採集して構成した地球のレプリカだとすると、『けものフレンズ』のジャパリパークの延長上にあることになる。つまり、地球そのものではなく、そのレプリカ、モデル、博物館といったものが舞台だったのだ。

もしかして、「船の外」の美しい世界が地球なのかもしれない。それは、レプリカ、モデルという作り上げられた世界ではなく、生の水、自然があるそのままの世界のようだ。ただ、そこに人間が生

＃3　りりの化身のりりんと他の姉妹たちの関係については明らかではない部分がある。「生まれた順」という言葉があるので、それぞれ別に生まれたとも取れるが、りり以外の起源は描かれていない。

息している気配はない。そもそも、レプリカ、モデル、博物館といったものは、保存のために人の手で作られているようでいて、実は、そういうものを作る人の手があったから死滅が起こったのだ。だから、「船の外」の世界に人がいてはいけない。では、その世界にこれから生きていくように見えるりんたちは、誰なのか。

美しい風景を見ながら泣きじゃくるりんに、わかばは「よかったです、ほんとうに」と言葉をかける。そのわかばに、「わかば」と言ってから頬を赤らめるりんを正面から映すと、画面が明転し、オフスクリーンから、りんの「好きだ！」という言葉が聞こえる。それはたしかに美しいハッピーエンドである。しかし、どのようなハッピーエンドなのか。最後に、いくらかの思いをめぐらせてみたい。

ポスト・ポスト時代の価値

『ケムリクサ』のハッピーエンドが、単純なハッピーエンドでないのは、地球が崩壊を免れて生命がその先に続いていくのではなく、もともとの人間がすでに消滅しているという破局のうえで迎えるハッピーエンドだからだ。そこで叶えられる「希望や救い」は、かつての存在の名残であるりんとわかばにとってのもので、世界はすでにいったん終わってしまっている。すべてはデータに過ぎないのかもしれない。

『けものフレンズ』にも『ケムリクサ』にも、サーバルにもりんにも、二次元に欲情する現象を生み出した「戦闘美少女」の残像がたしかにある。しかし、「彼女たち」は、かつての「戦闘美少女」

からはるかに乖離している。なぜなら――ここが肝心なところと筆者は考えるのだが――サーバルもりんも、生殖機能を失っているからだ。そもそも『けものフレンズ』は、フレンズの保存をキー概念としながら、その主題を「ポスト」化していた。ジャパリパークは、けものを一体ずつパークに展示していて、生殖という意味での種の保存への道はすでに閉ざされている。ポスト黙示録的作品の中に、「子ども」「出産」を未来への希望として提示して映画を終えるものがあるが、この二作はその道を前もって閉ざしている。人類も動物も種として絶滅してしまっている、あるいは原理的に――かたやパークの標本であることによって、かたや別の世界に転生した存在であることによって――そうならざるをえないのである。どちらもすでに本体ではなく、データなのだから。

しかし、不思議なことに、私たちはそのことが醸し出す気分をある程度受け入れ、むしろ魅力あるものとして鑑賞している。その気分を、稲垣諭が、南アフリカの哲学者D・ベネターの「反出生主義」も引きながら言う、「人類が絶滅するのも悪くない」という感性と結びつけることができるのかもしれない。人類を維持するために子どもを産むことを前提とする社会には暴力性がある。[3] その暴力性を排除したところに生まれるフレンズ間の関係性を描くことに、この二作の基本的性質を見ることができる。「反出生主義」の議論に深入りすることはしないが、近代を支配した「発達」への欲望のみか、「存続」の欲望さえ手放した現在の気分をこの二作は掬い上げているのではないだろうか。

そこに残された価値は、かばんとわかばが持つ「知る」ことへの関心であり、わかばが新しい風景に遭遇したときに発する「すごいですねー」という感嘆に含まれる美の感覚だ。「知る」喜びと、「美」の感覚が二作に通底している。実際に『ケムリクサ』は「廃墟の美」として鑑賞される、軍艦島、廃墟ホテル、工場跡などと同種の美がいたるところに表現されている。その目で『けものフレンズ』を見ると、『ケムリクサ』と違って明るい色彩で描かれるジャパリパークの各ちほーの風景にも、美の喜びがある。

そして最後に――これもわかばが体現する――人の大切なものを大切に思うという感情が描かれる。その行動はりんの理解を超えたものだったが、最後に「好きだ」の感情に到達する。つまり、生殖、再生産とまったくかかわらないところでの「好き」の感情、それが『けものフレンズ』に萌芽し、『ケムリクサ』で到達した地点だった。

生殖、再生産は、数々の映画で希望として描かれるほどの「最後の拠り所」でありながら、ときに深刻な暴力性を持つものである。それらによって犠牲にされるものが常に生まれてしまう。[#4] とすれば、『ケムリクサ』の感性は、人類が絶滅へと向かって行くときに必要な哲学、倫理観を反映しているのかもしれない。

「欲」によって生まれてしまった赤い木を滅し、もともとそうであった「ポストの時代」に復帰したこと、それが美しい世界であること、また同時に、子孫を生み出す性愛に価値を見出すことをせず、何らかの創造を希望とすることもせず、何があったのかを知り、一人ではないことを確認して終わる。

そのようにしてこの作品を見終えたとき、りんの「わかば」の発声から始まり「好きだ！」で終わる瞬間を、アニメ史上、最も印象的な美しいエンディングの一つのように感じるのは、筆者一人ではないだろう。

〔参考文献〕
（1）Archer, N.: *The Road Movie: In Search of Meaning*. Wallflower Press, 2016.
（2）藤本由香里「少女マンガ」夏目房之介、竹内オサム編著『マンガ学入門』四〇頁、ミネルヴァ書房、二〇〇九年
（3）稲垣諭『絶滅へようこそ――「終わり」からはじめる哲学入門』四〇―四一頁、晶文社、二〇二二年
（4）石田美紀「「美」に抗うアニメーション――「セーラームーン」以後の少女アクション」四方田犬彦、鷲谷花編『戦う女たち――日本映画の女性アクション』三〇七―三三七頁、作品社、二〇〇九年
（5）前島賢『セカイ系とは何か――ポスト・エヴァのオタク史』ソフトバンク新書、二〇一〇年
（6）岡田温司『映画と黙示録』みすず書房、二〇一九年
（7）斎藤環『戦闘美少女の精神分析』三一一頁、ちくま文庫、二〇〇六年（初出：太田出版、二〇〇〇年）

#4　その典型を『トゥモロー・ワールド』（二〇〇六年、アルフォンソ・キュアロン監督）に見ることができる。

特別寄稿

日本アニメの「特殊性」と未来

斎藤　環

はじめに

私が当初いただいたテーマは「世界における日本アニメの現在」というものだった。還暦を迎えた精神科医にとっては分不相応なテーマと考えもしたが、この点についてはたぶんあまり指摘されていないような、私なりの持論がある。本稿では、おそらく本書の編者の予想を負の方向に裏切るかたちになるかとは思うが、日本アニメの特殊性、ないしガラパゴス性について少しくわしく述べておきたい。

以下の考察は、『マイマイ新子と千年の魔法』（二〇〇九年）や『この世界の片隅に』（二〇一六年）の監督として知られる名匠、片渕須直のインタビューに多くを負っている。(1) 内容はかなり辛辣なうえに、「これは監督本人にとってもブーメランでは……」と言いたくなる部分も散見される。しかし、こうした視点について論じた文献は管見にしてほかに見当たらず、この問題意識は今後の日本のアニメーションを考えるうえで必要不可欠な視点になると考えている。

遷延する思春期

このインタビューの主旨をひとことで言い切れば、要するに「日本のアニメは世界にも類を見ない、きわめて特異な表象文化だ」ということになる。どういうことだろうか。

国際アニメーション映画祭で片渕はしばしばこう言われたという。「日本のアニメは面白いね」「だけど賞はやれない」「みんな同じでしょ」と。

どういうことだろうか。国際的なアニメーション映画祭で受賞する作品は基本的に「大人向け」だ。近年の受賞傾向を見ても、ポル・ポト時代や、タリバン支配下のアフガニスタン、あるいはアンゴラ内戦を描いたアニメーションなどが賞を獲っている。翻って日本はどうか？　なるほど、富野由悠季のガンダム三部作にパレスチナ問題の隠喩を読み込んだり、宮崎アニメを起点にアジア的自然観の解釈をしたりすることは十分に可能だろう。しかし直接的なメッセージ性となると、近年の「プリキュア」シリーズがどんどんジェンダーセンシティブな方向性を獲得して一部で「政治的すぎる」と批判されている例くらいしか思いつかない。

筆者の知る限り、ほぼ唯一の例外は、二〇二〇年に制作された日本・インドネシア合作の3Dアニメーション映画『トゥルーノース（True North）』くらいのものである。本作は北朝鮮の強制収容所の実態を描いているが、まず海外の映画祭で高い評価を得たあとに、逆輸入されるかたちで日本に配給されている。この経緯も実に象徴的だ。つまり日本では「大人向け」アニメーションの市場が事実上存在しないに等しいのである。「存在しない」が言い過ぎなら、いわゆる「アニメ」よりもその市場規模ははるかに小さい。

片渕によれば、日本のアニメにはもはや「子供向け」や「大人向け」の市場がほとんどなく、市場の多くは「思春期向け」であると言う。ただし、いまや思春期は全世界的にも四〇代までが含まれるので、この層に受ける作品は世界的なヒットになりやすい。この、言わば「思春期の高齢化」という認識については、筆者も完全に同意できる。不登校やひきこもりの治療的サポートにかかわってきた立場から、ということもあるし、なによりも日本政府の認識がこれを支持している。たとえば「地域若者サポートステーション」の利用者は、「一五歳から四九歳まで」とされている。穿った見方をすれば、日本の就労支援現場においては四九歳までが若者として支援される、ということだ。現在の日本アニメの世界的人気ぶりは、全世界的な思春期の高齢化、ないし思春期心性の普遍化と深くリンクしているのである。

「大人向け」はともかく「子供向け」が少ないというのは異論もあるだろう。本来アニメは子どものためのものではなかったか、と。再び片渕の言葉を引用しよう。「子供向けは全滅しましたからね。夜七時台のテレビアニメーションから子供アニメ全くなくなりましたから。映画で作られているのは、『ドラえもん』、『アンパンマン』、『ポケットモンスター』、『妖怪ウォッチ』、それから『プリキュア』など。これって、何年同じものを作っていますか？　二〇年ですか、三〇年ですか。ドラえもんは五

○年です」。

つまり、子供向けのアニメ市場は固定化されていて、新規参入がきわめて難しいという意味である。この認識は、専門外の私から見ても、まったく正当なもののように思われる。つまり、世界的に見たとき日本のアニメーションは、「ジャパニメーション」ないし「アニメ」という特殊なジャンルなのだ。「ワンピース」や「呪術廻戦」、「鬼滅の刃」や「スラムダンク」がどれほど国際的にヒットしようと、それらは全世界の「アニメーション」というジャンル中ではニッチなジャンルとみなされているのである。

「萌えキャラ」

このインタビューを読んだ直後に、私は下記のようなツイートを記している。そのまま引用する。

日本のアニメがガラパゴスなのは、キャラ萌えをハイコンテクストな様式で展開する性質上しかたない。ちなみにキャラ萌えとは「子供のイノセンス＋思春期のエロス」の混成体によって喚起される感情であり、この組み合わせがタナトスとしての様式（二次元）を要請する。

アニメのガラパゴス化が問題であるとしても難しいのは「キャラ萌え」がオタクの消費原理のみならず作者の創造原理でもあるからで、流れを変えるには複数の作家が「少女の存在しない世界」を描いてヒットさせる必要がある。しかしそうした作品を観たいかと言えば答えは「ありよりのなし」としか。

つまるところ言いたいのは、歴然たるキャラ萌えアニメであるところの「この世界の（さらにいくつもの）片隅に」がアニメはおろか二一〇年の映像文化史に刻印される傑作である事実のほうに希望があると。だって「最も個人的なことが最もクリエイティブなこと」（スコセッシ→ポン・ジュノ）なんだから。

ちょっと補足。「少女」というより「キャラ萌え抜きで作品作れ」と言われてやり抜ける作家がどれほどいるか、と言いたかった。ディズニーが恐ろしいほど念入りに萌え要素を排除（アナ雪が典型）する一方で、美少女抜きの映像研にすら萌えが宿ってしまうこの現実。そこにアニメの諦観と希望がある。

私は二〇〇〇年に、一部ではオタク論の古典とも呼ばれている『戦闘美少女の精神分析』(2)を上梓しているが、本書の中心テーマは「萌え」である。いろいろな定義はあるが、本稿では「描かれたキャラによって喚起される性愛的な感情一般」を指すものとする。私は二〇年以上も、この視点から漫画・アニメ文化とかかわり続けてきた。その立場から断言するが、いまやいかなる漫画もアニメも「萌え」と無関係に成立することはない。若い世代からは「いまは『萌え』じゃなく『推し』ですよ」とか言われそうだが、それは「やおい」→「BL」といった言い換えと同様、性的ニュアンスの漂白化から生まれた婉曲表現に過ぎないので、本稿ではあえて「萌え」を用いる。

片渕が指摘する「ガラパゴス化」の理由はかなり単純である。日本のアニメは「萌えキャラ」抜きには成立しないからだ。これは制作も消費も成立しない、という意味である。暴論に響くかも知れないが、私は近年人気のあったアニメ作品のリストを眺めて、純然たる子供向け作品を除けば、「萌えキャラ」と無縁の作品を見つけることができなかった。もちろん見落としもあるだろうが、控え目に見ても九〇％以上にそうしたキャラが登場する以上は、私の指摘が無根拠であるとは言えないだろう。それゆえ片渕監督の言う「大人向けアニメ」とは、通常の意味とは逆に、萌えキャラがいないアニメということになる。

純文学とエンターテインメント

このインタビューが衝撃的なのは、これほど日本アニメの特殊性に自覚的で危機感を抱いている片渕ですら、その特殊性を正しく認識しているとは思えない点である。

片渕は、名作の誉れ高い高坂希太郎のアニメ作品『若おかみは小学生！』（二〇一八年放送）が、海外で「またですか」と言われたことにショックを受けている。しかし、海外のこうした反応は完全に想定内ではないのか。児童文学が原作とはいえ、小学生の少女が温泉旅館の若女将として働くという設定そのものが「少年少女が重労働に使役される」というジブリアニメの王道を連想させるものである（実際に重労働のシーンはない）。また、主人公のおっこ（CV：小林星蘭）のビジュアルが——典型的ではないにせよ——美少女キャラとして造形されている。彼女が萌えキャラとして消費されていることは、そのフィギュアが販売されていることからも確実と考えてよいだろう。

そもそも片渕自身、『アリーテ姫』（二〇〇一年）、『マイマイ新子と千年の魔法』そして『この世界の片隅に』にいたるまで、一貫して「美少女ヒロイン」という萌えキャラを描いてきたという事実がある。のんが見事に演じた「すずさん」はともかく、アリーテ姫やマイマイ新子が萌えキャラか？という疑問は当然ながら提出されるであろうが、「萌え」ねらいの定型的描写ではない、という点はあるにせよ、世界水準からすれば「またか」と言われかねないキャラの造形になっている（むろん批判ではない）。

もっとも「萌え／非萌え」の区分は完全に主観的なものであり、筆者の審美眼が多年にわたる萌えバイアスで汚れているという指摘は甘んじて受けよう。しかし忘れるべきではない。ジブリアニメ『千と千尋の神隠し』（二〇〇一年）で、腹掛けを着けた千《せん》（一〇歳）の剥き出しの背中に萌えるのがオタクなのである。それを「キモい」「変態という名の紳士」「少女の性的消費」などと批判するのは勝手だが、そもそも「萌え」とはそういうものだ。断言するが、アリーテ姫の地味な顔にも「だがそこがいい」という評価は確実に存在する。

少女を主人公にした作品を作って「またか」と言われないための工夫は、実はそれほど難しくはない。台湾アニメ『幸福路のチー』（二〇一七年製作）の絵柄を参照しよう。多くは語らないが、たとえばこれこそが「またか」と言われない「世界に通用するアニメーション」の絵柄である。

さらに言えば、なぜか片渕はまったく言及していないが、日本にも世界に誇る「アニメーション」作家、山村浩二がいる。彼は二〇〇二年に『頭山』でアヌシー、ザグレブをはじめ六つの世界の主要なアニメーション映画祭でグランプリを受賞している。また二〇〇七年にも『カフカ 田舎医者』で、日本人では初めてオタワ国際アニメーション映画祭のグランプリを獲得している。

「アニメーション」文化に貢献してきた作家群にはユーリ・ノルシュテイン、イシュ・パテル、キャロライン・リーフ、ジャック・ドゥルーアンといった天才たちが名を連ねている。宮崎駿に多大な影響を与えたポール・グリモーもこの系譜に含まれるだろう。日本の若いアニメファンの多くは、彼らの名前すら知らない可能性があるが、おそらく片渕が言う世界のアニメーションの「王道」を開拓してきたのは彼らだ。

片渕の危機感は、日本のアニメーターがこうした「王道」をまったく意識しておらず、世界で戦う意欲がないという現実に向けられている。しかし私には、彼の危機感が現状に対する鋭い批評意識に基づきながらも、やや的外れなものに思われるのだ。

いわゆるアニメーションの「王道」とは、さきほど列挙した作家たちがそうであったように、アニメーション表現の可能性を大きく切り拓いてきた作家たちだ。もちろん優れたテーマや寓意もあるにせよ、この点は無視するべきではない。彼らは「表現のための表現」をしているという意味で、いわば純文学作家なのだ。それほど大ヒットはしないが、批評家からは高く評価される、というところも含めて、そのように言いうるだろう。

いっぽう、賞とは無縁のディズニーアニメ、あるいは日本の「アニメ」は純文学に対するエンタメ文学だ。こちらは「表現そのもの」の進化よりも、エンターテインメントの要素が圧倒的に強い。この世界では恋愛と戦い、セックス&バイオレンスの要素が必須であり、市場原理が支配する世界でもある。その意味で片渕の批判には、たとえば直木賞の受賞パーティー会場で、作家たちに「もっとブッカー賞とかノーベル賞とか意識しようよ」と説教しているような違和感を禁じえないのだ。

欧米における「萌え」の抑圧

ここまでの論点を整理しておく。片渕須直の指摘を受けて、日本の「アニメ」が国際的な「アニメーション」とはおよそ異質なものである可能性を指摘した。その理由は第一に「アニメ」が徹底してエンタメ志向であること、さらにその帰結として「萌えキャラ」の存在と不可分であることを考察した。エンタメ志向はディズニーやピクサーも同様だが、「萌えキャラ」文化は日本に特異な――片渕の表現を借りれば「ニッチな」――ものである。「萌えキャラ」需要の背景には、全世界的な傾向としての「思春期の高齢化」ないし「思春期心性の普遍化」が存在する。

筆者がここで注目したいのは「思春期心性の普遍化」である。これはもっと正確に表現するなら「オタク心性の普遍化」でもある。

『戦闘美少女の精神分析』で筆者が検討したのは、オタク心性と戦闘美少女の表象が相互浸透的に発展していく過程である。異論もあろうがオタク心性には抜きがたくセクシュアリティの問題が絡んでくる。筆者は本書でオタク／非オタクを分ける分岐点を「アニメ美少女で抜けるかどうか」に設定し、（おそらくは当事者からの）苦笑交じりの共感と顰蹙を同時に買った。実はいまでもこの「定義」には確信があり、たとえばオタクライフを描いた木尾士目の人気漫画『げんしけん』（二〇〇二年連載開始）などは、そうした本質を全面展開してくれた傑作であると考えている。

それではなぜ、欧米圏で「戦闘美少女≒アニメ美少女」が発展しなかったのか。そこには一神教の偶像禁忌にも似た暗黙のタブー意識、すなわち「描かれたものは現実の代替物でしかなく、現実以上に魅力的であってはならない」という意識が働いていたと考えられる。その詳細については前掲書を参照されたい。つまり絵によって恋愛感情ないし性欲を喚起する美少女を描くことは暗黙裏に抑圧されている。この点については、日本の漫画文化にも多大な影響をもたらしたミュシャまでが限界である。性欲はあくまでも写真、もしくは実写という「現実的なもの」によって喚起されるべきだからだ。

日本の「アニメ」の受容がながらく限定的だった理由には、こうしたタブー意識が挙げられる。前掲書が書かれた二〇〇〇年代初頭まではそれが現実だった。しかしいまや、日本のアニメは海外でも大人気である。『NARUTO』『進撃の巨人』『鬼滅の刃』『呪術廻戦』などは、海外でも記録的なヒット作品となっている。穿った見方をすれば、欧米の視聴者はやっと「アニメ」に追いついたのである。言い換えるなら「萌えキャラ」消費を楽しめるまでに成熟、あるいは退行したのである。

かつて欧米において日本のアニメは「ロリコン嗜好を助長する」などの理由でタブー視され、一部の国では宮崎アニメですらR指定がなされていた。ポルノ描写がないにもかかわらず、である。また、英語圏では「HENTAI」がポルノアニメを指すという周知の事実もある。やはり性欲喚起的な「絵」は、日本の漫画・アニメ由来であるという認識が一般的なのだ。ポルノアニメに対する嗜好そのものが倒錯的なものとされていたとも考えられる。

少しでも実例に触れてみれば了解されるが、一般的なアニメの絵と、ポルノアニメの絵はほぼ連続していて区別がない。キャラクターの顔はほとんど同様のスタイルで描かれている。欧米圏において、子供向けの漫画やアニメの絵柄でポルノが描かれることは、パロディなどを除いてはほぼ絶無であり、表現上のゾーニングがある。日本の漫画・アニメにはこのゾーニングが存在しない。この事実が、これまでアニメの受容の障壁となってきた。しかるに、いまや欧米圏でもその障壁が徐々に撤廃されようとしているのだ。

起源としての手塚治虫

「萌えキャラ」の成立には、漫画、アニメ黎明期の多くの作家がかかわっているが、そのすべての始祖は、やはり手塚治虫と見るべきだろう。手塚の功績は、なにも映画的手法の導入（異論はある）とか漫画文法の基本を確立したことばかりではない。その最大の功績は、漫画表現に汎エロス的とも言うべきコンテクストを導入したことだ。これを最大と考える理由は、その影響が現代にまで及び、それればかりかいっそう開花しているためである。

平成二六（二〇一四）年三月、手塚の仕事場で、手塚の長女らが施錠されたロッカーから発見した約二〇〇点のイラストが話題になった。多くはエロティックなもので、女性の肉体が動物や子供に変化していく過程が描かれている。そう、手塚漫画はけっして健全なばかりではなく、作中にはきわめて多様な性嗜好が描かれている。そもそも手塚の作品は、その初期の時点ですでに丸みを帯びたエロティックな描線が特徴だった。また、『鉄腕アトム』がそうであるように、男子という設定ながら両性具有的なキャラの顔を開発・洗練したのも手塚が嚆矢と考えてよいであろう。

筆者は手塚以降、漫画の描線はしばしば潜在的な両性具有性をはらむようになったと考えている。その極端な進化形が少女漫画の描線ではなかったか。さらに言えば、日本の漫画固有の特徴として、ほとんどすべてのコマに「感情」が描かれる、というものがある。キャラクターはすべてのコマで、なんらかの表情、あるいは漫符を付与されて感情を表出している。こうした漫画文法もまた、しばしばキャラの両性具有性を強調する効果をもたらす。アニメにおいては少年キャラの声を女性の声優が演ずるという慣例も追記しておこう。

こうした手塚的なエロスを意図的に低年齢化したのが吾妻ひでおであり、彼のかかわった同人誌『シベール』もまた、オタク文化の古典の一つだ。アニメについて言えば、宮崎駿という功労者の存在も忘れがたい。幼女ないし少女を中心に据えないとアニメが作れないというこの作家の嗜好が、日本のアニメの発展にはかりしれない影響を及ぼした。宮崎も片渕も、いわゆるオタク文化への嫌悪を隠さないが、彼ら自身の作品がそれを多かれ少なかれ強化しているという事実には、意外なほど鈍感、ないし不自然な否認を貫いている。

日本のアニメは漫画からの二次的派生物である。この市場モデルも——キャラクタービジネスも含めて——手塚が開拓したものだ。だから、ジブリなどの劇場作品を除けば、ほとんどのテレビアニメには漫画の原作がある。二つの文化は不可分な関係にあり、これも日本アニメの特徴と言える。そしてまた、ほとんどの漫画・アニメ作品は、その中心に「美少女」がいる。実際に登場するかどうかは別として、美少女は顕在的にせよ隠喩的にせよ、漫画・アニメ空間を支配している。この事実が「ジャパニメーション」に強いコンテクストをもたらす。だからこそ、これほど多様な表現であるにもかかわらず、海外の「大人向けアニメ」に依拠する視線から見ると「どれも同じ」に見えてしまうのだ。

しかし、現在の国際的な「アニメ」の受容ぶりを見る限り、海外の消費者の視線も急速に「成熟」しつつあることがうかがえる。かつては「子供向け」と低く見られていた漫画・アニメは、いまや映画やドラマに匹敵するコンテンツとして消費されるようになった。先述したように、その背景には、全世界的な「思春期の高齢化」と、これと平行して起きた「オタク心性の普遍化」、すなわち「キャラ萌え」という感受性の普遍化がある。

「萌えキャラ」の未来

「アニメ」が「美少女キャラ」を捨てることは未来永劫、決してないだろう。なぜならいまや、「キャラ萌え」は重要な消費対象であり、同時に作品創造のコアでもあるからだ。オタクの創造行為はしばしば「二次創作」としてなされるが、それは「キャラ萌え」なしにはありえない。二次創作の多くがエロティックなパロディであることからもそれは自明である。先述した通り宮崎駿の創造性の中心には「少女」がいるし、片渕須直は漫画『この世界の片隅に』のヒロイン、すずさんに萌えるあまり映像文化史上に残る傑作アニメを制作した。片渕の次回作もまた、平安期を生きた少女がヒロインと報じられている。

「美少女キャラ」というハイコンテクスト文化が「アニメ」を特徴づけている。それが本流の「アニメーション」文化にあっては傍流でしかないとすれば、筆者はそれを本流の傲慢と考える。なるほど本流にあっては「政治的メッセージ」や「新たな運動表現」などが高く評価される。ハイカルチャー＝ローコンテクストという原則から見れば、「アニメキャラ」といったハイコンテクスト性が「しょせんサブカルチャー」と一段低く見られるのは当然だろう。しかし「アニメ」の進化を見てきた筆者からすれば、管見も甚だしい。

「アニメ」文化は、エンタメの中でも最も実験が繰り返され、表現様式も更新され続けてきた領域である。ほぼ外野にいる筆者にすら、その事実は理解できる。いまや巨匠の一人となった新海誠は、CGによる都市風景の描写に革命をもたらした。いわゆる「アニメ」とはやや距離のある監督、湯浅政明は『夜明け告げるルーのうた』（二〇一七年）でアヌシー国際アニメーション映画祭の長編アニメーション部門で最高賞を受賞しているが、そこで駆使したフラッシュアニメの技法は、テレビアニメ『映像研には手を出すな！』（二〇一六年連載開始）でも活かされている。大ヒット作品である『鬼滅の刃』のテレビアニメシリーズでも火炎や流水の表現などには大きな進化がみられたし、ヒットした劇場アニメ『プロメア』（二〇一九年）は、シンプルながら輪郭線を描かず実験的なエフェクトを駆使した画面作りで話題となった。

つまりこういうことだ。いまや日本の漫画と「アニメ」制作は「萌えキャラ」と「ハイコンテクスト」という制約を逆手にとって、「コンテクストを踏まえて萌えキャラを登場させていれば、あとはなにをやってもよい」という表現の実験場になっているのだ。勘のいい人にはおわかりだろう。それはかつてポルノ映画業界が「セックスさえ描いていればなんでもあり」という緩さゆえに多くの実験が試みられ、そこから周防正行、黒沢清、相米慎二、滝田洋二郎ら、多くの名監督が巣立っていった状況とよく似ている。

筆者は個人的に、現代が日本の漫画・アニメの黄金期であると考えている。「どんなものも、その九〇％はカスである」という「スタージョンの法則」は、漫画・アニメには該当しない。筆者が二〇二一年に文化庁メディア芸術祭のマンガ部門の審査員を担当した際には、一〇〇以上の漫画を読んで、駄作が一つもない事実に驚嘆した。作品評価は「面白い・すごく面白い・超絶面白い」のいずれかの評価であり、これほど作品が粒ぞろいのジャンルは、演劇、映画、文学、音楽などと比較してもほかに例がない。そして筆者はその理由として「萌えキャラ」が喚起する特異な創造性があると考えている。こうした「創造性とセクシュアリティ」の関連性については、今後の歴史的な検証と、表現論的な検討が要請されることになるだろう。

〔参考文献〕

（1）「日本アニメは世界の潮流から外れている　片渕須直監督が本気で心配する、その将来」朝日新聞GLOBE＋(https://globe.asahi.com/article/13185352)〔更新日二〇二〇年三月七日、公開日二〇二〇年三月五日〕

（2）斎藤環『戦闘美少女の精神分析』ちくま文庫、二〇〇六年

あとがき

本書の構想は、森茂起先生を囲む研究的会合のいくつかが源流となって、比較的長い時を経ていつしか輪郭をとるようになったものであったことは、「まえがき」にもあるとおりである。一方で、本書企画立ち上げの直接的な機縁はといえば、それは、二〇二〇年八月二六日に甲南大学人間科学研究所で開催したシンポジウム「二〇一〇年代アニメにおけるトラウマと最終戦争の表象――『魔法少女まどか☆マギカ』から『ケムリクサ』まで」であった。

二〇二〇年の夏であるから、コロナ禍でのさまざまな制約が強かった時期であり、シンポジウムの開催自体が危ぶまれた。やむをえず、シンポはオンラインでの開催となった。だが、そのぶん、ありがたいことに遠方からの来聴者の方々も多くあった。学術的にはいわば萌芽的・挑戦的な内容のシンポであったが、とくに質疑応答が予期した以上に充実した時間となり、手ごたえが感じられた。こうしたテーマの研究をもっと深め拡げてゆくことに、具体的な需要と可能性を感じたわけである。かくして、この際のシンポ企画者の森先生、登壇者の斎藤環先生、足立加勇先生、上尾真道先生、川口の五名が中心メンバーになるかたちで、のちに本書の計画が進められていくことになった。

戦争のトラウマの歴史と、アニメにおける戦いとトラウマの表象の歴史という二つの問題系の重ね合わせが、本書企画の大枠をひとつなしている。この枠組みのもとで、本書では、個別作品の一定程度詳細な研究が各章で展開される構成になっている。全体としては『鉄腕アトム』以来の歴史を広く概観する書でありつつ、個別作品研究にかなり力点を置いた書という特徴も有していると言えよう。そして執筆者には、上述のシンポ関係者にくわえて、アニメ作品についてそれぞれの観点から研究を進めておられる方々にご依頼することができた。研究対象の設定、着眼点の設定、論述の方法論の設定といった一つひとつの手続きに、新しい萌芽的な研究分野では固有の難しさが伴うものだ。その難しい課題に率先して着手し、先駆的に業績を公刊してこられた執筆陣の手になる本書各章・各コラムでの論は、執筆者間の見解や観点の違いも含めて、今後国内外でのさらなるアニメ研究の展開において、基礎となりうるものだろう。

アニメは、部分において絵画や小説と近しい面を持つ表現形式であるのと同時に、総体においてオペラや人形浄瑠璃、ミュージカル等と同様の総合芸術であり、それを論じようと試みる研究者に求められるものは多い。研究者一人ひとりが自身のうちに学際的な視野と知見を持つことを、作品が要求してくる。本書での各執筆者の試みが、とくに若い世代の研究者にとって何らか適切な参考となればと願う次第である。

アニメ個別作品研究に関しても、歴史研究に関しても、また（アニメに限定されない）戦争表象史研究に関しても、学術的になすべきことはまだまだ山積している（くわえて、映像配信の普及やテレビの大型化等のメディア環境の変化で、劇場作は単に総尺の短い映像とみなされつつあり、劇場作優位の価値観は修正を迫られているが、研究の言説は古色蒼然のままになっていないか、ｅｔｃ．）。本書はささやかな一歩にすぎないと言うべきであろう。またもちろん、本書は研究者だけでなく、むしろ、アニメ作品に関心を寄せるすべての人がどなたでもお読みになって、何らかの感想や気づきや異論等々をお持ちいただけるよう編纂されたものでもある。本書の論稿には、執筆者の人生段階と作品視聴経験との重なり合いに言及したものも複数あり、そうした点に着目しての読み方などもありえよう。読者の皆様からの率直なご批評をたまわれれば幸甚である。

本書の企画立ち上げに際しては日本評論社の木谷陽平氏に、その後の具体的な編集段階においては谷内壱勢氏に、大変お世話になった。まだ類書の少ない、新規性のあるテーマにご理解をいただき、またウクライナでの戦争という緊迫した国際情勢下において敢えて本書を世に問う意義を積極的にお認めくださったことに改めて謝意を表したい。伝統的な学問分野の語彙とは異なるタイプの用語も各章原稿中に少なくないなか、谷内氏にはこまやかなチェックをいただいた。本書の不十分な点はひとえに編者の責任であるが、谷内氏のお力添えがなければこの水準の仕上がりにはならなかっただろう。

二〇二三年四月

中心メンバーを代表して　**川口茂雄**

執筆者紹介（50音順）

東　園子（あずま・そのこ）
京都産業大学現代社会学部現代社会学科 准教授

足立加勇（あだち・かゆう）
立教大学・東京造形大学ほか非常勤講師

荒木菜穂（あらき・なほ）
大阪公立大学大学院現代システム科学研究科 客員研究員

アルト・ヨアヒム（Alt Joachim）
国立歴史民俗博物館研究部 特任助教、早稲田大学創造理工学部 非常勤講師、桜美林大学グローバル・コミュニケーション学群 非常勤講師

植　朗子（うえ・あきこ）
神戸大学国際文化学研究推進インスティテュート 協力研究員

上尾真道（うえお・まさみち）
広島市立大学国際学部 准教授

加藤之敬（かとう・ゆきたか）
上智大学中世思想研究所 特別研究員

木下雅博（きのした・まさひろ）
東大阪大学短期大学部、スクールカウンセラー

小島伸之（こじま・のぶゆき）
上越教育大学人文・社会教育学系 教授

斎藤　環（さいとう・たまき）
筑波大学医学医療系社会精神保健学 教授

佐野明子（さの・あきこ）
同志社大学文化情報学部 准教授

西岡亜紀（にしおか・あき）
立命館大学文学部言語コミュニケーション学域 教授

藤津亮太（ふじつ・りょうた）
アニメ評論家

森　年恵（もり・としえ）
甲南大学人間科学研究所

雪村まゆみ（ゆきむら・まゆみ）
関西大学社会学部 教授

編者紹介

森　茂起（もり・しげゆき）
甲南大学名誉教授。京都大学教育学研究科博士課程単位取得満期退学。臨床心理士。主な著書に『戦争と文化的トラウマ—日本における第二次世界大戦の長期的影響』（共編、日本評論社、2023 年）、『フェレンツィの時代—精神分析を駆け抜けた生涯』（人文書院、2018 年）、『トラウマの発見』（講談社、2005 年）など。

川口茂雄（かわぐち・しげお）
上智大学文学部哲学科准教授。京都大学文学研究科博士課程研究指導認定退学。主な著書に『ひと目でわかる哲学のしくみとはたらき図鑑』（監修、創元社、2022 年）、『政治宣伝』（解説・翻訳、ちくま学芸文庫、2022 年）、『現代フランス哲学入門』（共編、ミネルヴァ書房、2020 年）、『暴力—手すりなき思考』（共訳、法政大学出版局、2020 年）など。

〈戦《たたか》い〉と〈トラウマ〉のアニメ表象史《ひょうしょうし》
——「アトム」から「まどか☆マギカ」以後《いご》へ

2023 年 7 月 20 日　第 1 版第 1 刷発行

編　者　森　茂起
　　　　川口茂雄
発行所　株式会社日本評論社
　　　　〒 170-8474　東京都豊島区南大塚 3-12-4
　　　　電話 03-3987-8621（販売）-8598（編集）
印刷所　港北メディアサービス株式会社
製本所　牧製本印刷株式会社
装　幀　図工ファイブ
JASRAC　出 2303788-301 号
NexTone　PB000053791 号

ISBN 978-4-535-56417-6　Printed in Japan